Eugène Philipps · Zeitgenosse Elsässer

Eugène Philipps

ZEITGENOSSE ELSÄSSER

Die Herausforderung der Geschichte

Herausgegeben und übersetzt
von Monika Freitag

Mit einem Geleitwort von Rudolf v. Thadden

Verlag C. F. Müller GmbH Karlsruhe

Die Herausgabe dieser aktualisierten deutschen Fassung wurde unterstützt durch das französische Kulturministerium sowie durch die Alfred-Töpfer-Stiftung, Hamburg.

Titel der Originalausgabe:
Le défi alsacien
Société d'Edition de la Basse-Alsace, Straßburg

Umschlaggestaltung: Tomi Ungerer

CIP-Kurztitelaufnahme der Deutschen Bibliothek

Philipps, Eugène:
Zeitgenosse Elsässer: d. Herausforderung d. Geschichte / Eugène Philipps. Hrsg. u. übers. von Monika Freitag. — Karlsruhe: Müller, 1987
Einheitssacht.: Le défi alsacien ‹dt.›
Aus d. Ms. übers.
ISBN 3-7880-9732-9

Satz: Roman Leipe GmbH, Hagenbach
Druck: Greiser-Druck, Rastatt

ISBN 3-7880-9732-9

Geleitwort

Es gibt Bücher, die eine regionale Reichweite haben und unterhalb der nationalen Interessenschwelle liegen. Es gibt aber auch Bücher, die, weil sie von regionaler Bedeutung sind, den Rahmen eines Staates übersteigen und übernationale Beachtung verdienen. Zu dieser zweiten Kategorie gehört das vorliegende Elsaß-Buch von Eugène Philipps, das nicht wäre, was es ist, wenn es auf die Diskussion eines einzigen Landes beschränkt bliebe. In französichen und deutschen Kulturtraditionen wurzelnd, ist es geradezu darauf angelegt, in den beiden Sprachen des Elsaß zu erscheinen und die beiden europäischen Kulturen anzusprechen, die das Land zwischen Oberrhein und Vogesen seit Jahrhunderten durchdringen.

Warum „Herausforderung“ durch das Elsaß mit seiner Geschichte? Hat nicht die Geschichte in dieser Grenzregion ihr Wort gesprochen, hebt nicht die Zukunft in Europa auf, was die Gegenwart noch an Rückständen aus der konfliktreichen Vergangenheit enthält? Der Autor ruft uns in Erinnerung, daß die Dinge nicht so einfach liegen. Was nach außen als bereichernde Doppelkultur erscheint, erweist sich im Innern als zutiefst gefährdet, ja als zwiespältig. Europa gewinnt im Elsaß nicht Gestalt, nein: Europa verliert dort sein Gesicht. Während die Regierungen in Paris und Bonn große Erklärungen zur deutsch-französischen Freundschaft abgeben und Programme zur Verbesserung der beiderseitige Sprachkenntnisse beschließen, verkümmert die zur Zweisprachigkeit prädestinierte Region am Oberrhein zur sprachlichen Stotterzone Europas, in der man kaum noch sprachgewandte Sekretärinnen für das viel gepriesene Straßburger Europa-Parlament finden kann.

Gewiß, seit einigen Jahren regen sich im Elsaß Kräfte für die Verteidigung der regionalen Eigenart. Und auch Paris hat mit den Dezentralisierungsgesetzen Mitterrands Türen für eine Bewahrung der Zweisprachigkeit im Elsaß geöffnet. Aber bisweilen gewinnt man den Eindruck, daß die Zurückdrängung der deutschen Sprache im Lande des „Narrenschiffs“ schon zu weit fortgeschritten ist, um noch wirksam aufgehalten werden zu können. Schon müssen Deutschlehrer aus der Bundesrepublik ins Elsaß importiert werden, um den Sprachunterricht in den Schulen zu gewährleisten. Und deutschsprachige Literatur wird nicht zufällig in Baden oder der Schweiz verlegt. Das Elsaß ist nicht Südtirol.

Aber ist die Botschaft des Buches von Eugène Philipps nur eine Klage über den drohenden Verlust der reichen Doppelkultur seines Heimatlandes? In keiner Weise. Es geht dem Autor vielmehr um eine Warnung, die weit über das Elsaß hinausreicht und nicht zuletzt uns Deutsche angeht: die Warnung vor der Verwischung der Identität von Menschen und Völkern. Eugène Philipps ist kein kultureller Purist; wer ihn persönlich kennt, weiß, wie fern von Schematismus seine Anschauungen sind. Aber er gibt zu bedenken, daß man kulturell verarmt, wenn man nicht mehr weiß, wo man herkommt und was man aus der Geschichte mitbringt. Ohne Geschichtsbewußtsein sind die Menschen in Gefahr, orientierungslos zu werden.

Und noch eine Lehre gibt uns das Buch auf den Weg: geschichtliche Identitäten sind nie einfach, sondern komplex. Das Elsaß erinnert uns daran, daß menschliche Bindungen sich nicht auf eine einzige Zugehörigkeit reduzieren lassen, und schon gar nicht auf eine nationale. Im Zeitalter der Einwanderung von Gastarbeitern, die mit ihren Familien zu kulturellen Minderheiten in den Industrieländern Europas werden, ist es ohnehin geboten, mit den Vorstellungen von einer monokulturellen Gesellschaft zu brechen und pluralistische Perspektiven zu entwickeln. Wie sähe es da aus, wenn wir ein weitherziges Wohn- und Aufenthaltsrecht für Türken in Deutschland und Nordafrikaner in Frankreich entwickelten, aber für die Belange von regionalen Volksgruppen alteuropäischer Prägung wie den Elsässern keinen Platz in unseren — trotz aller Rückschläge — europafreundlichen Staaten hätten? Das Identitätsproblem der Elsässer kann uns helfen, die eigenen Engherzigkeiten besser zu erkennen und gegen sie anzugehen.

Es bedarf also keiner besonderen „Empfehlung“, wenn das Buch Eugène Philipps' nun auch dem deutschen Leser vorgelegt wird. Wohl aber wünsche ich der Veröffentlichung im deutschen Sprachraum einen spezifischen Erfolg: wachsende Aufmerksamkeit für Diskrepanzen zwischen europäischen Worten und Taten.

Prof. Dr. Rudolf v. Thadden

Inhalt

MUT ZUM SEIN ... 1

I HERRSCHAFT UND BEHERRSCHUNG ... 9
Eroberung und Rückeroberung ... 11
Beherrschung und Logik ... 27
Die Logik des Machtstaates ... 27
Die Logik der Elsässer ... 53

II ELSÄSSISCHE KULTUR ... 75
Kultur im Elsaß ... 77
Eine Kultur mit elsässischen Zügen ... 88
Elsässische Zweisprachigkeit ... 100

III REGIONALE MACHTBEFUGNISSE IM ELSASS ... 127
Nationaldemokratie ... 129
Eine demokratische Demokratie! ... 147
Elsässische Machtbefugnisse ... 158

GRENZGÄNGER ... 173

Anmerkungen ... 181
Sach- und Personenregister ... 201
Bibliographie ... 207

„Nachwuchs“
Benoît Heller
Land un Sproch (Nr. 2/1981)

Mut zum Sein

Nach zahlreichen Wechselfällen des Lebens stehen die Elsässer jetzt am Scheideweg ihrer Geschichte. Entweder es gelingt ihnen, die sie kennzeichnenden Züge in einer sich ständig verändernden Welt zu erhalten und zu beleben, oder sie werden als Volk mit eigenständiger Persönlichkit von der Weltbühne zurücktreten. Ihre Existenz steht auf dem Spiel; ihre Identität steckt in der schwierigsten Krise ihrer Geschichte.

Schon die Tatsache, daß man sich mit den Elsässern und dem Elsässer-Sein befassen muß, zeigt, daß es sich um eine reale Identitätskrise handelt, deren Ausmaß all diejenigen, die weiterleben und im wahrsten Sinn des Wortes sein wollen, nicht unberührt lassen kann. Niemand fragt danach, wer oder was ein Franzose, ein Engländer, ein Italiener oder ein Deutscher ist, da jeder von ihnen Merkmale hat, an denen er einwandfrei zu erkennen ist. Beim Elsässer ist dies nicht mehr der Fall. Denn wenn sich ein ganzes Volk auf einer Bahn befindet, auf der es aus seinem ursprünglichen Kosmos abrupt in einen neuen Kosmos einmündet, wobei nahezu sämtliche Bande zu seiner alten Welt abgebrochen werden, geht es um Sein oder Nichtsein der Wesensart dieser Volksgruppe.

Die Wesensart ist die Art wie man lebt, denkt, fühlt, spricht und das Leben beurteilt. Es gibt eine Art des Mensch-Seins. Doch der Mensch lebt nicht allen: Er ist Teil einer Gemeinschaft, deren Identität er gemeinsam mit ihr bildet. Also gibt es auch eine Seinsart in der Gemeinschaft. Zwar stirbt man nicht, wenn man seine Wesensart ändert; man kann aufhören zu sein und dennoch leben. Dies bedeutet, nicht mehr das zu sein, was man ist, indem die Persönlichkeit aufgegeben wird — freiwillig oder nicht, wo ist da der Unterschied?

Fest steht, daß sich die elsässische Persönlichkeit in einem Prozeß der Auflösung befindet. Ist dies Anlaß zur Beunruhigung? Offensichtlich nicht, denn je weniger man sich im Elsaß um die elsässische Persönlichkeit kümmert, desto größer sind die Chancen des Einzelnen für gesellschaftlichen Aufstieg, materielle und geistige Bequemlichkeit. Heute kann man recht gut im Elsaß leben, ohne an der Geschichte, der Sprache, der Kultur, der Wesensart der Elsässer teilzuhaben oder auch nur den Versuch zu unternehmen, das mitzutragen, was sie zu Elsässern und nicht zu Burgundern oder Bayern macht.

Selbstverständlich ist, daß man im Elsaß, das seit drei Jahrhunderten — allerdings mit zwei folgenschweren Unterbrechungen — französisch ist, wie ein Franzose lebt, denkt, fühlt und spricht. Nicht selbstverständlich dagegen ist, daß man in diesem Land immer weniger wie ein Elsässer leben, denken, fühlen und sprechen kann, obwohl doch diese elsässische Wesensart existierte, noch bevor sie Land und Leuten ihren Charakter verlieh, damit diese das Erscheinungsbild des elsässischen Wesens formten.

Was hindert eigentlich die Elsässer, „als Elsässer" zu leben und „ihren Dialekt" zu sprechen?, hört man oft verärgerte Stimmen fragen. Welch treffende Frage! Warum sieht sich denn der Elsässer vor unüberwindlichen Hindernissen, selbst wenn er fest entschlossen ist, so zu leben und zu reden, wie jeder es in seiner Heimat tut? Leider gab und gibt es auf diese grundlegende Frage kaum stichhaltige Antworten.

Da das Elsaß schon immer ein heiß umstrittenes Land war, wurden als Erklärung oder gar Rechtfertigung des so beständigen Drucks auf die elsässische Persönlichkeit zumeist „nationale Erfordernisse“ angeführt. Mehr als alle anderen Staatsbürger mußte der Elsässer beweisen, daß er entweder „vollwertiger“ Franzose oder — entsprechend den historischen Umständen — „vollwertiger“ Deutscher ist, der sich lieber selbst aufgibt, bevor er auf seine Rechte pocht. Ständig wurde er an seine Treuepflicht erinnert: mal sollte er sich mit Frankreich, seinem Mutterland, oder dem deutschen Volk im Land seiner Väter verbunden fühlen, mal mit Elsässern und Franzosen zugleich. Nachdem der Elsässer bis ins kleinste untersucht und analysiert war, ließ man ihn entweder wissen, er habe sich für Frankreich „entschieden“ und müsse sämtliche Konsequenzen daraus tragen, oder er sei — entgegen seiner historischen Geschicke seit dem 17. Jahrhundert — weiterhin Teil des deutschen Volkes, da er seine ursprünglichen, deutschen Züge, insbesondere seine Sprache, beibehalten habe.

Diese den deutschen Nationalisten sehr willkommene Sprache, der elsässische Dialekt, war den französischen ein Dorn im Auge. Für sie galt: Ein „vollwertiger“ Franzose spricht französisch. Die Elsässer sollten nicht mehr elsässisch reden und zeigen, daß sie Franzosen sein wollten. Sobald der Dialekt dann zurückging, konnte man ruhigen Gewissens behaupten, die Elsässer hätten es „so gewollt“ oder die Gesellschaft befinde sich in einem Stadium der Umwälzung, der sogenannten Umschichtung der Bevölkerung — dagegen sei nichts zu machen. Jeder schien seine Ehre gerettet zu haben.

Die Auseinandersetzung orientierte sich mehr und mehr an nationalen Belangen. Hat diese, mit allen verfügbaren Mitteln betriebene „nationale“ Argumentation Frankreichs oder Deutschlands die Elsässer jemals in ihrer Gesamtheit überzeugt? Mit ganz wenigen Ausnahmen standen alle, die derartige Argumente plausibel machen und die Einstellungen und Reaktionen der Elsässer in den einzelnen Abschnitten ihrer Geschichte auslegen wollten, in einer gewissen Abhängigkeit zum deutschen oder französischen Staat. Von ihnen erwartete der Staat schriftliche oder mündliche Beweise zur Bestätigung der offiziellen Thesen, weiter nichts. Die meisten entsprachen diesen Erwartungen; mehr konnte man von ihnen kaum verlangen. Denn wie alle Elsässer waren sie zugleich „Opfer und Komplizen“* einer politischen und kulturellen Situation, in der sie sich gegen ihren Willen manipuliert sahen.

Die in unserer Zeit objektiv zutage tretende Identitätskrise beruht auf historischen Ursachen: Eroberung des zu Deutschland gehörenden Elsaß durch Frankreich im 17. Jahrhundert und die daraus resultierenden militärischen Konflikte zwischen den beiden Staaten. Die Machtherrschaft der Nationalsozialisten verschärfte diese Krise zusehends, so daß die Elsässer fast gänzlich mit einer Vergangenheit brachen, die sich allmählich als zu schwere Bürde erwies. Es handelt

* Claude Vigée, Petite Anthologie de la poésie alsacienne, Bd. VI, Vorwort

sich um eine lange Kette von Ereignissen, deren Kenntnis für das richtige Verständnis der Gegebenheiten des Elsaß von heute unerläßlich ist. Alles läßt sich jedoch nicht allein aus der geschichtlichen Abfolge erklären.

Jahrhundertelang waren die Elsässer der Zankapfel zwischen deutschem und französischem Staat, doch wurde ihre politische Zugehörigkeit dann endgültig durch den Ausgang des Zweiten Weltkriegs besiegelt. Trotz dieser unverrückbaren Tatsache müssen die tieferen Gründe jener verhängnisvollen Rivalität sowie die Folgen für die Elsässer selbst ohne Umschweife dargestellt werden. Eine Analyse der von beiden feindlich gegenüberstehenden Lagern abgegebenen Erklärungen ist unerläßlich, da jede Seite die Ereignisse auf ihre Weise sieht. Oft hat der Elsässer entweder für die französische oder die deutsche Version Partei ergriffen — vor allem, wenn sein persönliches oder das Schicksal seiner Familie zu einem der großen Wendepunkte der elsässischen Geschichte eng mit dem des einen oder des anderen Lagers verknüpft war (was durchaus verständlich ist, aber nicht an den Kern der Dinge rührt).

Nicht viele Länder haben einen so häufigen Übergang von einem politischen Umfeld zum anderen miterlebt, außergewöhnlich ist er aber keineswegs. Diese aufeinanderfolgenden Wechselfälle, die in Europa öfter auftreten als in anderen Teilen der Welt, hinterließen in der Seele des betroffenen Volks tiefe Spuren. Das elsässische Volk ist nur ein Opfer unter vielen. So manche, diesen „Widerwärtigkeiten der Geschichte" ausgesetzten Völker versuchen heute zum Teil verzweifelt, ihre Identität zu retten oder wiederzufinden, indem sie das bleiben, werden oder wieder werden wollen, was sie sind oder waren. Wenn sich die Elsässer zu Ausgang des 20. Jahrhunderts mit ihrer Existenz als ein dem Französischen verhafteter Alsacien oder ein dem Deutschen verhafteter Elsässer befassen müssen, liegt dies zweifelsfrei an ihrer Geschichte. Da so viele andere Völker aber eine ähnliche Geschichte kannten oder kennen, ist es mit einer Untersuchung jener Zwischenfälle oder Folgen nicht getan. Es gilt, die tiefgreifenden Ursachen eines Phänomens aufzuspüren, das die Menschen veranlaßt, die Existenz anderer Menschen zu gefährden.

Die politische Integration eines Volkes in diesen anstatt in jenen Staat erfolgt fast ausnahmslos aufgrund eines militärischen Gewaltakts und ist für das Schicksal der betroffenen Menschen stets folgenschwer. Nur selten nimmt der Eroberer seine Befugnisse unter Wahrung der individuellen und kollektiven Freiheiten des unterworfenen Volks wahr. Im allgemeinen bekämpft er das, was ihm an diesen Menschen, diesem Volk, als unvereinbar mit seiner Auffassung über die Ausübung der Hoheitsgewalt erscheint. Daraus ergibt sich eine Bedrohung für das eigentliche Sein der Eroberten. Die großen „Macher der Geschichte" sorgen im Zeichen der Beherrschung für Verhältnisse, unter welchen sie schließlich nur noch das Gesetz der bloßen Beherrschung kennen und die Unterwerfung der Eroberten für die Regierungsgewalt zum Gebot wird.

Auch das Schicksal der Elsässer ist von einer Serie von Eroberungen und Rückeroberungen gekennzeichnet, bei denen die für dieses Land typischen menschlichen Gegebenheiten außer acht gelassen wurden. Wie immer und überall wurde zuerst das Land erobert — der elsässische Boden, dann die Menschen — die Elsässer. Wie immer und überall wird ersteres mit großem Pomp gefeiert; mit Nachdruck ist man darauf bedacht, daß sich die Gebietseroberung fest in das Kollektivbewußtsein aller eingräbt, wogegen man zweiteres diskret übergehen möchte. Und nicht nur diejenigen, die sich sonst beredt zum Thema Ausbeutung des Menschen durch den Menschen zu Wort melden, tun so, als wäre dies die natürlichste Sache der Welt.

Die Eroberung des Menschen ist natürlich bei weitem nicht so spektakulär wie die ihres Landes. Sie ist ein wesentlich langwierigerer Prozeß und wirft Probleme ganz anderer Tragweite auf. Der Fall der Elsässer ist nur insofern als „einzigartig“ zu bezeichnen, als dieses Land seine eigene Geographie und Geschichte hat; im Grunde sind die Elsässer nur eines von vielen Beispielen dafür, wie Beherrschung auf eine der Willkür der Kräfte preisgegebene Gruppe von Menschen ausgeübt wurde und wird.

Beherrschung ist nicht die notgedrungene Konsequenz für den Wechsel einer Volksgemeinschaft von der Hoheitsgewalt des einen zu der des anderen Staats. Politische Übereinstimmung und sprachlich-kulturelle Gleichheit zwischen den betreffenden Menschen und ihrer neuen politisch-kulturellen Umwelt sind durchaus denkbar. In einem solchen Fall vollzieht sich die Eingliederung einfacher und eine Beherrschung nimmt — sofern es überhaupt dazu kommt — selten drastische Züge an. Selbst im Falle unterschiedlicher politischer und kultureller Weltauffassungen, können die Machthabenden den in ihrem Staat lebenden Minderheiten die volle Ausübung ihrer individuellen und kollektiven Menschenrechte zusichern. Achtet der Staat die Persönlichkeit seiner nationalen Minderheiten auf diese Weise, stellt er zur Gesamtheit seiner Bürger Beziehungen her, die jegliche Form von Beherrschung ausschließen.

Beherrschung beginnt, wenn der Staat seinen Bürgern den erforderlichen Rahmen zur freien Persönlichkeitsentfaltung des Einzelnen nicht zur Verfügung stellt, sondern die natürliche Vielfalt der integrierten Gruppen und Völker auf ein einziges Modell beschränken will: den nationalen Typus. Zwischen dem Staat und einem Teil seiner Bürger entsteht eine typische Herrscher-/Beherrschten-Beziehung mit allen sich ergebenden Folgen für Herrscherstaat und beherrschte Minderheit. Ein belgischer Abgeordneter der Beratenden Versammlung des Europarates bemerkte in diesem Zusammenhang: „Es gibt auf der Welt keine Minoritäten. Es gibt nur Identitäten.“* Verweigert der Staat einer Gruppe von Menschen die Anerkennung ihres Daseinsrechts, verstößt er gegen seine Pflicht, weil er seine Macht nicht in den Dienst des Menschen, aller Menschen stellt, sondern aus ihr ein Instrument der Beherrschung macht. Sobald der Staat nur noch das Gesetz der Macht kennt, wird er zum Machtstaat.

---

* Maurits Coppieters, belgischer Abgeordneter der Flämischen Union in der Beratenden Versammlung des Europarats von Straßburg (Le Nouvel Alsacien vom 17. 4. 80)

Es ist wohl ein typisches Zeichen unserer Zeit, wenn Veröffentlichungen zum Thema Beherrschung meistens nur den sozialen Bereich beleuchten. Wird das Problem tatsächlich einmal aus politischer Sicht angegangen, ist nur von politischer Beeinflussung im engeren Sinn die Rede, das heißt von der Beherrschung der Bürger durch den Staat, der ihnen, ohne Rücksicht auf Herkunft und Willen, seine politische Souveränität aufzwingt. Dies ist darauf zurückzuführen, daß ein Wechsel der Hoheitsgewalt das augenfälligste und zugleich gewaltsamste Ereignis im Leben eines Volkes ist. Wenn man — wie die Elsässer — fünfmal innerhalb dreier Jahrhunderte oder gar viermal in 75 Jahren seine Nationalität wechseln und ein anderes politisches System annehmen muß, ist dies immerhin erstaunlich.

Die politische Einflußnahme auf die Elsässer durch die wechselnden Herrschaftsgewalten war stets Kernpunkt der Elsaß-Debatte. Nachdem der politische Aspekt in der geschichtlichen Entwicklung eine alles beherrschende Position eingenommen hatte, war hauptsächlich vom Elsaß, weniger von den Elsässern die Rede. So entscheidend die politische Beeinflussung für die Integration der Elsässer vor über 300 Jahren in die Welt der Franzosen oder für die Wiedereingliederung nach 1870 in die Welt der Deutschen auch gewesen sein mag, sie allein hätte den geistigen, sozialen und kulturellen Widerstand der Elsässer nicht brechen können, hätte der französische bzw. der deutsche Staat nicht gleichzeitig eine Politik der kulturellen Vereinnahmung dieser Menschen und ihres Landes verfolgt. Dieser kulturellen Beeinflussung kommt so große Bedeutung zu, weil die Eroberung bzw. Rückeroberung eines Gebiets erst durch sie zu einem Abschluß gebracht werden kann.

Die kulturelle Einflußnahme ergibt sich aus der politischen, sie aber formt den Geist der beherrschten Gruppe in dem vom allmächtigen Staat gewünschten Sinn. Ohne kulturelle Vereinnahmung einer nationalen Minderheit durch die vom Staat vertretene dominierende Kultur kann dessen politische Einflußnahme unentwegt in Frage gestellt werden. Das wissen die Mächtigen nur zu gut. Die kulturelle Beeinflussung zeigt zwar nur ganz allmählich ihre Wirkung, doch hat sie einmal den Geist der anzugleichenden Gruppe erobert, indem sie ihn beherrscht, setzt sie deren spezifischer Art zu denken, zu reden, zu urteilen und sich selbst zu sehen ein Ende. Damit hat die betreffende Gruppe ihr Selbstverständnis verloren. Ab diesem Zeitpunkt ist es vorbei mit der Originalität dieser menschlichen Gruppe. Hierbei ist das Primat des Kulturellen gegenüber dem Politischen eindeutig; es betrifft Wesen und Sein des Menschen — nicht nur die Art und Weise, wie ein Gemeinwesen zu lenken ist.

Weil die Elsässer im 17. Jahrhundert in eine ihnen völlig fremde politische Welt eingegliedert wurden, steht die elsässische Identität heute vor ihrer Zerreißprobe; nicht zuletzt auch weil man ab der zweiten Generation nach dieser Integration in der elsässischen Bourgeoisie angeblich oder tatsächlich geglaubt hatte, der totalen kulturellen Vereinnahmung durch die Franzosen mit der Aufrechterhaltung einer bloßen Verbindung zum deutschen Kulturkreis entgehen zu können. Das Gewicht der beherrschenden Kultur war jedoch so groß, daß sie ihren Einfluß auf das gesamte Volk ausweiten konnte. Dazu bedurfte es dreier Jahrhunderte; doch ist aus der Sicht des Machtstaats zu sagen, daß das Ergebnis den angewandten Mitteln . . . und der erwiesenen Geduld entspricht.

Die Persönlichkeit einer menschlichen Gemeinschaft erkennt man an ihrer Kultur; diese verbindet oder trennt die Menschen. Die Zerrüttung des elsässischen Sozialgefüges war die Folge politischer Ereignisse; der Graben zwischen den einzelnen sozialen Schichten, ja den verschiedenen Generationen, geht aber auf die kulturelle Spaltung zurück. Eine Gemeinschaft von Menschen braucht ihre kulturelle Einheit, um nicht unterzugehen. Um zu überdauern und zu überleben muß die Gemeinschaft der Elsässer eine selbständige, eine elsässische Kultur lebendig erhalten und entfalten können.

Leben heißt sein, Mensch sein. Als Elsässer leben heißt auf elsässische Art Mensch sein. Wer heute als Elsässer lebt, will den Lauf der Geschichte nicht anhalten, sondern seine aus der Vergangenheit überkommenen und von der Geschichte geformten Wesenszüge in aller Freiheit weiterentwickeln. Heute und künftig als Elsässer leben bedeutet sowohl Alsacien wie Elsässer sein, bleiben oder werden — im Zusammenleben mit allen anderen, aber als geachtete Menschen. Dieser Herausforderung hat sich der Elsässer zu stellen, auch wenn er sich dadurch gezwungen sieht, den herrschenden Mächten entgegenzutreten, die ihm keine andere Alternative lassen als Unterwerfung oder Untergang.

Sich dieser elsässischen Herausforderung stellen heißt sein eigenes Schicksal in die Hand nehmen und auf dem Recht aller Elsässer beharren, als eigenständige Menschen, die sie heute sind, aber auch als Volk, das sie aufgrund ihrer Geschichte geworden sind, respektiert zu werden. Die elsässische Herausforderung annehmen, bedeutet die Herausforderung unserer Zeit annehmen. In welcher Weise? Dies soll hier nach Darlegung der die Freiheit des Elsässers als Mensch beeinträchtigenden Mechanismen der Beherrschung aufgezeigt werden. Dabei darf man sich keiner Illusion hingeben: Die elsässische Herausforderung ist vor allem die Herausforderung, der sich die Elsässer selbst stellen müssen, wollen sie weiterhin das bleiben, was sie waren, als sie die Bühne des Weltgeschehens betraten.

Herrschaft und Beherrschung

Eroberung und Rückeroberung

Die Staaten versuchten schon immer und versuchen noch heute, die Mehrzahl ihrer Konflikte durch Gewalt zu lösen, wobei der jeweils Besiegte auf eine günstige Gelegenheit für seine Revanche wartet. Im Grunde war immer eines der Ziele oder eine der Konsequenzen die Eroberung oder Rückeroberung eines Territoriums, das aus unterschiedlichsten Gründen begehrt oder beansprucht wird. Ausnahmen bestätigen auch hier die Regel.

Das umstrittene Gebiet ist höchst selten unbesiedelt, es sei denn, es verfügt über riesige Erdölvorkommen oder entsprechende Uranlager. Normalerweise wird es von Männern und Frauen bewohnt, die ihm einen Körper und eine Seele, ihre Seele, gegeben haben. Diese Männer und Frauen haben in ihrem Land jahrhundertelang eine ihnen eigentümliche Lebens- und Wesensart entfaltet. Kümmert das die jeweilige Siegermacht? Das Schicksal des Elsaß — unser Schicksal — gibt darauf eine Antwort; eine von vielen möglichen Antworten, die nicht gerade vielversprechend ist. Nachdem das Elsaß und seine Bewohner von den französischen Truppen erobert worden waren, mußten sie eine Serie von Rückeroberungen über sich ergehen lassen, die das Land und seine Menschen auf Dauer prägen sollten. Die Elsässer hatten ein nicht gerade beneidenswertes Schicksal, das sie auf ihre Weise zu lenken suchten — allerdings nur mit den vom Eroberer oder Rückeroberer zugestandenen Mitteln.

Um ein Land und seine Menschen zu erobern beziehungsweise zurückzuerobern, setzen die Mächtigen alle ihnen zu Gebote stehenden Mittel ein: sie versuchen es mit Aushandeln, Diplomatie, Volksabstimmung, List, Täuschungsmanövern, Verrat, Mord, vor allem mit Krieg. Stets hat das Militär — zumindest für eine bestimmte Zeit — das letzte Wort. Unsere Geschichte ist dafür ein leuchtendes Beispiel. Das Elsaß, das wie alle Gebiete, in denen deutsch gesprochen wurde, zu Deutschland gehörte, wurde infolge eines Krieges im 17. Jahrhundert französisch. 1871 gelangte es nach einem Krieg zurück zu Deutschland; 1918 wird es infolge eines Kriegs wieder französisch, im Jahre 1940, nach der Invasion der Nazitruppen, noch einmal deutsch und schließlich nach Kriegsende 1945 wieder französisch.

Bei einer militärischen Eroberung ist der erste Schritt die Besetzung des Territoriums, auf das Anspruch erhoben wird. Obwohl eine geglückte Eroberung bei den Siegern in der Regel große Begeisterung auslöst, bleibt das Wesentliche in den meisten Fällen noch zu tun: Die in dem betreffenden Gebiet lebenden Menschen gilt es zu erobern — sofern man sie nicht außer Landes jagt. Dieser Schritt in der Eroberung ist deutlich schwieriger als allgemein von den Eroberern angenommen. Frankreich und Deutschland standen jedenfalls beide vor demselben Problem: Nachdem die elsässische Heimat wieder einmal erobert worden war, mußten Herz und Verstand der Elsässer gewonnen bzw. wiedergewonnen werden.

Die Eroberung eines Gebiets durch einen Staat, dem die Bewohner des unterworfenen Landes fremd sind, ist zwar nicht mit der Rückeroberung desselben durch einen Staat zu vergleichen, der zu dessen Herausgabe just zu dem Zeitpunkt gezwungen wurde, als er in der Position des Schwächeren war. Die Frage, wie die Menschen, über die dieser plötzliche Wechsel von einer Hoheitsgewalt zur anderen hereinbricht, im einen wie im anderen Fall behandelt werden, ist jedoch nicht zu umgehen. Ob Eroberung oder Rückeroberung, ob Frankreich oder Deutschland, immer unterstehen die Elsässer dem Gesetz der Siegermacht, das jeder nach seiner Fasson und entsprechend der eigenen Logik, die stets eine Erobererlogik ist, anwendet. Mag es sich nun um die französische oder die deutsche Logik handeln, an der Tatsache, daß das Elsaß und die Elsässer — so oder so — beherrscht werden, ist nicht zu rütteln.

Die Ausübung der neuen bzw. der wiedereingesetzten Macht wirft jeweils spezielle Probleme auf: Ein erobertes bzw. wiedererobertes Gebiet wird anders regiert als das eigene Land. Die Mittel, mit denen ein Staat die Integration oder Reintegration betreibt, spiegeln bei jeder Wende in der elsässischen Geschichte zum einen das Wesen der siegreichen Staatsmacht, zum anderen die politische, wirtschaftliche und kulturelle Situation des Elsaß und der Elsässer im Augenblick der Eroberung bzw. Rückeroberung wider.

Weder der französische noch der deutsche Staat dachten im entferntesten daran, die Persönlichkeit der Elsässer, wie sie sich bis zur Eroberung bzw. Rückeroberung entfaltet hatte, zu respektieren. Gemäß ihrer Erobererlogik suchten sie vielmehr, die elsässische Identität auszulöschen. Das Ziel lautete einerseits „Französisierung“, andererseits „Germanisierung“ oder „Rückgliederung ins Reich“. Der Geist der Beherrschung triumphierte über den Geist der Versöhnung und Gerechtigkeit.

Es gab Zeiten, da benahm man sich — selbst wenn man zum Krieg entschlossen war — sozusagen als Gentleman. Bevor man zum Angriff überging, wurde der Gegner gewarnt: „Ab morgen früh, soundso viel Uhr, befinden wir uns im Kriegszustand!“ Wenn einer das Handtuch warf oder hingestreckt am Boden lag, versammelte man sich um den Konferenztisch und machte Frieden: Eroberung bzw. Abtretung von Gebieten, Umsiedlung, Neufestlegung von Grenzen, Entschädigungsleistungen usw. Seit Hitler ist eine derartige Korrektheit nicht mehr gefragt. Es wird einfach angegriffen — ohne Vorankündigung, oder noch besser: die imaginären Schüsse des Gegners werden erwidert! Da der Krieg nicht mehr offiziell erklärt wird, besteht auch kein Grund, einen Friedensvertrag zu schließen. Dafür haben wir den permanenten Waffenstillstand. Ist das etwa ein Skandal? Im Gegenteil, es scheint aufrichtiger zu sein. Wer hätte sich jemals durch einen bestehenden Friedensvertrag von seinen Kriegsabsichten abbringen lassen? In dieser Hinsicht spricht die Kriegsbilanz der europäischen Staaten wahrlich Bände.

Scheinfrieden

Die politischen Geschicke des Elsaß wurden stets durch in aller Form von Frankreich und Deutschland unterzeichnete Friedensverträge geregelt. Nie aber wäre einer der beiden Staaten auf die Idee gekommen, daß diese für alle Ewigkeit Gültigkeit haben sollten. Man ließ das Feuer, das heißt den Groll, ja den Haß solange schwelen, bis die Zeit für eine denkwürdige Revanche gekommen war.

Im 30jährigen Krieg gelang es Frankreich, die Elsässer aus der politischen und kulturellen Gemeinschaft mit Deutschland herauszulösen. Der erste französische Friede wurde im Jahre 1648 geschlossen und das Elsaß durch den Westfälischen Frieden französisch. So haben wir es gelernt, so lernen wir es noch heute. Ganz so einfach war es in Wirklichkeit aber nicht. Ludwig XIV. hat nicht „das Elsaß" erobert: im 17. Jahrhundert gab es keine politische Einheit mit dieser Bezeichnung; die französischen Truppen konnten nur einen Teil der elsässischen Herrschaftsgebiete, die bis zum 30jährigen Krieg zum Heiligen Römischen Reich Deutscher Nation gehört hatten, unter französische Oberhoheit bringen. Genau genommen befand sich Frankreich nur mit dem „Haus Habsburg" im Kriegszustand und erhielt im Westfälischen Friedensvertrag lediglich bestimmte habsburgische Besitzungen im Elsaß.

Noch lange sollte man sich über die absichtlich vage Fassung vieler Vertragsklauseln streiten, insbesondere über die Aussagen zur konkreten politischen Situation der Städte, die im Zehnstädtebund zusammengeschlossen waren. Diese von den Vertretern Frankreichs gewollte oder ungewollte Zweideutigkeit bot dem französischen König schließlich die Möglichkeit, vom gesamten Land Besitz zu ergreifen, nachdem er seine Reunionskammern eingesetzt und den Widerstand jener elsässischen Städte gebrochen hatte. Daß Straßburg als letzte Stadt im Jahre 1681 kapitulierte, war übrigens kein Zufall; die Stadt genoß im Heiligen Römischen Reich einen Grad der Unabhängigkeit, den sie nie mehr erreichen sollte.

Diese schrittweise Eroberung der verschiedenen elsässischen Landesteile hatte eine ebenso bedeutsame wie unerwartete Konsequenz: Die Schaffung einer „Provinz Elsaß" verlieh dem Land eine politische Einheit, die es zuvor nie gekannt hatte. Allerdings darf man das Wesentliche dabei nicht übersehen: Die „Provinz Elsaß" wurde unmerklich aus der politischen Gemeinschaft mit Deutschland, in der die einzelnen Territorien dieses Landes seit Urgedenken verwurzelt waren, herausgelöst. Als Provinz des Königreichs Frankreich unterstand das Elsaß von nun an der französischen Staatshoheit. Trotzdem wurde das neue Gebiet nicht — weder vom Volk noch vom König und den französischen Politikern — als Provinz im Sinne der übrigen Provinzen des Landes betrachtet. Dieses „Elsaß" war erst vor kurzem dem Heiligen Römischen Reich Deutscher Nation abgerungen worden und galt noch bis zur Französischen Revolution als eine „zum fremdländischen Besitz Frankreichs" zählende Provinz. (1)

Die Annexion des Elsaß durch Frankreich wird im 17. Jahrhundert — wie manchmal gern dargestellt — nicht überall gleichgültig hingenommen. Zwar wird die Hegemonie Frankreichs in Europa durch den 30jährigen Krieg gefestigt, lange aber wird sie von den übrigen Ländern des Heiligen Römischen Reiches angefochten. Allem Anschein nach wollte Ludwig XIV., der ganzen Sache überdrüssig, das Elsaß dem Kaiser zurückgeben, was dann nur im Falle von Kehl, Freiburg im Breisgau und Alt-Breisach geschah. Trotz des geschickten Verhaltens der französischen Diplomatie sowie der Reunionskammern blieb das politische Schicksal des Elsaß lange noch ungewiß. Endgültig erhielt Frankreich das Elsaß erst im Jahre 1714 durch den Vertrag von Rastatt.

Aus Ohnmacht trat der deutsche Kaiser das Elsaß an Frankreich ab. Der 30jährige Krieg hat „Deutschland“ und „Österreich“ verwüstet und dem Heiligen Römischen Reich einen vernichtenden Schlag zugefügt. 30 Jahre lang waren die deutschen Lande Schauplatz eines Krieges, dem die Religionskriege als Vorwand für die politischen Auseinandersetzungen dienten und umgekehrt. Selbstverständlich wurde nicht 30 Jahre lang unausgesetzt gekämpft; mit den Kriegsauswirkungen des 20. Jahrhunderts können die Verwüstungen dieser Schlachten nicht verglichen werden. Not und Leid der Menschen war jedoch von derartigem Ausmaß, daß viele Gegenden — das Elsaß eingeschlossen — vom Aussterben bedroht waren. Bis man sich im damaligen Deutschland, das ausgehöhlt und zerschlagen war, wieder aufgerichtet hatte, sollte viel Zeit vergehen.

Preußen und Berlin traten an die Stelle von Österreich und Wien. Dieses neue Deutschland hatte nichts mit dem verblichenen Heiligen Römischen Reich Deutscher Nation zu tun. Erst mit der Besetzung nahezu des gesamten deutschen Territoriums durch die Truppen Napoleons und der Einnahme von Berlin erwachte das „deutsche Bewußtsein“ wieder, erhob sich ein deutsches Nationalgefühl. Johann Gottlieb Fichtes „Reden an die deutsche Nation“ künden von diesem Bewußtsein. Nach langen Jahren der Demütigung äußert sich das Nationalgefühl in einem aggressiven Nationalismus — nicht nur in Deutschland. Bismarck machte es zur Triebkraft seiner Innen- und Außenpolitik. Er hatte eine „gewisse Vorstellung von Deutschland“; um diese zu verwirklichen, führt er zahlreiche Eroberungskriege. Dabei rückt das Elsaß unweigerlich in sein Blickfeld. Die Gelegenheit der Rückeroberung bietet sich ihm mit dem Krieg von 1870/71. Womit wir bei der ersten Revanche Deutschlands wären.

Mag Bismarck schon vor dem Deutsch-Französischen Krieg die Absicht gehabt haben, das Elsaß zurückzuerobern, es ändert nichts an der Tatsache, daß er Frankreich im Vertrag von Frankfurt am Main 1871 zwingt, das Elsaß — mit Ausnahme von Belfort — an Preußen abzutreten. Dies war der erste Friede Deutschlands. Das Elsaß und einen Teil Lothringens macht Bismarck zum Reichsland Elsaß-Lothringen. Nicht alle Deutschen waren für diese Annexion gewesen. Aus außenpolitischen Gründen war unter den Sozialdemokraten eine massive Opposition dagegen entstanden. Friedrich Engels hielt es für klüger, sich eine Allianz mit Rußland zu sichern, als wegen Elsaß-Lothringen eine Entente zwischen Frankreich und Rußland zu begünstigen. Die Linksparteien, die sich der revolutionären Internationale zuordneten, hielten diese Art Verschiebung nationaler Grenzen für wenig sinnvoll.*

* Fritz Bronner I/131—135

Der Sieg des deutschen Adlers . . .

(Transparent bei der Siegesfeier in Dresden nach dem deutsch-französische Krieg 1870/71 am 5. März 1871. Bildarchiv preussischer Kulturbesitz, Berlin.)

Die Mehrzahl der Deutschen vertrat folgende Auffassung: Frankreich gab Deutschland im Vertrag von Frankfurt nur zurück, was es ihm zwei Jahrhunderte zuvor im Westfälischen Frieden entrissen hatte. Die Rückgewinnung des Elsaß erschien den Deutschen legitim. Bismarck hatte jedoch nicht nur eine schlichte Rückeroberung erzielt; entsprechend seiner Machtlogik hatte er gleichfalls einen beachtlichen Teil des französischsprachigen Lothringen vereinnahmt, wobei er dem deutschen Staat — aus strategischen Gründen, wohlgemerkt! — über 230000 französischsprachige Lothringer zuführte. (Das entsprach nahezu 50 Prozent der Bevölkerung des bismarckschen Lothringen.) Die Schaffung von Elsaß-Lothringen im Jahre 1871, das weder eine politische, noch eine kulturelle oder sprachliche Einheit aufwies, lag ganz auf der Linie der Herrscherlogik des deutschen Staats, ebenso wie die Schaffung der Provinz Elsaß im 17. Jahrhundert der Herrscherlogik des französischen Staats entsprochen hatte.

Noch vor Beendigung des Siebzigerkrieges wurde ein „Generalgouvernement für das Elsaß" eingesetzt — ein eindeutiger Hinweis auf die Absicht Deutschlands, das Elsaß zu annektieren. Andererseits unterschrieb der Chef der provisorischen Regierung Frankreichs, Gambetta, sowie zahlreiche französische Politiker einschließlich aller Abgeordneten von Elsaß-Lothringen vor der Unterzeichnung des Frankfurter Vertrags die Protestresolution von Bordeaux, die der elsässische Abgeordnete Pierre Keller in der französischen Nationalversammlung verlas (deren Sitz in jenen Kriegszeiten nach Bordeaux verlegt worden war — Anm. d. Ü.). Im vorhinein wurden darin „sämtliche Schriftstücke und Verträge als null und nichtig" erklärt, die eine Übergabe des Elsaß und Lothringens an Deutschland bestätigen sollten. Der Friedensvertrag wurde dennoch unterzeichnet. Frankreichs Regierung war jedoch entschlossen, sich ihre Revanche nicht entgehen zu lassen. Die Spielregeln der Diplomatie verlangten Umsicht und Zurückhaltung; auch wenn „niemals darüber zu reden" war, hatte jeder Franzose die Pflicht, „stets daran zu denken".

Nichts wurde unterlassen, um Elsaß-Lothringen in den Köpfen der Franzosen wachzuhalten. Überall in Frankreich, vor allem in Paris, entwickelte sich ein wahrer Kult des Gedenkens an „die verlorenen Provinzen", der — zumindest in den Anfängen — ehrlich gemeint und spontan war. Erst im Lauf der Zeit wurde dieser Kult künstlich geschürt und politisch zur Belebung des Revanchismus ausgeschlachtet, was auch gelang, da Zehntausende von Elsaß-Lothringern, die nach 1870/71 entweder in Frankreich verblieben waren, für Frankreich optiert hatten oder von Preußen des Landes verwiesen worden waren, weder ihr Heimatland noch die eigentliche Ursache ihrer Notlage vergessen konnten: die Inbesitznahme Elsaß-Lothringens durch Preußen.

Geschickt verstanden es die französischen Nationalisten, ein günstiges Klima sowie die erforderlichen Voraussetzungen zu schaffen, um die „Schmach von 1870/71" so rasch wie möglich auszumerzen; Frankreich mußte die für ein derartiges Unterfangen nötigen Verbündeten finden, um dann die Gelegenheit beim Schopf zu ergreifen. Aufgrund des Größenwahns Wilhelms II. konnte dieses

Ziel ohne besondere Schwierigkeiten erreicht werden. Im Jahre 1914 stürzte Deutschland sich in den Krieg und das Kunststück gelang, Frankreich, England, Rußland und die Vereinigten Staaten gegen sich zu haben. Selbst Hitler konnte nicht mehr Gegner aufbieten . . .

Fest steht, daß die französischen Nationalisten sowohl das Elsaß wie Lothringen zurückerobern wollten. Selbst auf Kosten eines Krieges mit Deutschland? Nicht unbedingt. Wie sonst aber sollte man die beiden Provinzen wieder zu Frankreich bringen? Mit Mut und Scharfsinn geht der Bestsellerautor François de Closets diese Frage in seinem Buch „La France et ses mensonges“ an: „Vor 60 Jahren schlossen die Franzosen das Heilige Bündnis gegen die Boches (abfällig für: die Deutschen — Anm. d. Ü.). Ganz Frankreich erhob die Waffen . . . Wir gewannen zwar den Krieg, die Bilanz aber wog schwer, war entsetzlich . . .“ Dann stellt er die denkwürdige Frage an das Gewissen der Politiker, an unser aller Gewissen: „War es wirklich unumgänglich, die Völker derart gegeneinander aufzubringen, um diesen verbissenen Streit um Elsaß-Lothringen zu schlichten?“ Dazu die Antwort: „Niemand wagt mehr, sich zum Verfechter dieses Streits zu machen. So sehr der Kampf gegen den Nationalsozialismus nach wie vor gerechtfertigt sein mag, so sehr sind doch diese nationalistischen Kriege absurd.“ (2)

Wilhelm II. verfügte über ein starkes Heer. Wollte Frankreich einer derartigen Streitmacht im Kriegsfall Widerstand leisten, mußten die Franzosen verstärkt aufrüsten. Die französische Linke, die der Auffassung war, man würde sich dadurch direkt in einen von den nationalistischen Kreisen gewollten Krieg stürzen, sprach sich — entsprechend ihres zweifellos etwas naiven Postulats eines pazifistischen Internationalismus — gegen das Gesetz zur Wiederaufrüstung aus. Der Sozialist Jean Jaurès, ein entschiedener Pazifist, führte eine Kampagne durch mit dem Ziel, „dem Krieg den Krieg zu erklären“, und er wußte von einer ähnlichen Aktion der Sozialisten in Deutschland. Dies sollten ihm die französischen Nationalisten nicht vergessen. Sie konnten mit der uneingeschränkten Unterstützung des Kriegsbefürworters Poincaré rechnen, der im Jahre 1913 Präsident der Republik geworden war. Am 31. Juli 1914 wurde Jean Jaurès hinterlistig ermordet. Der Krieg, der drei Tage später von Deutschland erklärt wurde, dauerte vier Jahre — Frankreich ging als Sieger hervor. Somit mußte Deutschland 1918 Frankreichs erste Revanche hinnehmen.

Am 24. Juni 1919 wurde der Vertrag von Versailles — der zweite französische Friede — unterzeichnet. Für Elsaß-Lothringen bedeutete dieser Vertrag nur die juristische Bestätigung eines Tatbestands. Der gesamte Verwaltungsapparat war schon seit November 1918 französisch. Die beiden 1870/71 verlorenen Provinzen kehrten lediglich in den Schoß des französischen Mutterlandes zurück. „Für immer“, wie Marschall Joffre in Thann im November 1914 erklärt hatte. Juristisch gesehen erhielten die Elsaß-Lothringer „die ihnen rechtmäßig zustehende französische Nationalität wieder zurück“. Keine Rede mehr von Volksabstimmung; diese wäre sowieso sinnlos gewesen. Nach vier Jahren Krieg

Der Sieg des gallischen Hahns

Entreißen werde ich Dir Deine Krone!
Auf ewig wirst du verdammt sein von allen Helden!

(Kollektion Auguste Wackenheim)

und der deutschen Niederlage wurden die französischen Truppen im Elsaß von nahezu der gesamten Bevölkerung stürmisch gefeiert.

Durch den Anschluß des Elsaß an Frankreich im Jahre 1918 schien ein Schlußstrich unter die deutschen Ansprüche auf dieses Grenzland gezogen. Auch wenn die vom französischen Staat in der Sprachenfrage praktizierte Assimilierungspolitik nach Beendigung des Ersten Weltkriegs in Deutschland auf heftige Kritik stieß, betrachteten die Deutschen die endgültige Abtretung des Elsaß an Frankreich als den Preis, der für die Schaffung eines dauerhaften Friedens am Rhein zu zahlen war. Die Zugehörigkeit dieses Gebiets zu Frankreich schien auch nicht durch den aufkommenden Nationalsozialismus in Frage gestellt. Hitler selbst hatte wiederholt zu verstehen gegeben, daß er kein besonderes Interesse an Elsaß-Lothringen habe. 1938 unterzeichneten Deutschland und Frankreich einen Vertrag, in welchem Hitler „feierlich" auf Elsaß-Lothringen verzichtete. Damit galt die elsaß-lothringische Frage ein für alle Mal als geregelt. Heute wissen wir, daß dies nur eine plumpe List in Hitlers Diplomatie war. (3)

Im Grunde wurde der Versailler Vertrag von den deutschen Nationalisten ebenso wenig anerkannt, wie der Frankfurter Vertrag von den französischen. Nach der Niederlage im Siebzigerkrieg konnten die französischen Nationalisten den Revanchismus solange schüren, bis die Stunde der Vergeltung gekommen war. Nach 1918 hielten die deutschen Nationalisten ihrerseits am Revanchismus fest, indem sie auf den Tag des Gegenschlags warteten. Heftig wandten sie sich gegen das, was sie das „Versailler Diktat" nannten; dieser Ausdruck wurde zum Sammelruf aller Anhänger des Nationalsozialismus. Zwar hatte Hitler in „Mein Kampf" die Leitsätze des nationalsozialistischen Programms dargelegt, was aber nicht darüber hinwegtäuschen durfte, daß er und seine Männer fest entschlossen waren, die Bestimmungen dieses Versailler Diktats Punkt für Punkt außer Kraft zu setzen.

Der Historiker Hellmut Diwald zeigt in seiner „Geschichte der Deutschen" genau auf, daß Hitler nicht erst 1933, sondern schon 1920, während der ersten großen Versammlung der NSDAP in München, dem Vertrag von Versailles den Kampf ansagte. Hitler versicherte lauthals, daß er nicht ruhen werde, bis Deutschland wieder mächtig genug sei, um die „Schande von Versailles" auszulöschen. Diwald zitiert einen Auszug aus der damals von Hitler gehaltenen Rede, in welcher dieser klar und deutlich zu erkennen gab, daß die „deutsche Nation" durch das Schwert wiedererstehen und der Tag kommen werde, da die „Göttin der unerbittlichen Rache" die „Meineidstat des 9. November 1918", der Tag, an dem Deutschland den Waffenstillstand beantragt hatte, bestrafen werde. Der Chef der deutschen Delegation, Matthias Erzberger, der besagten Waffenstillstand von Rethondes am 11. November 1918 unterzeichnet hatte, wurde am 26. August 1921 auf dem Weg von Griesbach nach Freudenstadt von deutschen Nationalisten ermordet. Auf deutscher Seite bereitete man sich also auf die nächste Revanche vor. (4)

Indem Deutschland zum Alleinverantwortlichen für den Ersten Weltkrieg erklärt wurde, konnten die Alliierten, vor allem Frankreich, sowohl ihr schlechtes

Gewissen beruhigen, als auch die äußerst harten Bestimmungen des Versailler Vertrags für die deutsche Wirtschaft rechtfertigen. Die Wirtschaftskrise war somit unausweichlich. Als die galoppierende Inflation nach dem gänzlichen Zusammenbruch der deutschen Währung 1923* nicht mehr aufzuhalten war und die Arbeitslosigkeit Rekordzahlen erreichte (sechs Millionen im Jahre 1932), erhielt Hitler die für ihn unerläßliche Unterstützung der großen Masse des Volkes; nur so konnte er in einer parlamentarischen Demokratie an die Macht gelangen. Besagtes Diktat wurde Zielscheibe und Alibi zugleich für eine Diktatur, die mit Hitler über Deutschland hereinbrach. Die Wirtschaftsmisere nahm zwar dem Revanchegedanken den Wind aus den Segeln, aber die nationalsozialistische Propaganda nutzte diesen Gedanken wo sie konnte, um im Volk eine Stimmung zu erzeugen, die es Hitler ermöglichte, Deutschland in einen Vergeltungskrieg zu stürzen.

Nach der „Schande von München" und dem Einmarsch in die Tschechoslowakei konnten sich Frankreich und England nicht länger passiv verhalten. Am 1. September 1939 war Hitler in Polen eingefallen. Am 3. September erklärte Frankreich Deutschland den Krieg. Somit hatten nun auch die deutschen Nationalisten ihren Revanchekrieg. Was folgte, ist hinreichend bekannt. Die am 10. Mai 1940 von den Truppen des Führers ausgehende Offensive führte in weniger als sechs Wochen zur völligen Zerschlagung Frankreichs. Das Elsaß sowie das Departement „Moselle" — Bismarcks Elsaß-Lothringen — wurden wieder deutsch. Das war Deutschlands zweite Revanche an Frankreich.

Deutschland und Frankreich unterzeichneten am 22. Juni 1940 in Rethondes nur einen Waffenstillstand; dieser galt als der zweite deutsche Friede — ein merkwürdiger Friede. Auf diesen „komischen Krieg", wie ihn die Franzosen nannten, folgte in der Tat ein komischer Friede. Um zu verdeutlichen, daß es sich für die Deutschen um eine Revanche handelte, wurde die „Feierlichkeit" am selben Ort und im selben Salonwagen abgehalten wie damals am 11. November 1918. Doch wenige Tage zuvor, am 18. Juni, hatte General de Gaulle bereits seinen historischen Appell aus London an die Franzosen gerichtet und sie beschworen, die Hoffnung nicht aufzugeben, die Niederlage nicht als eine endgültige zu betrachten. „Was immer auch geschehen mag", hatte er eindringlich be tont, „die Flamme des französischen Widerstands darf nicht und wird niemals erlöschen."**

Faktisch erhielt General de Gaulle durch die Beteiligung der französischen Ersten Armee, insbesondere der Division Leclerc, an den Kämpfen zur Befreiung Frankreichs das erforderliche politische Gewicht, damit sein Land am 8. Mai 1945, als Deutschland gezwungen wurde, in Berlin die bedingungslose Kapitulation zu unterzeichnen, ebenfalls vertreten sein konnte. Über das politische

---

* Der Wert des Dollars hatte 1923 den astronomischen Betrag von 4200 Milliarden Mark erreicht.

** Pierre Miquel, Histoire de la France, S. 536.

(Kollektion Auguste Wackenheim)

Schicksal Deutschlands entschieden am 23. Juli 1945 zwar nur Truman, Churchill und Stalin; aber dank des von de Gaulle geführten Kampfes fand sich auch Frankreich unter den Siegermächten. Das war Frankreichs zweite Revanche an Deutschland.

Nachdem das Elsaß 1940 nicht vertraglich an Deutschland zurückgegeben worden war, erübrigte sich für die Wiedereingliederung des Elsaß in den französischen Staat ein spezieller juristischer Akt. Etwas über vier Jahre hatte das Elsaß zu Deutschland gehört, was allerdings ausreichte, um einer nie dagewesenen Unterdrückung ausgeliefert zu sein. Als der Krieg endgültig vorüber war, hatte man allgemein das Gefühl, dieses Mal in der Tat vom deutschen Joch befreit worden zu sein. Für die Elsässer bedeutete das Ende des Zweiten Weltkriegs der vierte Nationalitätswechsel innerhalb von 75 Jahren und der fünfte seit ihrer ursprünglichen Herauslösung aus der politischen und kulturellen Gemeinschaft mit Deutschland. Aufgrund des totalen Zusammenbruchs des Dritten Reichs im Jahre 1945 sollte es den Elsässern nun endlich möglich sein, sich frei im Schoß der französischen Gemeinschaft zu entfalten — vor allem in kultureller Hinsicht. Wir werden sehen, daß es dazu nicht kommen wird.

Scheinbeweise

Bis auf den heutigen Tag starb noch kein Eroberer an eventuellen Gewissensbissen aufgrund seiner Eroberungen. Sollte trotzdem einer versucht haben, seine Eroberungen oder sich selbst zu rechtfertigen, dann nicht, weil ihn das Gewissen plagte, sondern weil er sein Gesicht wahren wollte, was rein menschlich durchaus verständlich ist. Mehr wird von ihm auch nicht erwartet. Eroberer wissen um die Vergänglichkeit ihres Ruhms; um sich diesen möglichst lange zu bewahren, dürfte man gut beraten sein, eine großartige Fassade politischer Moral um ihn aufzubauen, selbst wenn es sich dabei nur um eine Fassadenmoral handeln sollte.

Man darf sich also nicht wundern, daß die Eroberer dieses Lands zwischen Rhein und Vogesen stets Argumente anführten, die sich plausibel anhörten und die öffentliche Meinung überzeugten. So entstand dort eine französische, hier eine deutsche Dialektik, die sich im Grunde immer über die Köpfe der Elsässer hinwegsetzte und diese in den Augen des französischen wie des deutschen Staats zu einem allerdings höchst wertvollen Streitobjekt abstempelte. Jeder suchte mit großem Eifer zu beweisen, daß seine Sache gerecht und es richtig war, das Elsaß zu erobern bzw. zurückzuerobern. Die lange Liste ihrer „Beweise" konnte die wahren Gründe der Kriege um den Besitz des Elsaß nicht verschleiern. Diese Beweise waren genau betrachtet nur Scheinbeweise.

Die Argumentation Frankreichs setzt in dem Moment ein, als die erste französische Eroberung des Elsaß von Deutschland in Frage gestellt wird. Als das Elsaß aufgrund des Westfälischen Friedens und unter Ludwig XIV. vom Heiligen Römischen Reich Deutscher Nation an Frankreich übergeht, war jedermann

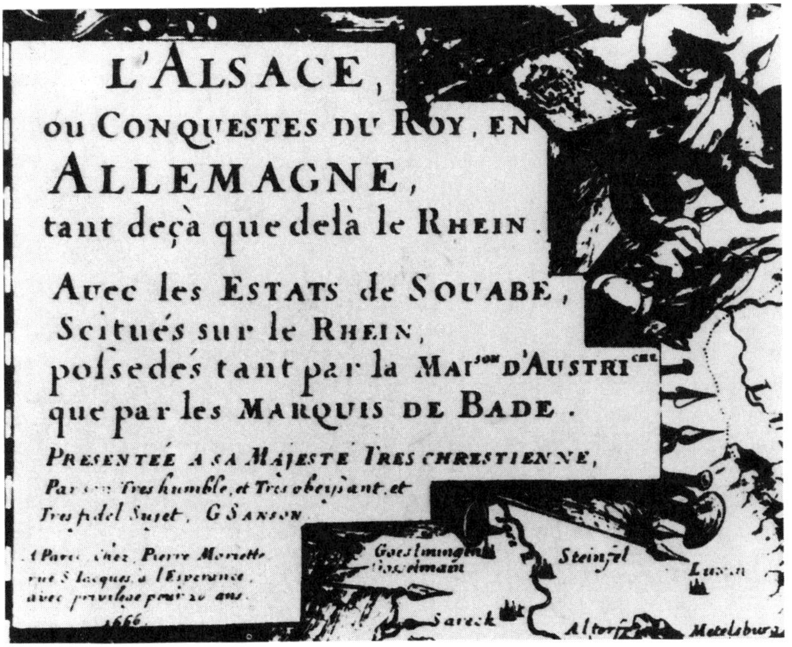

(Faksimile des Deckblatts eines 1666 Ludwig des XIV. vorgelegten Werks über das Elsaß)

klar: das Elsaß ist eine Eroberung des Königs im damaligen Deutschland. Ein Schriftstück, das Ludwig XIV. im Jahre 1666 vorgelegt wurde, trägt folgende Aufschrift: „Das Elsaß, eine Eroberung des Königs in Deutschland, die sowohl diesseits wie jenseits des Rheins“ liegt. Damals gab es für den Rhein die Bezeichnung „le Rhin“ noch nicht und niemand bestritt, daß das Elsaß deutsches Gebiet war. Die Elsässer galten als neuerdings in das Königreich Frankreich integrierte Deutsche. Aus dem offiziellen Text über die Einsetzung des Obersten Gerichtshofs des Elsaß (Conseil Souverain d'Alsace) im Jahre 1657 geht dies zweifelsfrei hervor.

Einerseits ist die Frage überflüssig, warum Ludwig XIV. glaubte, das Elsaß annektieren zu müssen, andererseits ist nicht anzunehmen, daß der König oder seine Minister deswegen schlaflose Nächte hatten. Der Verlauf des Dreißigjährigen Kriegs bot ihm die Gelegenheit, sein Reich zu erweitern und die französische Grenze nach Osten zu verschieben. Diese Chance mußte genutzt werden. Alle Machthabenden handelten nach diesem Motto. Warum sollte es der Sonnenkönig nicht tun, wo sich der Rhein als „natürliche Grenze“ anbot, die einfach zu bestimmen und damals vor allem leicht zu kontrollieren war? Der Fluß schien ganz Frankreich eine größere Sicherheit zu geben. Dieses Argument der natürlichen Grenze bekam allerdings erst Gewicht, als es darum ging, die Eroberung des Elsaß durch Frankreich im nachhinein zu rechtfertigen.

Wie zahlreiche andere Staaten drängte es Frankreich nach sogenannten natürlichen Grenzen. Was ist unter „natürlichen Grenzen“ zu verstehen? Sind damit von der Natur vorgegebene, geographische Schranken gemeint? Oder handelt es sich um ethnische Grenzen, das heißt um natürliche Trennungslinien zwischen Völkern, die sich in ihrer Sprache, ihrer Wesens- und Lebensart naturgegebenermaßen unterscheiden? Wird die Theorie der natürlichen Grenzen geographisch definiert, ist nicht einzusehen, warum der 200 m breite Rhein für das Elsaß eine schwieriger zu überwindende Grenze darstellt, als die massive Bergkette der Vogesen. Sollte der Rhein trotzdem die natürliche Grenze Frankreichs sein, warum dann nur zwischen Saint-Louis und Lauterburg und nicht zwischen Basel und Rotterdam? Die Eroberung des Elsaß damit zu rechtfertigen, daß Frankreich sichere, „natürliche“ Grenzen braucht oder daß sich Gallien vor 2000 Jahren bis zum Rhein erstreckte, mag sehr bequem sein, zielt aber offensichtlich am Wesentlichen vorbei — denn das eigentliche Motiv der französischen Politik wird somit auf geschickte Weise verschleiert.

Die deutsche Argumentation geht von einer Tatsache aus, an der es offensichtlich nichts zu rütteln gibt: der elsässische Boden ist deutscher Boden. Das Elsaß wurde der deutschen Nation im Jahre 1648 widerrechtlich entrissen. Wann immer der deutsche Nationalismus die Oberhand gewann oder das Kräfteverhältnis zugunsten Deutschlands ausschlug, kam dieses Argument zur Geltung, so daß Deutschland wie 1870/71 und 1940 die Rückeroberung des Elsaß in Betracht ziehen und rechtfertigen konnte.

Wie stand es mit dem Recht Frankreichs auf eine natürliche Grenze im Osten? Dasselbe Recht haben wir im Westen, hieß es, mit dem Unterschied, daß sich diese „natürliche“ Grenze für die Deutschen auf dem Vogesenkamm befand und nicht am Rhein.* Während der französische Anspruch auf das Elsaß zunächst von dem Recht ausging, dieses Land und demzufolge seine Bewohner in den Besitz Frankreichs zu bringen, basierte der deutsche Anspruch auf dem Recht, die Bewohner und demzufolge auch das Land in den Besitz Deutschlands zurückzubringen. Der französischen Auffassung von den „natürlichen Grenzen“ stand der deutsche Begriff des „Volkstums“ gegenüber, der die naturgegebene Zugehörigkeit des Menschen zu einem Volk oder einer Nation aufgrund bestimmter Merkmale beinhaltet, welche den betreffenden Menschen gemein sind.

Es gibt verschiedene Merkmale, die für ein ganzes Volk kennzeichnend sind. Das entscheidende Charakteristikum ist die Sprache sowie die von ihr getragene Kultur. Dies ist der springende Punkt in der deutschen Betrachtungsweise. Wird der Begriff des Volkstums hinterfragt, zeigt sich, daß dieser sehr vage ist und zu umstrittensten Interpretationen führen kann. Rechtfertigt man die Zugehörigkeit zu einem Volk mit der gemeinsamen Sprache, klingt das wesentlich überzeugender. Daher überrascht es nicht, daß das Argument der Sprache Kernpunkt der von den Deutschen im 19. Jahrhundert angestrengten Auseinandersetzung wurde, um die Souveränität Frankreichs im Elsaß wieder in Frage zu stellen. Dieses Argument gewann derart an Bedeutung, daß der Begriff der Sprache — der deutschen selbstverständlich — allmählich an die Stelle der Begriffe Volkstum und Deutschtum trat. Elsässer, so hieß es, sind deutschstämmig, weil sie deutsch sprechen; und da sie deutsch sprechen, sind sie auch Deutsche! Sie können somit „logischerweise“ keine Franzosen sein, es sei denn, sie sind ihrer „eigentlichen Natur beraubt“ und damit „denaturalisiert“!

Es hat bestimmt nichts mit Volkstümelei zu tun, wenn man feststellt, daß es zwischen der Sprache, die man spricht, und dem Volk, dem man angehört, so etwas wie eine organische Verbindung gibt. Und so gesehen hat das deutsche Volkstum an sich nichts Provozierendes; die politische Ausschlachtung dieses Begriffs ist zu mißbilligen. Ausgehend von der Tatsache, daß eine Sprache von einem bestimmten Volk in einem bestimmten Land gesprochen wird, haben die Nazi-Ideologen ihre vielzitierte Blut-und-Boden-Theorie aufgebaut, die Hitler zum Vorwand für den Einfall in Polen und die Tschechoslowakei diente. Kann die Eingliederung eines Volks oder einer gesellschaftlichen Gruppe in einen Staat ausschließlich auf derartigen Kriterien beruhen? Wohl kaum. (5)

Die Dialektik des einen wie des anderen führt zu einer Reihe von Kontroversen mit dem Ziel, die Argumentation des Gegners zu widerlegen. Auf die Behauptung der Deutschen, die Elsässer sprächen deutsch und könnten folglich nicht zum französischen, sondern nur zum deutschen Staat gehören, wird von französischer Seite entgegnet, Frankreich sei vor 2000 Jahren Gallien genannt worden, und dieses Gallien habe sich bis zum Rhein erstreckt. Die Elsässer seien

* „Der Rhein, Deutschlands Strom — nicht Deutschlands Grenze“ — Ernst Moritz Arndt.

also keine Germanen, sondern von den in Gallien einfallenden barbarischen Alemannen, Franken und sonstigen germanischen Horden „denaturalisierte" Kelten. Um den Beweis zu erbringen, daß die Elsässer keinerlei Ähnlichkeit mit ihren Nachbarn jenseits des Rheins haben konnten, scheuten gewisse „Historiker" vor Lächerlichkeiten nicht zurück. (6)

In den historischen Kontroversen von 1870 zwischen dem Mitglied der Académie Française Ernest Renan und dem Theologen David-Friedrich Strauss einerseits sowie den Historikern Fustel de Coulanges und Theodor Mommsen andererseits ging es zwar auch um die Sache der Elsässer, doch stellte Fustel de Coulanges das Problem der politischen Zugehörigkeit in einen neuen Zusammenhang als er feststellte: „Das Vaterland ist das, was man liebt." Weder Rasse noch Sprache schienen ihm wesentlich für das Aufkommen eines nationalen Gefühls. Um 1870 fühlen sich die meisten Elsässer entschieden als Franzosen und nicht als Deutsche; sie waren Franzosen besonderer Art, aber eben Franzosen. Fustel de Coulanges ist auch einer der wenigen, die in diesem Streit die Meinung der Elsässer selbst in die Debatte einbeziehen, aber nicht um der elsässischen Sache zu dienen, sondern um die Sache des französischen Staats zu vertreten.

Sollten die Elsässer nun Franzosen sein oder Deutsche? Wollten sie Franzosen werden oder lieber Deutsche bleiben? Mußte es wegen einiger tausend Männer und Frauen mehr (oder weniger) in diesem oder jenem Staat soviel Bitterkeit, Haß, Verwüstungen, Kriegsversehrte und Tote geben? Offensichtlich mußte es so sein. Nur, warum?

Etwa weil das Elsaß — nach deutscher Lesart — deutsches Gebiet ist wie Baden oder die Pfalz, oder weil seine Bewohner deutschsprachig sind? Etwa weil das Elsaß — nach französischer Lesart — keltisches Gebiet war wie die Auvergne und die Bretagne und weil sich seine Bewohner dafür entschieden haben, Franzosen zu sein? Diese Art, sich das Elsaß, Land und Leute, streitig zu machen, ist nichts anderes als eine kleinkarierte Polemik, die das Recht und die Freiheit auf dieser elsässischen Erde zu sein mit Füßen tritt — einem Flecken Erde, der in erster Linie das Land der Elsässer und erst an zweiter Stelle das Land irgendeines Staats ist, der Anspruch darauf erhebt.

Das maßlose Machtstreben sowie der Herrscherwille des Machtstaats* sind der Grund, warum das Elsaß zum Spielball zwischen Frankreich und Deutschland geworden ist. Hatten die Elsässer, nachdem sie in die Schußlinie der Hegemonialansprüche beider Staaten geraten waren, wirklich geglaubt, dem erbar-

---

* Niemand spricht dem Staat das Recht auf Machtausübung ab; nur muß die Macht in den Dienst aller Bürger und Volksgruppen gestellt werden. Die Menschenrechte stehen über der Staatsräson. Werden diese nicht vollständig und überall respektiert, macht sich der Staat des Machtmißbrauchs schuldig. Die Staatsmacht wird zum Machtstaat.
Der in der Folge verwendete Ausdruck Machtstaat (Etat-pouvoir) ist selbstverständlich eindeutig vom Machtstaat des Dritten Reiches abzugrenzen, der ein bloßes Werkzeug einer menschenverachtenden Diktatur war. (Anm. d. Ü.)

mungslosen Gesetz der Beherrschung auf Dauer entgehen zu können? Mag sein, aber jetzt müßten sie sich doch im klaren sein.

Die französische wie die deutsche Dialektik kannte nichts anderes als die „Logik des Beherrschers". Was blieb den Elsässern da zu tun? Sie mußten die eigene Logik entgegensetzen. Dies konnte nur eine Logik der Ohn-Macht, eine Logik der Beherrschten sein. Denn gibt es eine „Logik der Beherrschung"*, gibt es auch eine Logik der Unterwerfung. Das eine geht nicht ohne das andere.

Beherrschung und Logik

Das Prinzip der Beherrschung ist so alt wie die Menschheit. Ist dem Menschen der Sinn der Beherrschung angeboren? Oder gibt es zwei Klassen von Menschen, die einen, die sich unterwerfen, die anderen, die beherrschen? Diese Frage muß man sich stellen, wenn man bedenkt, was sich jahrhundertelang in der Welt zugetragen hat und sich noch heute zuträgt. Merkwürdig, daß die Logik der Beherrscher die Beherrschten unentwegt davon überzeugen will, die Beherrschung diene nur ihrem Wohl und werde immer „im ureigentlichen Interesse" der Beherrschten ausgeübt! Oft brüsten sich die Beherrscher damit, den Beherrschten die wahre Erkenntnis zu bringen: ihre eigene, versteht sich. Weil das Prinzip der Beherrschung andere Menschen ihrer Freiheit beraubt, kann es für die Beherrschung keine Rechtfertigung geben. Immer ist sie eine Vergewaltigung der Persönlichkeit des Menschen.

In den seltensten Fällen wird Unterwerfung als ein unabänderlicher Zustand betrachtet; doch meistens haben die Beherrschten aufgrund der Kräfteverhältnisse keine andere Wahl, als sich mit der Beherrschung abzufinden. Im Konfliktfall zwischen Machtstaat und gesellschaftlichen Gruppen, deren Persönlichkeit in den Augen der Mächtigen ein Störfaktor ist, zeigt auch der Machtstaat das typische Verhalten des Beherrschers und die betreffende Gruppe von Menschen das typische Verhalten des Beherrschten — wie die Geschichte des Elsaß deutlich zeigt. Dabei hielten beide Teile jeweils an ihrer Logik fest: der Machtstaat an der Logik des Beherrschers, die Elsässer an der Logik der Unterworfenen. (7)

Die Logik des Machtstaats

Die Eroberung des Elsaß im 17. Jahrhundert und der Wechsel von einem Lager zum anderen während des 19. und 20. Jahrhunderts hatte jeweils die Eingliederung bzw. Wiedereingliederung der Elsässer in die politische und kulturelle Welt der Franzosen oder der Deutschen zur Folge. Dieser Wechsel der politi-

* Siehe Michael Maffesoli, La logique de la domination.

schen Zugehörigkeit war nur eine der Folgen jener Umwälzungen und führte seinerseits zu Veränderungen auf allen übrigen Gebieten, seien sie wirtschaftlicher, sozialer, geistiger oder psychologischer Natur.

Die Integration der Eroberten in ihre neue politische und kulturelle Umwelt ist unumgänglich, so schwierig und schmerzhaft sie auch sein mag. Die Eroberten können nicht ewig auf sich selbst zurückgezogen leben, sie müssen mit ihrer neuen Gemeinschaft Kontakt aufnehmen. Diese Eingliederung der Elsässer in die Welt der Franzosen bzw. der Deutschen bedeutete nicht a priori den Verzicht auf die ihnen eigentümlichen Merkmale, sofern der französische oder der deutsche Staat die Originalität des elsässischen Menschen respektierte. Sobald diese Originalität angetastet wurde, konnte nicht mehr von Eingliederung, sondern nur noch von Beherrschung die Rede sein.

Im Elsaß zeigte sich die Beherrschung unter verschiedenen Gesichtern. Der französische Staat griff nicht auf derart unmenschliche Methoden zurück wie zum Beispiel die Nazis, obwohl man die Verbrechen der von Louvois angeführten Truppen und die der Schreckensherrschaft in Frankreich nicht vergessen sollte. Andererseits billigten die Deutschen den Elsässern 1911 einen Grad an politischer Entscheidungsfreiheit zu, den ihnen eine französische Regierung niemals zugestanden hätte. Doch insgesamt gab sich Frankreich diplomatischer als Deutschland. Die Elsässer wußten dies zu schätzen. Das Ziel aber war in beiden Fällen dasselbe: Vereinnahmung der Elsässer durch ihre neue politische und kulturelle Umwelt.

Auf deutsch nennt man die Beherrschung im Elsaß „Gleichschaltung", auf französisch „assimilation". Die den Elsässern gegenüber verfolgte Politik der Gleichschaltung bzw. der Assimilation suchte ihre Herrschaft in den beiden Schlüsselbereichen zu verankern, die für alle übrigen Tätigkeiten des Menschen entscheidend sind: die Politik, im Sinn der Politik als Institution, und die Kultur im weitesten Sinn des Wortes. (8)

Da sich der deutsche wie der französische Machtstaat ausschließlich vom Gebot der Macht leiten ließ, verstärkten beide Staaten ihren politischen und kulturellen Einfluß in allen Bereichen und bekämpften all das, was von Franzosen als „elsässischer Partikularismus", von Deutschen als „musealer Partikularismus" abgetan wurde. Zwar wurden die Zügel hin und wieder etwas gelockert, wenn sich die Elsässer vom Eifer einer Herrschermacht, die elsässische Frage „ein für allemal" zu regeln, zu stark brüskiert fühlten. Sobald sich die Wogen aber wieder geglättet hatten, verfolgten die Staaten erneut ihre Herrscherpolitik, jeder nach seiner eigenen Logik. (9)

Politische Einflußnahme

Man kann die Politik als eine Wissenschaft oder eine Kunst betrachten, oder als keines von beidem, die Logik des Machtstaats versteht nur, wer sich in den spezifischen Kontext der jeweiligen Epoche zurückversetzt. In unserem Zeitalter herrscht eine völlig andere Auffassung des Machtbegriffs als im 19. oder 17. Jahrhundert. Die nationalistische, laizistische Republik, wie sie die Elsässer 1918 kennenlernten, war nicht zu vergleichen mit der liberalen Phase des Kaiserreichs unter Napoleon III. oder dem Königtum von Gottes Gnaden unter Ludwig XIV.; auch muß der grundlegende Unterschied zwischen dem Deutschen Reich unter Bismarck und Wilhelm II. sowie Hitlers Drittem Reich nicht erst betont werden. Die Auffassung, die die Franzosen zu einer gegebenen Zeit von der Realität der Macht hatten, entsprach nicht im geringsten der deutschen Vorstellung von Macht zur gleichen Zeit. Dies ist ein wesentlicher Punkt zum Verständnis der unterschiedlichen politischen Einflußnahme Frankreichs bzw. Deutschlands auf das Elsaß und seine Bewohner.

Die politische Einflußnahme der Franzosen

„Vor allem ist nicht an den Gewohnheiten und Gebräuchen des Elsaß zu rühren."* So lautet der berühmte Satz eines Anfang des 18. Jahrhunderts amtierenden Generalkontrolleurs der Finanzen. Dieser lobenswerte Grundsatz hindert weder die absolute Monarchie Ludwigs XIV. noch die Französische Revolution, weder das Erste und Zweite Kaiserreich noch die Dritte und die folgenden Republiken, „an ebendiesen Gewohnheiten und Gebräuchen** zu rühren". Unter Ludwig XIV. ist das Land zunächst eine zum „fremdländischen Besitz Frankreichs gehörende Provinz", wird aber wie andere französische Provinzen verwaltet und ist — wie diese — der Oberhoheit des Königs von Frankreich unterstellt. Während der Großen Revolution wird ganz Frankreich in Departements eingeteilt, so auch das Elsaß. Napoleon I. setzt überall von ihm ernannte Präfekten ein, so auch im Elsaß. Die verschiedenen Republiken versuchen, die in ganz Frankreich gültige Gesetzgebung einzuführen, damit die „republikanische Rechtskräftigkeit" — auch im Elsaß — herrscht.

Seit Mitte des 17. Jahrhunderts gab es eine Übergangsperiode, in welcher die sogenannten Intendanten die politischen Realitäten des Elsaß notgedrungen berücksichtigen mußten. Als das Elsaß 1918 wieder französisch wurde, war es geprägt von nahezu einem halben Jahrhundert deutscher Herrschaft. Dieses Land hatte 1911 eine Verfassung erhalten, die ihm weitgehende Autonomie gewährte, und konnte die Vorzüge eines politischen Systems nutzen, das das komplette Gegenteil des französischen Zentralismus war. Anschließend praktizierten die „Kommissare der Republik" eine spezifisch elsässische Politik, die gewisse lokale Gesetze und Bestimmungen gelten ließ. Dieses Übergangsstadium dauerte nur solange, bis die Departements Unterelsaß und Oberelsaß wie die übrigen französischen Departements verwaltet werden konnten.

---

* Philippe Dollinger, Histoire de L'Alsace, S. 293.

** Auch: die Eigenheiten des Elsaß, „les usages de l'Alsace" = Sammelbegriff für all das, was anders ist, als im übrigen Frankreich.

Rückeroberung . . .

Jetzt, da die Totenvögel abgezogen sind, kommen unsere Störche wieder.

(Kollektion Auguste Wackenheim, Zunderschtzewerscht, kappeletz, S. 141)

Durch die Unterteilung in Departements wurde die politische Einflußnahme der Zentralgewalt auf das Elsaß vereinfacht. Teilen, um besser herrschen zu können, entspricht ganz der Tradition des Machtstaats. Die inzwischen zu französischen „Alsaciens“ gewordenen Elsässer wurden jetzt plötzlich „Niederrheiner“ (Bas-Rhinois) und „Oberrheiner“ (Haut-Rhinois). Indem die französische Regierung das Elsaß in zwei Teile aufspaltete, wurde der politische Partikularismus im Elsaß unterminiert, gleichzeitig aber ein ober- bzw. niederrheinischer politischer Partikularismus gefördert. Während der Autonomiekrise der Zwanziger Jahre gab es in beiden Departements regierungsfeindliche Reaktionen; dies zeigt, daß das während des Deutschen Reichs aufgekommene Gefühl, gemeinsam eine menschliche und politische Einheit zu bilden, noch lebendig war.

Das Vorgehen der französischen Regierung gegen die elsässische Autonomiebewegung in der Zeit zwischen den beiden Weltkriegen beweist, welcher Geist in Paris herrschte: der Geist der Beherrschung. Zu keinem Zeitpunkt war die Heimatrechtsbewegung illegal gewesen, da sie die Souveränität Frankreichs für das gesamte französische Staatsgebiet anerkannte. Nach dem Gesetz konnte niemand wegen Verbreitung autonomischen Gedankenguts verfolgt werden. Im Prozeß, den der französische Staat 1928 in Colmar gegen mehrere elsässische Autonomisten anstrengte, ging es nicht um die Autonomiebewegung als solche, sondern um den Beweis, daß die Beschuldigten „Verräter“ und „Agenten der Deutschen“ waren oder ihre Bewegung von den Deutschen finanziert wurde. Daß elsässische Autonomisten auch nach 1918 Beziehungen mit gewissen Kreisen in Deutschland unterhielten, stand außer Zweifel; entscheidend war nur, ob diese Beziehungen nach dem Gesetz als „Landesverrat“ galten oder nicht. Diesen Beweis konnte die Anklage nicht erbringen. (10)

Ziel dieses Prozesses gegen die Autonomisten sowie der im Jahre 1926 gegen die Unterzeichner der Heimatbund-Erklärung eingeleiteten Strafverfahren war die Unterdrückung jeglichen Widerstands gegen die totale Assimilierungspolitik, die Paris im Elsaß durchsetzen wollte. Die Elsässer, die die Autonomisten nicht in allen Punkten unterstützten, aber eine große Anzahl ihrer Forderungen — auch politischer Art — befürworteten, sollten eingeschüchtert werden, weil viele die Hoffnung auf eine Teilautonomie wie 1911 im Deutschen Reich noch nicht aufgegeben hatten.

Die Haltung der Mächtigen gegenüber Autonomiebestrebungen ist in höchstem Grad als heuchlerisch zu bezeichnen. Der Machtstaat unterstützt sie dort, wo sie seine Herrscherposition bestätigen, er bekämpft sie, wo sich diese Bestrebungen gegen ihn richten. Für den Machtstaat sind Autonomisten sowohl Patrioten wie Verräter, je nachdem, ob sie in seine Beherrscherlogik passen oder nicht. Trotzdem wird alles, was mit Autonomie zu tun hat, im Namen der politischen Moral verurteilt. Anders ist die Haltung des französischen Staats angesichts der Forderungen der verschiedenen Minderheiten in Frankreich nicht zu erklären. (11)

Jedes französische Regime, jede französische Regierung hatte immer nur die eine Sorge, das Elsaß unter direkter politischer Kontrolle zu halten. Nie bestand die Absicht, diesem Land wenigstens so viel politische Freiheit zuzugestehen, damit die Elsässer Herr ihrer kulturellen Geschicke bleiben konnten — natürlich innerhalb des französischen Staats! Mit Ausnahme der Kommunisten haben alle politischen Parteien Frankreichs jedwede Form des politischen Partikularismus der Elsässer untersagt. Bei den Linksparteien war der Nationalismus nur nicht so stark ausgeprägt wie bei den Rechten. Weil für den Machtstaat eine Teilung der Macht mit Minderheiten nicht in Frage kam, wurde im Elsaß eine Politik verfolgt, die der Logik der Beherrschung exakt entsprach.

Die politische Einflußnahme der Deutschen

Da die Elsässer bis 1648/1681 eine deutsche Sprache und eine deutsche Kultur hatten, herrschte Übereinstimmung zwischen ihrem politischen und ihrem kulturellen Rahmen. Als das Elsaß 1871 wieder deutsch wurde, hatte sich die Lage nach zweihundertjähriger Zugehörigkeit zu Frankreich grundlegend verändert.

Am 18. Januar 1871 wurde Wilhelm I. im Schloß zu Versailles zum deutschen Kaiser ausgerufen. Durch die Gründung des Zweiten Deutschen Kaiserreiches wurde Preußens Vormachtstellung in Deutschland bestätigt; Königreiche wie Bayern und Württemberg, Herzogtümer wie das Großherzogtum Baden hatten jedoch weiterhin Bestand. So erhob sich für Deutschland 1871 die Frage: Wie ist Elsaß-Lothringen dem neuen Reich politisch einzugliedern? Das Reichsland Elsaß-Lothringen Berlin direkt zu unterstellen und für diese Westmark einen Statthalter zu ernennen, hatte zwar keine einhellige Zustimmung gefunden, auf diese Weise wurde die deutsche Herrschaft im Elsaß aber bis 1918 ausgeübt.

Der erste Statthalter des Reichslandes, Edwin von Manteuffel, war ein liberal eingestellter Preuße. Persönlich betrachtete er die Annexion von Elsaß-Lothringen als „politischen Fehler". Nach seiner Auffassung sollte das Elsaß ein „autonomer und neutraler Staat" — allerdings mit einem „preußischen Fürsten" an seiner Spitze — werden.* Das ist natürlich eine etwas merkwürdige Auffassung von Neutralität; daß einem Politiker wie dem Statthalter — dem Gouverneur des Reichslands — ein solcher Gedanke kommen konnte, zeigt aber, daß das Elsaß 1871 als ein besonderes Gebiet betrachtet wurde. Bei einer politischen Lösung des Problems Elsaß-Lothringen konnte Deutschland den Stellenwert der deutsch-französischen Beziehungen, die in einem internationalen Rahmen verankert werden sollten, nicht übergehen.

Trotz der Meinung, die Edwin von Manteuffel und andere Persönlichkeiten im damaligen Deutschland vertraten, verfolgte die preußische Verwaltung im Elsaß eine Politik, die den politischen Willen der Elsässer so gut wie nicht berücksichtigte. Bis zum Jahre 1910 wurde jeweils der Standpunkt des deutschen Staats

---

* Fritz Bronner, I/17,18.

durchgesetzt. Es gab keine eigentliche Unterdrückung — wie die französischen Nationalisten behaupteten, von einer bevorzugten Berücksichtigung der elsässischen Interessen konnte aber keine Rede sein. Den Elsässern wurden sogar weniger politische Freiheiten zugestanden als den übrigen deutschen Staatsbürgern.

Diese Situation änderte sich, nachdem Elsaß (-Lothringen) im Jahre 1911 eine Verfassung zugestanden wurde, die dem Reichsland innerhalb des deutschen Staats eine gewisse politische Autonomie verlieh. Zu einer solchen Lösung hatte sich Frankreich nie durchringen können, obwohl einzuräumen ist, daß diese Autonomie eher zum politischen Aufbau des Zweiten Deutschen Reiches paßte als zur „einen und unteilbaren" französischen Republik. Trotzdem: der Grad der Abhängigkeit von Berlin blieb groß, zu groß in den Augen derer, die die Autonomie begrüßt hatten; doch erhielten die Elsässer damit eine reale Entscheidungsgewalt. (12)

Diese neue Verfassung kam jedoch zu spät. Die Elsässer konnten ihrer gesamten Tragweite und politischen Möglichkeiten nicht mehr teilhaftig werden. Drei Jahre danach brach der Krieg aus; das Elsaß wurde Militärzone. Daß die Verfechter des französischen Nationalismus nun diese Verfassung bekämpften, zeugt von ihrer Furcht, die Elsässer könnten ihr Streben nach Freiheit und Unabhängigkeit massiver bekräftigen — nicht etwa angesichts der deutschen Absichten, sondern angesichts eventueller Maßnahmen der Franzosen. Wie dem auch sei, der Ausbruch des Ersten Weltkriegs war für die französischen Nationalisten und ihre Anhänger im Elsaß eine glückliche Fügung.

Jede geschichtliche Epoche läßt sich — auch im Elsaß — nur aus der vorhergehenden begreifen. Machtausübung gab es in diesem Land entweder als französische Entgegnung auf die Politik der Deutschen oder als deutsche Entgegnung auf die Politik der Franzosen. Das Wie dieser Machtausübung ist Ausdruck der für die jeweilige Epoche typischen politischen Denkungsart. So ist zu verstehen, warum das von seiner Zeit geprägte Deutschland, das 1940 vom Elsaß Besitz ergriff, nur noch den Namen mit dem Deutschland, das die Elsässer von 1870 bis 1918 gekannt hatten, gemein hatte.

Da die Nazis eine totalitäre Machtauffassung hatten, war eine Autonomie für das Elsaß nicht mehr denkbar. Jedermann schien begriffen zu haben, daß das Jahr 1940 nicht mehr das Jahr 1911 war; manch einer glaubte aber, man schriebe noch das Jahr 1930. Jeder wußte vom Kult der Nationalsozialisten um die deutsche Nation, in der es für sie weder Bayern noch Badener noch . . . Elsässer gab. Reichsdeutsche, ja, oder Volksdeutsche, aber immer und zuallererst Deutsche! Das berühmte Führerprinzip, das in den NS-Führerschulen gepredigt wurde, duldete keine demokratische Struktur; das nationalsozialistische Weltreich sollte in Form einer Pyramide aufgebaut sein. Damit konnte die Beherrschung des Elsaß nur eine absolute sein: so wollte es das Oberste Gebot und der Heilige Wille der Deutschen Nation. Die Elsässer wurden von den Nazis nicht unterdrückt weil sie Elsässer waren, sondern weil diese Art der Beherrschung, die auch vor der Liquidierung des Menschen nicht halt machte, dem ureigentlichen totalitären Wesen der Nazi-Herrschaft entsprach.

Die Eingliederung oder Rückgliederung des Elsaß in den französischen bzw. den deutschen Staat wurde von beiden Ländern in erster Linie als eine politische Angelegenheit betrachtet. Soziale, wirtschaftliche oder gar sprachliche Probleme wurden dabei nur am Rande gestreift. Die abwechselnd von Franzosen und Deutschen betriebene kulturelle Einflußnahme hat sich selten um die Meinung der Hauptbetroffenen geschert. Doch gerade die kulturelle Bemächtigung zeigt, welche Rolle die Beherrschung in der elsässischen Geschichte der letzten drei Jahrhunderte gespielt hat.

Kulturelle Einflußnahme

Die kulturelle Beherrschung der Elsässer durch Frankreich und Deutschland war wesentlich folgenschwerer als die politische. Im Elsaß glaubte man lange, diese Art übermächtiger Einfluß beschränke sich auf die Sprache. Die französische bzw. die deutsche Kulturpolitik aber wollte sich den Geist und den ganzen Menschen gefügig machen . . . um ihn besser beherrschen zu können.

Zunächst scheint es undenkbar, daß die Kultur — von der es zurecht heißt, daß sie den Menschen zu bereichern, zu adeln, zu befreien trachtet — derart mißbraucht werden könnte, daß sie diesen ruiniert, demütigt und unterdrückt. Und dennoch: Die Geschichte der Menschheit zeigt, daß die Kultur dazu beigetragen hat, die Menschen von den verschiedensten Zwängen frei zu machen, daß sie aber auch das Instrument par excellence war, mit dem der Mächtige, insbesondere der Machtstaat, seine Herrschaft ausübte.

Sobald die Beherrscher in der Position des Stärkeren sind, ist es verhältnismäßig einfach, den Geist der Beherrschten zu bezwingen — sei es in politischen, gesellschaftlichen, wirtschaftlichen, philosophischen, kulturellen oder sonstigen Belangen. Die Mechanismen der Beherrschung sind so vielschichtig und zum Teil so subtil, daß sie der Aufmerksamkeit der Beherrschten entgehen können. *Die kulturelle Beherrschung ist bei weitem die einschneidendste Art der Beherrschung.* Sie öffnet allen übrigen Formen der Beherrschung Tür und Tor. „Ein Volk kann eine Schlacht, ja einen Krieg verlieren und sich dennoch wieder aufrichten . . . Verliert ein Volk aber seine Kultur, ist es nur noch eine willenlose Herde."* Um das Wesen und die Folgen der kulturellen Einflußnahme Deutschlands und vor allem Frankreichs besser erfassen zu können, scheint es angebracht, den Kulturbegriff etwas ausführlicher zu erörtern.

---

* Henri Gobard, La guerre culturelle, S. 13.

Die Kultur als Mittel der Macht

Der aus dem Lateinischen stammende Begriff *cultura* bezog sich ursprünglich auf den bearbeiteten Boden. In Mitteleuropa wurde der Begriff wahrscheinlich nicht vor dem 12. Jahrhundert verwendet und umschließt erst viel später ebenso das Bebauen des Bodens. Im übertragenen Sinn taucht der Begriff zunächst bei den Engländern auf; Ende des 17. Jahrhunderts gebraucht ihn La Bruyère in seiner absoluten Bedeutung.

Unter Kultur verstand man von nun an das Formen des menschlichen Geistes durch die Erziehung, wobei diese Bedeutung von einer ausgesprochen intellektuellen Auffassung des Kulturbegriffs ausging. Dies wirkte sich entscheidend auf die Vorstellung, die sich der Mensch seither von der Kultur machte und die Richtung aus, die das kulturelle Leben nahm. Im Zusammenhang mit dem Elsaß sei darauf hingewiesen, daß das französische Wort „culture" nicht alle Bedeutungen des deutschen Worts „Kultur" umfaßt. (13)

Der Begriff Kultur beinhaltet im ursprünglichen wie übertragenen Sinn sowohl das Bestellen des Bodens (des Erdbodens bzw. des geistigen Nährbodens) wie das Ergebnis dieser Handlung als die Frucht dieser Tätigkeit. Damit Kultur entstehen kann, benötigt man einen Boden, Saatgut und einen Sämann. Beschaffenheit und Qualität (sowie Quantität) der Ernte hängen von Beschaffenheit und Qualität des Bodens, des Saatguts und des Sämanns ab. Damit Kultur vorhanden und lebendig sein kann, ist sie auf das Wirken eines bzw. das Zusammenwirken aller drei Faktoren angewiesen. Entscheidend aber ist das Wirken des Sämanns, und dieser Sämann ist der Mensch.

Ein guter Sämann streut seine Saat nicht einfach in den Wind. Er kann das Saatgut auswählen, seinen Boden aussuchen oder umgestalten, was er nicht selten tut. Außerdem ist er nicht nur Sämann, sondern Saat und Boden zugleich. Seine Saat wird von anderen Menschen aufgenommen und die Saat, die andere ausstreuen, fällt gleichermaßen auch auf ihn. So entsteht im Austausch mit Anderen zwischen ihm und seiner Umgebung eine Zone der gegenseitigen Beeinflussung. Es liegt in der Natur des Menschen, direkt oder indirekt auf das Wesen und das Leben Anderer einzuwirken, die ihrerseits Wesen und Leben wieder anderer direkt oder indirekt beeinflussen, was sich erneut auf den Einzelnen und die Gemeinschaft, deren Geschicke er teilt, auswirkt. Die übergroße Bedeutung der Kultur für unsere Art zu leben, für unsere conditio humana, kommt dadurch zum Ausdruck, daß der Mensch die Funktion des Sämanns, der Saat und des Bodens innehat. Und als Sämann verfügt der Mensch über die gefährlichste aller Waffen: die kulturelle Macht.

Kultur formt oder sucht den Menschen zu formen. Ob Sämann, Saat oder Boden, immer geht es um das Wesen des Menschen. Ganz allgemein ausgedrückt, *ist Kultur für den Menschen seine Art zu sein, seine Art, in einer gegebenen Gemeinschaft Mensch zu sein.* Bezogen auf den Einzelnen, gibt es ebenso viele Arten, Mensch zu sein, wie es Individuen gibt. Trotzdem wird jeder von den menschlichen Gemeinschaften geprägt, mit denen er im Lauf seines Lebens in Berührung kommt, da jede Gemeinschaft — ob Familie, Verein, Club oder politische Bewegung, Industrieunternehmen, philosophische Richtung, Religionsgemeinschaft, Volk, Nation usw. — ununterbrochen einen mehr oder weniger starken Einfluß auf ihre Mitglieder ausübt.

Andererseits bedeutet kulturelle Macht für den Menschen, sich selbst zu entfalten, seine Fähigkeiten und natürlichen Veranlagungen auszubauen, um sein Leben in seiner ganzen Fülle zu leben. Kulturelle Macht gibt dem Menschen die Möglichkeit, sich für seine Art des Seins und seine Lebensgestaltung Respekt zu verschaffen. Im Kontakt mit anderen Menschen fördert sie den Austausch kultureller Werte und die Erweiterung des kulturellen Horizonts. Wie jede andere Macht des Menschen hat auch die kulturelle Macht zwei Seiten: sie kann zum Guten wie zum Bösen benutzt werden. Wenn sie dazu dient, sich Andere untertan zu machen, wird sie zum fürchterlichsten Instrument der Beherrschung. Sowohl Frankreich wie Deutschland haben dieses Machtmittel im Elsaß angewendet. Sie zogen es vor, den Geist der Elsässer zu beherrschen, als eine freie Entfaltung dieses Geistes zu begünstigen.

Instrument der Beherrschung

Da die Elsässer selbst kein politisches Gewicht besaßen, konnten sie sich einer Einbeziehung in die jeweils herrschende Kultur nicht entziehen. Ursprünglich und naturgegebenermaßen eingebunden in die deutsche Kulturwelt, mit der sie durch die Sprache als dem wesentlichsten Element verbunden waren, hatten sie am deutschen Kulturleben wie jeder, der deutsch sprach, teilgenommen.

Ab dem 17. Jahrhundert wurden sie gezwungen, sich Schritt für Schritt in das Geistesleben Frankreichs einzugliedern. Sobald die Elsässer am Schicksal der französischen Gemeinschaft teilhatten, wurde die Integration in die kulturelle Welt der Franzosen legitim und notwendig. In dem Moment, da die Politik der kulturellen Eingliederung das Ziel verfolgte, aus den Elsässern in kultureller Hinsicht „Franzosen, wie alle anderen“* zu machen, wurde sie zu einem Instrument der Beherrschung. Folge davon war die allmähliche Zersetzung der Kultur der Elsässer.

Als die Elsässer 1870 zu Deutschland zurückkehrten, hatte sich das Eigentümliche ihrer Kultur verändert: es war geprägt von zwei Jahrhunderten französischer Präsenz im Elsaß. Das wollten die Deutschen nicht wahrhaben, weder 1870 geschweige denn 1940. Die „deutsche Kultur“ oder vielmehr das, was als deutsche Kultur bezeichnet wurde, duldete keinerlei Sonderbehandlung. In beiden Fällen wurde auch mit einem kulturellen Wiederanschluß an Deutschland das Ziel verfolgt, aus den Elsässern wieder „echte Deutsche“ zu machen. Indem die Deutschen die französische kulturelle Vergangenheit der Elsässer ignorier-

* „des Français comme les autres“ war und ist das Schlagwort der Jakobiner.

Nr. 27 Samstag, den 9. Juli 1932 Preis: Frs. 1.–

Narrenschiff

Die Sprachenfrage

Marianne: „Erst wenn du den da drüben nicht mehr verstehst, werde ich dir die Zweisprachigkeit gewähren!“

Titelblatt des Narrenschiffs

Marianne : « Erst wenn du den da drüben nicht mehr verstehst, werde ich dir die Zweisprachigkeit gewähren ! »

(Das Elsass von 1870-1932, III/145)

ten, mißachteten sie diese neue Dimension der elsässischen Persönlichkeit. Somit wurde auch die deutsche Politik der kulturellen Rückgliederung zu einem Instrument der Beherrschung.

Gewiß, weder Frankreich noch Deutschland untersagten den Elsässern prinzipiell den Zugang zur Kultur, allerdings unter der Bedingung, daß diese Kultur grundsätzlich einen „nationalen" Charakter habe, das heißt, entweder ausschließlich französisch oder ausschließlich deutsch war. Die im Elsaß praktizierte Kulturpolitik verlangte von den Elsässern, sich — ob sie wollten oder nicht — einer jeweils von außen aufgezwungenen, als „national" bezeichneten Kultur unterzuordnen. Und der Mechanismus der kulturellen Beherrschung nahm seinen Lauf.

Wer aus den Elsässern um jeden Preis „echte Franzosen" machen will, benutzt seine kulturelle Macht, um das auszumerzen, was an ihrem Wesen als „nicht französisch" empfunden wurde. Nicht nur ihre Sprache und ihre elsässische Art zu denken, zu fühlen, zu leben und zu sein galt als „nicht französisch", auch ihre kulturellen Wesenszüge, die sie dank des vereinfachten Zugangs zum deutschen Geistesleben von der deutschen Kultur übernommen haben mochten.

Wer aus den Elsässern um jeden Preis „echte Deutsche" machen will, benutzt seine kulturelle Macht, um das auszumerzen, was nach zwei bzw. drei Jahrhunderten der Zugehörigkeit zu Frankreich an ihrem Wesen als „nicht deutsch" empfunden wurde. Nicht nur die französische Sprache und die „typisch" elsässische Art zu denken, zu fühlen, zu leben und zu sein galt 1870 und 1940 als „nicht deutsch", auch ihre kulturellen Wesenszüge, die sie dank des direkten Kontakts zur französischen Kultur übernommen hatten.

Die Zielsetzungen von Franzosen wie Deutschen waren identisch: Loslösung der Elsässer aus dem Kulturkreis, in dem sie vor der Eroberung bzw. Rückeroberung gelebt hatten, Integration bzw. Reintegration in den neuen Kulturkreis — ohne Berücksichtigung von Wesen und Persönlichkeit der Elsässer. Hatte man sich etwa nicht tolerant gezeigt? Für eine kulturelle Minderheit, die nur ihre Ohn-Macht der All-Macht einer Mehrheit entgegensetzen kann, bedeutet Toleranz lediglich Freiheit auf Abruf.

Trotz der starken gegenseitigen Beeinflussung von deutscher und französischer Kultur war das Vorgehen unterschiedlich: Da beide Staaten sich — weder politisch noch kulturell — je in vergleichbarer Lage befunden hatten, stellte sich das elsässische Kulturproblem für beide Länder unterschiedlich dar. Jeder verfolgte also seine eigene Logik, jeder setzte seine eigene nationale Kulturauffassung durch, indem er die bei den Elsässern entstandene Kultur und insbesondere ihre Sprache zurückdrängte und sich zudem ein absolutes Informationsmonopol sicherte.

In diesem Kulturkampf des Machtstaats gegen die auf seinem Staatsgebiet lebenden Minderheiten spielte die Sprache eine wichtige Rolle. Wer einem anderen seine Sprache aufzwingen kann, übt eine Kontrolle über dessen Geist aus und kann schließlich das gesamte Wesen des anderen beherrschen. Martin Heidegger (1889—1976) hat dies sehr treffend formuliert: „Die Sprache ist das Haus des Seins“, denn sie spiegelt die Persönlichkeit des Menschen am besten wider; Sprache und Mensch sind eins. Die Sprache legt Zeugnis ab von der Zugehörigkeit des Menschen zu einer bestimmten Gemeinschaft. Damit unterstrich Heidegger auch die kulturelle Bedeutung der Sprache.

Für Heidegger stand fest: der Mensch „ist“ in der Sprache, bevor die Sprache in ihm ist. Diese im Lauf der Geschichte immer wieder bestätigte enge Verbindung zwischen dem Sein des Menschen und seiner Sprache ist keine Erfindung der deutschen Romantik oder Wilhelm von Humboldts (1767—1835), wie manchmal behauptet wird, um dem Sprachenkampf im Elsaß einen „deutschen“, und somit einen verdächtigen Stempel aufzudrücken. Die Romantik war allerdings die Zeit, in der die Deutschen — zwei Jahrzehnte später als die Jakobiner in Frankreich — die Wichtigkeit der Sprache für ihre Existenz als Menschen, Volk und Nation wiederentdeckten. Nach einer fast zwanzigjährigen Besetzung durch die Truppen Napoleons und dem Zusammenbruch Preußens, war nur allzu verständlich, daß der Gedanke eines unauflöslichen Bands zwischen dem Menschen, seiner Sprache und seiner Heimat (was im Grunde nichts anderes ist als die „Territorialität der Sprache“) so starken Anklang fand.

Der Ursprung dieser engen Verbindung zwischen dem spezifischen Kennzeichen einer Nation — einer Gemeinschaft von Menschen — und ihrer Sprache geht zurück auf den Ursprung einer jeden Nation, was sich letztendlich darin zeigt, daß der Name einer Nation identisch ist mit der Bezeichnung der Sprache, die in der betreffenden Gemeinschaft gesprochen wird. Wer wollte uns wohl glauben machen, daß sich Okzitanen, Basken, Korsen, Kurden, Armenier, Kirgisen, Serben, Slowenen und all die anderen, die gegen ihre zum Teil jahrhunderte dauernde sprachlich-kulturelle Unterdrückung ankämpften und ankämpfen, nur deshalb auflehnten und noch heute auflehnen, weil sie der deutschen Romantik oder der Sprachphilosophie eines Humboldt ihre Reverenz erweisen sollten? Hier geht es ja nicht um Romantik, hier geht es um den Widerstand gegen jegliche Form der Beherrschung.

Wer die Sprache eines Menschen anficht, untergräbt dessen Persönlichkeit und zerstört allmählich dessen Wesen. Wer die Sprache eines Menschen unterdrückt, macht ihm sein Wort streitig. Wer einen Menschen seiner Sprache beraubt und von ihm verlangt, sich einer anderen Sprache zu bedienen, zwingt ihn, sein Sein zu verändern. Ein „erträgliches Joch“, das eine Sprache einer anderen aufgrund der ihr eigenen Werte aufzwingt, gibt es nicht. Es gibt nur die Beziehung zwischen Beherrscher und Beherrschten, die darauf hinausläuft, daß der Mächtigere den Schwächeren zur Aufgabe seiner Sprache zwingt. Sprache ist aber kein Anhängsel des Menschen, sie ist Bestandteil seines Wesens und somit unantastbar. Das Recht auf die eigene Sprache ist eines der Grundrechte des Menschen.

Oft versuchte man im Elsaß und versucht manchmal noch heute, das Recht auf die eigene Sprache auf seltsamste Weise zu umgehen. Natürlich will niemand behaupten, der Elsässer sei kein Mensch; man tut einfach so, als habe er keine Sprache! Da keinem zu nehmen ist, was er nicht hat, ist auch dem Machtstaat nicht vorzuwerfen, er verstoße mit seiner sprachlichen Assimilierungspolitik gegen ein Grundrecht des Menschen. So einfach ist das. Selbst von klugen Leuten werden derartige Überlegungen angestellt! Und geringschätzig heißt es: „Das Elsässische?, . . . dieser Dialekt, dieses Kauderwelsch reicht gerade aus, um bei den Marktfrauen einkaufen zu gehen." Es ist wie ein Klotz am Bein, den man unnötigerweise mit sich herumschleppt und im Grunde vergessen kann. Würde der Elsässer den Dialekt zugunsten des Französischen aufgeben, hätte er endlich eine richtige Sprache.

Das scheinheiligste aller Argumente gegen den Dialekt lautet wohl: die Sprache ist doch nicht alles. Einerseits will man dem Elsässer klarmachen, daß ihm, wenn er seine Sprache aufgibt, noch so viele echt elsässische Qualitäten bleiben — seine Ernsthaftigkeit, sein Arbeitseifer, seine Disziplin, vor allem seine Ordnungsliebe —, so daß er sich immer von den übrigen Franzosen unterscheiden würde, andererseits gibt man ihm zu verstehen, daß er, wenn er ein „echter" Franzose werden wolle, das Französische — wie alle anderen Franzosen — zu seiner Muttersprache machen müsse. Solange es sich um die Sprache der Elsässer handelt, ist die Sprache „ja nicht alles", sobald es um die Sprache der Franzosen geht, ist sie „eben doch alles"! Und beide Sprachen gut beherrschen? Das — wird einem da entgegnet — dürfte schwierig, wenn nicht illusorisch sein. Daß selbst dialektsprachige Elsässer sich damit abfinden, zeigt, inwieweit sie schon eine Untergebenenmentalität angenommen haben. (14)

Die Aufgabe des Dialekts zugunsten des ausschließlichen Gebrauchs des Französischen ist der letzte Schritt auf dem Weg der kulturellen Beherrschung durch den Machtstaat. Von da an löst sich der Elsässer von seinen elsässischen Wurzeln, verläßt seine ursprüngliche Kulturwelt und entzieht sich seine sprachliche Basis, die ihm erlaubt, in seiner eigenen Kultur zu leben und zu sein. Er löst sich damit nicht nur von seiner Sprache, sondern aus der Gemeinschaft, deren Seele diese Sprache ist. Seine Wiedereingliederung in diese Gemeinschaft auf dem Umweg über das Französische wird immer mühsam und seine Verbundenheit mit seinem Volk nie wieder das sein, was sie einmal war.

Natürlich besitzt das Französische ein Prestige, das der Dialekt niemals beanspruchen könnte. Auf diese Weise verschiebt man das Problem jedoch auf eine Ebene, auf der der Elsässer immer den kürzeren ziehen wird, und man übersieht das Wesentlichste: den menschlichen Wert einer Sprache an sich. Vom Standpunkt des Menschen — und das ist in diesem Zusammenhang das einzig Entscheidende — ist die Unterscheidung zwischen Prestigesprache und Volkssprache nicht nur unannehmbar, sie ist auch gefährlich. Eine derartige Bewertungsskala beschränkt sich ja nicht auf die Sprache, sie bezieht die Menschen mit ein, die diese Sprache sprechen. Und das Prestige des einen bedeutet automatisch die Geringschätzung des anderen.

Dasselbe gilt, wenn man das Prestige einer „nationalen" Sprache gegen die Sprache eines kulturell beherrschten Volkes ausspielt; die gesamte Volksgruppe wird, solange sie an ihrer Sprache festhält, entwertet, ja verachtet. Noch 60 Jahre nach Abschaffung der Sklaverei in den französischen Kolonien ließ zum Beispiel ein lothringischer „Händler" im Jahre 1906 die „Herren Landwirte" wissen, daß er ihnen „ein paar Eisenbahnwaggons mit Domestiken" schicken werde. Es handelte sich ausschließlich um Bretonen! Nicht so kraß drückte sich die größte elsässische Tageszeitung in einer Untersuchung über die Verwendung der Pille im Departement Unterelsaß mit der wenig taktvollen Überschrift aus: Französischsprachige Frauen verwenden die Anti-Baby-Pille häufiger als dialektsprachige." Soll das bedeuten, daß diese rückständig sind? Vielleicht; aber weil sie Dialekt sprechen?

Das Ansehen, das beispielsweise die französische oder die englische Sprache erlangt haben, ist keinesfalls darauf zurückzuführen, daß diese anderen Sprachen gegenüber — wie dem Bretonischen oder dem Elsässischen — von Anfang an überlegen waren. In der Zeitung „Le Monde" vom 4. November 1979 schrieb Jacques Cellard, der Nachweis, daß eine Sprache „übergeordnet", eine andere „untergeordnet" sei, könne nicht erbracht werden. Doch fügte er hinzu, daß „eine Nation ihre Sprache nicht selten mit dem Schwert in anderen Ländern verbreitet." Dieselbe Meinung vertrat William F. Mackey vom Internationalen Forschungszentrum für Zweisprachigkeit in Laval (Provinz Quebec), der anläßlich des 1973 in Suresnes (bei Paris) abgehaltenen internationalen Kolloquiums des Weltinformationszentrums über das zweisprachige Erziehungswesen mit Blick auf das Englische erklärte, „eine Sprache ist ein Dialekt, der über eine Armee und manchmal über eine Marine verfügt." Treffender könnte man es wohl kaum ausdrücken.

Auch als die französische Bourgeoisie durch die Revolution an die Macht gekommen war, setzte sie die französische Sprache als Waffe zur kulturellen Beherrschung des ganzen Landes ein, was einschneidende Folgen für die sprachliche und kulturelle Entwicklung der Elsässer haben sollte.

Beherrschung durch die Bourgeoisie

Bis zur Französischen Revolution kannte Frankreich eine streng hierarchische Struktur: Adel, Geistlichkeit und Dritter Stand waren die drei Klassen der Gesellschaft. Der Adel hatte aufgrund seiner Abstammung teil an der absoluten Macht des Königs; ausschlaggebend war der Verwandtschaftsgrad mit der königlichen Familie. Der Klerus hatte zwar immer schon eine Sonderstellung inne, durch die „Allianz von Thron und Altar" war er jedoch eindeutig der königlichen Macht zuzuordnen. Übrig blieb der Dritte Stand, der im Grunde die Gesamtheit der französischen Bevölkerung umfaßte, aber weit davon entfernt war, eine einheitliche Klasse zu bilden.

Nachdem die wohlhabenderen Familien des Dritten Standes — die Bourgeoisie — Zugang zur Bildung erlangt hatten, spaltete sich diese Klasse in eine Oberschicht, eben diese Bourgeoisie, und eine Unterschicht, das Volk. Anstelle der Abstammung, auf die der Adel seine oberste Rangstellung gründete, führte die Bourgeoisie die Bildung an, die sie dank ihres Wissens erlangt hatte. Es war lediglich eine Frage der Zeit, bis diese Klasse die Macht des Königs in Frage stellen würde, welche nur durch eine Revolution abzuschaffen war. Für diese Revolution brauchte die Bourgeoisie das Volk: das Volk sollte die Revolution machen, die Bourgeoisie wollte die Früchte ernten — in diesem Fall die Macht. Damit verfügte sie über die Mittel, ihre eigene Kulturauffassung durchzusetzen.

Hierbei konnte es sich nur um eine individualistische Kulturauffassung handeln, die den Individualismus dieses Bürgertums widerspiegelte. Die Kultur der Bourgeoisie wurde zur Kultur schlechthin; sie drückte nicht nur der französischen Gesellschaft, sondern einer ganzen Epoche ihren Stempel auf. Diese von Frankreich ausgehende bürgerliche Kulturauffassung setzte sich durch, weil sie der Bourgeoisie in einem von Adel und Geistlichkeit beherrschten Staat zu Anerkennung verhalf, und weil sie den Bedürfnissen und Bestrebungen eines Zeitalters entsprach, das nach individueller Freiheit und Wissen dürstete. Die Voraussetzungen für die Aneignung des erforderlichen Wissens schaffen und somit die „natürlichen Begabungen“ des Menschen, „seine Kritikfähigkeit, seinen Geschmack und seine Urteilskraft“ fördern, war ein für jedermann ruhmvolles Ideal.

Dieser direkte Bezug zwischen Wissen und Bildung — die das Wesen des Menschen ausmacht — wurde selbstverständlich nicht von der französischen Bourgeoisie entdeckt. Zu allen Zeiten beruhte Bildung auf Wissen. Mit der Unterscheidung zwischen philosophischer, geistiger, religiöser, verstandesmäßiger, wissenschaftlicher, künstlerischer, enzyklopädischer, moderner, humanistischer, nationaler, regionaler, angelernter, volkstümlicher, bürgerlicher oder sonstiger Bildung wird klar, daß Bildung auf einer Vielzahl unterschiedlichster Kenntnisse und Erfahrungen beruht. Um zu „sein“, muß man „wissen“; und wissen bedeutet haben, besitzen, sich gewisser Dinge bewußt werden. Der Hinweis auf die enge Verbindung zwischen Wissen und Bildung sagt aber noch nichts über das Wesentliche aus: Welches Wissen für welche Bildung und zu welchem Zweck? Dies ist der Punkt auf den es ankommt, und über den sich die französische Bourgeoisie vollkommen im klaren war — im Elsaß wie anderswo.

Der Begriff „bürgerliche Bildung“ (= culture bourgeoise) hatte nichts Negatives; sie galt als erstrebenswert, versprach sie dem Menschen endlich doch eine von unerträglichen, entwürdigenden Zwängen freie Zukunft. Das Wissen, das sich die Bourgeoisie erworben hatte, war zwar nicht allumfassend, schien aber zu einem menschenwürdigen Dasein zu führen. Diese Faszination des Wissens und das Ansehen, das es der Bourgeoisie verlieh, sollten noch gesteigert werden. Vor Ende des 18. Jahrhunderts zeichneten sich bereits die neuen Möglichkeiten ab, die sich der Industrie durch die Entwicklung der Dampfmaschine bieten würden. Für das Bürgertum war dies der neue Anreiz, sein Wissen unter Beweis zu stellen. Mit seinem Wissen konnte es die erforderlichen technologischen Kenntnisse erwerben, um in einer Industriegesellschaft erfolgreich zu sein. Somit kam zu seinem Wissensmonopol das Beinah-Monopol des Know-how hinzu. In der nunmehr aufblühenden Volkswirtschaft sollte das Bürgertum eine Position ersten Ranges einnehmen. Damit war seine Macht gefestigt.

Nun setzt ein Prozeß ein, der noch lange nicht abgeschlossen ist. Die neue, von der Bourgeoisie getragene Kultur erstrahlt in vollem Glanz und bedeckt beschämt ihr eigenes Elend. Wie immer läßt sich der Mensch zunächst so sehr von den Herrlichkeiten blenden, daß selbst der einfache Mann aus dem Volk davon träumt, ein „bourgeois" zu werden. Noch heute ist dieser Traum nicht ausgeträumt. Für den Mann des Volkes beginnt ein sinnloser Wettlauf: es gilt, den „bourgeois" in allen Bereichen einzuholen.

In Frankreich greift die „bürgerliche Revolution" am stärksten um sich; dank ihrer Kultur und ihrer neu erlangten politischen Macht weitet die französische Bourgeoisie ihren Einfluß auf ganz Europa, auf die gesamte zivilisierte Welt von damals aus. In Politik, Geschäftswelt, Künsten, Literatur usw. erobert das fran zösische bürgerliche Modell die Mittelschicht in allen Ländern. Auch das elsässische Bürgertum wurde vom Aufstieg der französischen Bourgeoisie erfaßt; durch Nachahmung dieses Modells wird die Entpersönlichung der Elsässer noch beschleunigt.

Nicht die Macht der Bourgeoisie ist das eigentliche Problem, sondern die Art und Weise, wie diese Macht ausgeübt wird. Die politische Philosophie des Machtstaats duldet in den für die Erhaltung der individuellen wie der kollektiven Identität aller Bürger wesentlichen Bereichen keinerlei Aufteilung der Macht. Befindet sich der Machtstaat in den Händen des Bürgertums, beherrscht dieses den allmächtigen Staat. Ist dies nicht der Fall, wird der allmächtige Staat von einer anderen Klasse beherrscht. Weder der bürgerliche noch ein anderer Machtstaat garantiert jemals die volle Ausübung der persönlichen und kollektiven Freiheiten aller seiner Bürger.

Die Elsässer und das bürgerliche Modell

Als das Elsaß französisch wurde, hatte das, was man das elsässische Bürgertum nannte, nur wenig mit der Bourgeoisie jenseits der Vogesen gemein. Die Bürger dieses östlichsten Landesteils mußten vor keinem absoluten Herrscher, der wie ein Halbgott verehrt wurde, auf den Knien liegen. Sie waren nicht ohne Macht; als freie Menschen herrschten sie über freie Städte. Das zumeist protestantische, puritanische elsässische Bürgertum führte ein ziemlich strenges, einfaches Dasein und konnte den Versuchungen eines Lebens voller Annehmlichkeiten und Vergnügen besser widerstehen.

Gewiß, das Elsaß bemühte sich alsbald um das Wohlwollen des Königs von Frankreich. Dabei waren die Repräsentanten des Königs — der elsässische Adel und einige Großbürger — dringend auf die Unterstützung der Bürgerschicht angewiesen. Eine so günstige Situation nutzte diese, um ihren Rang auch in einem französischen Elsaß zu sichern. So befand sich das elsässische Bürgertum am Vorabend der Großen Revolution nicht in derselben Lage, wie der bislang systematisch von der Macht ferngehaltene Dritte Stand in anderen Provinzen Frankreichs. Da es sozusagen unmittelbar am Rock des Königs hing, wurde ihm mehr Macht zugebilligt. Allerdings unter einer Bedingung: es mußte ein französisches Bürgertum werden — und zwar unverzüglich.

Das französische bürgerliche Modell nachzuahmen, bedeutete, seine Lebensweise anzunehmen: seine Sitten, seine „feinen Manieren", seine Denk- und Ausdrucksweise. Jetzt, da das Elsaß französisch geworden war, mußte die schon seit längerem auf einen Teil der elsässischen Bürgerschicht wirkende Anziehungskraft der französischen Kultur nur noch zunehmen. Der elsässischen Bourgeoisie öffneten sich neue Perspektiven. Obwohl sie mit der deutschen Kulturwelt verbunden blieb, erfüllte sich jetzt ihr langgehegter Traum eines direkten Zugangs zur französischen Kultur. Voraussetzung dafür war das Erlernen und Beherrschen der französischen Sprache, die dieser Kultur ihren authentischen Ausdruck verlieh.

Im Elsaß lag die Macht also in den Händen der Bourgeoisie. Sämtliche Schlüsselpositionen in Verwaltung, Erziehungswesen, Wirtschaft und den Kirchenämtern wurden mit Vertretern der französischen Bourgeoisie oder mit Männern besetzt, die ihrem Geist nahestanden. Ihre Umgangsformen, Geschmacksrichtungen, Ausdrucksweisen, ihre Sprache dienten im Elsaß als Vorbild. Dieses Bürgertum bewahrte sich zwar noch lange Zeit hindurch rein elsässische Züge, nach 1789 aber folgte es der Entwicklung, die die gesamte französische Bourgeoisie einschlug. Die neue Rolle der bürgerlichen Klasse in Staat und Gesellschaft konnte die Elsässer nicht gleichgültig lassen.

Nachdem die Bourgeoisie in Frankreich in allen Bereichen — Politik, Wirtschaft, Kultur — das Steuer in die Hand genommen hatte, wollte die elsässische Bourgeoisie selbstverständlich daran teilhaben. Sie integrierte sich ebenso vollständig in die Welt der Franzosen, wie sie sich früher in die der Deutschen eingegliedert hatte. Um die Interessen und Rechte des elsässischen Volkes kümmerte sich die Bourgeoisie nur, sofern sich diese mit ihren eigenen Interessen und Rechten deckten, was selten der Fall war. Im Grunde hatte sie dem Volk nur den einen Rat zu geben: Werdet „bourgeois" wie wir — wohl wissend, daß dies ewig eine Illusion bleiben würde. Doch das elsässische Volk wollte ihr in nichts nachstehen, es machte sich die bürgerlichen Vorstellungen über das Elsaß weitgehend zu eigen, ohne sich je auf die Ebene der Bourgeoisie emporzuschwingen, geschweige denn, die Macht mit ihr zu teilen.

Das französische bürgerliche Modell nachzuahmen, bedeutete jedoch in erster Linie französisch zu sprechen. Französisch galt als die schönste Sprache der Welt. In ganz Europa war es für Adel und Bürgerschicht gleichermaßen Ehrensache, ausreichend französisch zu sprechen, um bei passender Gelegenheit wenigstens ein Bonmot anbringen zu können.* Sobald die elsässischen Bürger die französische Sprache beherrschten, setzten sie alles daran, französische Kultur nur noch auf französisch auszudrücken.

Im Elsaß träumte das Volk denselben Traum wie das Volk jenseits der Vogesen: man wollte ein „bourgeois“ werden. Die Hindernisse waren hier wie dort dieselben: die soziale Herkunft, die Armut, das Fehlen eines Schulwesens für das Volk. Die Sprache kam für die Elsässer als weiteres Hindernis dazu. Zu Beginn des bürgerlichen Zeitalters sprach nahezu die Hälfte aller Franzosen nicht das Französisch der in Paris an die Macht gelangten Bourgeoisie. Anders als die Sprache der Bretonen, Flamen, Basken usw. unterschied sich die Sprache der Elsässer ferner dadurch, daß sie eine Variante des Deutschen war. Zusätzlich verwirrend für elsässische Verhältnisse war die Tatsache, daß die französische Bourgeoisie Sprache und Nation, französische Sprache und französische Kultur, französische Kultur und Kultur als solche gleichsetzte.

Jenseits der Vogesen hatte der Mann aus dem Volk seine eigene Kultur und sah die Dinge, das Leben und die Gesellschaft auf seine Weise. Er hatte nicht den Eindruck, nur die bürgerliche Kultur sei französisch, die seine etwa nicht. Seine Auffassung von Wirklichkeit und Stellenwert seiner eigenen Kultur wurden natürlich in dem Maß verwischt, in dem es der Bourgeoisie gelang, ihre Kulturauffassung zu verwirklichen. Jenseits der Vogesen war dem Mann aus dem Volk aufgrund seiner tagtäglichen Erfahrung jedoch klar, daß man auch ohne bürgerliche Kultur Franzose sein konnte. Im Elsaß war das anders.

Alle „Innerfranzosen“, die sich nun im Elsaß ansiedelten, waren Verwaltungsbeamte, Geschäftsleute, Lehrkräfte und Repräsentanten der nationalen Staatsgewalt, die größtenteils die Auffassung der Bourgeoisie teilten; sie trugen dazu bei, das Elsaß politisch und kulturell zu französisieren. So erlebte das einfache Volk der Elsässer bis zum Ende des Ersten Weltkriegs immer nur Franzosen, die — bewußt oder unbewußt — die Kultur der französischen Bourgeoisie verbreiteten. Das Volk lernte ausschließlich dieses bürgerliche Modell kennen und setzte französische Kultur gleich mit der Kultur der Bourgeoisie; etwas anderes kannte man nicht, umso mehr schien es erstrebenswert.

Nach einer Eroberung oder Rückeroberung des Elsaß zögerten weder Frankreich noch Deutschland bei der Frage, in welcher Kultur die Elsässer leben sollten. Die philosophische, religiöse, intellektuelle, gesellschaftliche oder sonstige Komponente der Kultur spielte dabei für beide Staaten keine wesentliche Rolle. Wichtig war nur, daß die Kultur im Elsaß national im Sinn derer war, die gerade an der Macht waren.

„Französisierung“, „Germanisierung“ oder „Re-Germanisierung“ bedeutete in erster Linie kulturelle Einflußnahme auf die Elsässer, schrittweise Bemächtigung und schließlich totale Beherrschung ihres Geistes, damit sie nur noch wie

---

* Eine Erziehung „à la française“ war besonders in Deutschland geschätzt und gefragt. Siehe hierzu z. B. Jan Lauts, Karoline Luise von Baden, S. 12, 15, 233—260.

„richtige“ Franzosen bzw. „richtige“ Deutsche denken, reagieren und handeln würden. Das Weltbild, die Bewertung der „Eigenheiten des Elsaß“, der Standpunkt des Machtstaats, den alle seine Bürger akzeptieren sollten, all dies war wichtiger als die jeweils „richtige“ Sprache.

Der Sprache maßen die jeweils Regierenden nur insofern Bedeutung zu, als sie das ideale Vehikel zur Übermittlung von Wissen und der von diesem Wissen getragenen Kultur ist. Sofern das verbreitete Wissen der Ideologie des französischen bzw. des deutschen Machtstaats entsprach, war die Sprache zunächst nicht so ausschlaggebend. Besonders die französische Regierungsgewalt ging davon aus, daß die Elsässer ihre Sprache fast von selbst aufgeben würden, sobald sie sich eine ausschließlich nationale, ja nationalistische Auffassung des Staats, und somit auch ihres Landes, zu eigen gemacht hätten. Mit der Zeit würden sie ihre Sprache nicht mehr gegenüber der Sprache der Mächtigen verteidigen wollen. Diese Sprache der Elsässer war vor allem der täglich gesprochene Dialekt. Daneben war ihnen die Wichtigkeit der deutschen Schriftsprache sehr wohl bewußt.

Zwei Merkmale der Kultur der Bourgeoisie waren bei der kulturellen „assimilation“ der Elsässer besonders förderlich: ihr Individualismus und ihr latenter Nationalismus. Aufgrund dieser nationalistischen Tendenz — eine Nation, eine Kultur — konnte die Bourgeoisie ihre kulturelle Dominanz zur schrittweisen Unterminierung der im Elsaß vorherrschenden Kultur mißbrauchen. Die individualistische Auffassung — der Mensch als Individuum — ließ die Elsässer, die sich unbedingt die französische Kultur aneignen wollten, vergessen, daß sie einer eigenständigen Gemeinschaft angehörten, die aus einer ihr eigentümlichen Kultur lebte.

Diese spezifischen Merkmale der bürgerlichen Kultur machen verständlich, warum sie im Elsaß so erfolgreich sein konnte. Um dieses bürgerliche Modell überall durchzuführen und die Gesamtheit des elsässischen Volks zu erreichen, mußte der Machtstaat über die entsprechenden Mittel zu dessen Verbreitung verfügen. Der von ihm propagierten Kultur konnte er die beabsichtigte Ausrichtung und notwendige Durchsetzungskraft dadurch verleihen, daß er sich das Monopol zur Verbreitung der „nationalen“ Kultur auf breitester Ebene verschaffte. Die spektakuläre Entwicklung der audiovisuellen Technik sollte dem Staat ein äußerst wirksames Mittel an die Hand geben. Zum Wissen und zum Know-how kam nun noch das Monopol der Übermittlung des Wissens hinzu. Es war abzusehen, daß die den Elsässern eigene Kultur selbst in den einfacheren Schichten der Bevölkerung nicht auf Dauer dem Druck standhalten würde, den der Staat von nun an dank der Monopolisierung des Informationswesens ausüben konnte.

Monopolisierung der Information

Information ist der Vorgang des Informierens sowie das Ergebnis dieses Vorgangs. Etymologisch bedeutet informieren: bilden, eine Form geben, in-Formsetzen. Wer informiert, macht Angaben oder übermittelt Einzelheiten, die es dem Menschen erlauben, sich eine Meinung über Vergangenheit und Gegenwart zu bilden. Informieren heißt, Ereignisse beschreiben, Tatsachen erwähnen, die früher wie heute von Augenzeugen der Geschichte festgehalten wurden und werden; es heißt auch, den Menschen mit den nötigen Fakten versorgen, damit er über sich selbst und die Welt, in der er lebt, unterrichtet ist.

Die Masse dieser Daten bildet den Menschen, formt ihn und bestimmt seine Wesensart in Gegenwart und Zukunft. Der In-Halt — das, was in die Form eingebracht wird —, die Art der Informationsverbreitung, Ort und Zeit der Informationsaufnahme, all dies ist nicht nur für die Gestaltung der Persönlichkeit eines Individuums von größter Bedeutung, sondern für das Bewußtsein einer menschlichen Gemeinschaft über ihre eigene Existenz. Dabei stößt man wiederum auf den Menschen in seiner dreifachen Funktion als Boden, Saatgut und Sämann. Unmittelbar erfaßt man, welche Macht ein Mensch über einen anderen haben muß, wenn das ganze Informationswesen unter seiner Kontrolle steht.

Da Wesen und Entwicklung des Menschen davon abhängen, wie er „in-formiert" ist und wird, kann derjenige, der das Informationsmonopol besitzt, den Geist eines anderen beherrschen, dem Einzelnen oder einer Gruppe von Menschen seine eigene Kultur — seine eigene Wesensart — aufzwingen. Unterliegt der Mensch lange Zeit einer solchen Beherrschung, kann er seine geistige Freiheit und somit seine Freiheit als Mensch verlieren, sofern diese Freiheit dazu diente, seine natürlichen Fähigkeiten und die natürlichen Bande zwischen ihm und seiner naturgegebenen Volksgruppe aufrechtzuerhalten.

Ein Volk ist in erster Linie eine Kulturgemeinschaft. Um zu leben, muß es aus den Quellen seiner Kultur schöpfen. Es muß Zugang haben zu dem Wissen, das ihm den Schlüssel zu seiner Kultur liefert. Dieses Wissen muß von Generation zu Generation weitergegeben werden, wobei jede ihren eigenen Beitrag hinzufügt. Für Leben und Überleben einer Volksgruppe ist es unerläßlich, sich dieses Wissen, diese Hinterlassenschaft, dieses Gut anzueignen und es zu überliefern, insbesondere wenn sie selbst nur Teil einer viel größeren Gemeinschaft von Menschen ist, die ihrerseits eine eigene Kultur besitzt. Man mußte also die Elsässer nur von ihren Wurzeln — den Quellen ihrer Kultur — trennen, um eine kulturelle Vorherrschaft und schließlich die kulturelle Beherrschung durch den Machtstaat herbeizuführen.

Die Regierungsgewalt muß nur das Wissen in ihrem Sinn monopolisieren und dessen Verbreitung kontrollieren, um diejenigen, die sie sich untertan machen konnte, nach Belieben zu formen. Im allgemeinen wird sich der Beherrschte dessen erst bewußt, wenn es für ein entsprechendes Reagieren zu spät ist. Außerdem geht der Beherrscher sehr geschickt vor. In allen für Aufbau und Festigung seiner Macht wesentlichen Bereichen gesteht er dem Beherrschten genau so viel Freiheit zu, damit dieser nicht stutzig wird.* Schließlich liegt es in der Natur der

* Der Elsässer Pierre Urschel schreibt in der „Petite Anthologie de la Poésie Alsacienne", VIII S. 114 „Wann'r d'müre nimm sieht määnt'r ar isch freij." (Wenn er die Mauern nicht mehr sieht, glaubt er, frei zu sein.)

kulturellen Bemächtigung, sie zum Instrument der Beherrschung par excellence zu machen.

Der Machtstaat weiß dieses Instrument meisterhaft einzusetzen. Hat er einmal Mittel und Wege gefunden, seine Bürger, insbesondere seine sprachlichen und kulturellen Minderheiten vom Wissen fern- und ihnen die Information vorzuenthalten, die Grundlage für ihr individuelles und kollektives Selbstverständnis sind, erfolgt eine Gleichschaltung fast von selbst, vollzieht sich Beherrschung nahezu friedlich. Sobald das Volk und der ihm zugehörige Mensch des Wissens beraubt ist, das den Geist wachhält, kann sich weder der Einzelne noch das Volk einer Unterwerfung des Geistes widersetzen. So können die Machthaber ihre eigenen Ansichten einem ganzen Volk aufzwingen. Die Möglichkeit frei zu denken ist dem Volk genommen. Dieses Faktum führte André Siegfried (1875—1959), Mitglied der Académie Française, zu der Feststellung, daß „gut regierte Völker meist Völker sind, die wenig denken". Was wiederum ein kulturelles Problem ist.

Die natürlichste, legitimste Art, sein Wissen anderen zu übermitteln, ist die Weitergabe desselben von einer Generation zur nächsten. Darauf beruht der Fortschritt der gesamten Menschheit. Ohne das Vermächtnis des Wissens hätte sich das Know-how nicht in so erstaunlicher Weise entwickelt. Immer war der Mensch hauptsächlichster Urheber und Nutznießer zugleich. Von dem Augenblick an, da die Information jedermann zugänglich war, fand das Wissen eine unglaublich rasche Verbreitung.

Mit den neuen Massenmedien konnten soziale Schichten erreicht werden, die bis dahin vom riesigen Informationsfluß ausgeschlossen waren. Jeder, der in der Gesellschaft irgendeine Machtbefugnis hatte, sah plötzlich in der Übermittlung der Information seine Hauptaufgabe. Insbesondere die politisch Mächtigen nutzten diesen riesigen Vorteil mehr als alle anderen, um ihren Einfluß, möglicherweise ihre Herrschaft zu erweitern. Sowohl die kulturelle wie die politische Macht erhielt durch die Möglichkeit, Information als Machtmittel einzusetzen, eine neue Dimension. Ihre kulturelle Unabhängigkeit und ihre Identität konnten sich die vom Staat integrierten Völker nur bewahren, wenn ihnen dieser genügend Machtbefugnis einräumte. Natürlich gibt es Informationsquellen und Informationsmöglichkeiten, die sich dem Zugriff des Staats entziehen. Verglichen mit der Informationsmacht, über die der Staat verfügt, fallen diese kaum ins Gewicht.

Im Umgang mit anderen Menschen übt auch der Einzelne tagtäglich eine Informationsgewalt aus. Wo immer Menschen miteinander sprechen, übermitteln und erhalten sie zahlreiche Informationen. Je einfacher ihr Zugang zu den Informationsquellen ist, desto größer ist ihre Informationsgewalt. Auch Gruppen von Menschen und Institutionen wie Familie, Schule, Fabrik, Büro, Verbände usw. verfügen über diese Informationsmöglichkeit. Je mehr Informationsquellen wir haben, desto stärker unterliegen wir unterschiedlichen, manchmal sogar widersprüchlichen Einflüssen.

Die Informationsgewalt des Einzelnen oder der Familie ist wesentlich begrenzter als die der Schule, politischer Parteien, multinationaler Unternehmen oder einer weltweiten Kirche. Ausschlaggebend für die effektive Ausübung der Informationsgewalt ist nicht die Größe einer Gruppierung, sondern deren Zugang zu den Massenmedien. Keinem Regime, keinem politischen System, keinem Staatsorgan ist gleichgültig, was seine Untergebenen denken. Die öffentliche Meinung ist eine Kraft, mit der jede Macht rechnen muß. Mit ihrer Informationspolitik suchen die Mächtigen die öffentliche Meinung in eine Richtung zu lenken, aus der die Macht selbst niemals in Frage gestellt wird.

Die Errichtung eines modernen Informationssystems zählt zu den vorrangigsten Aufgaben des Staats. Das Recht auf Information ist ein Grundrecht jedes Staatsbürgers. *Die Freiheit des Menschen beruht in erster Linie auf dem Recht zu wissen, dem Recht, informiert zu sein.* Ist dieses Grundrecht nicht gewährleistet, kann der Einzelne seiner Verantwortung als Mensch nicht in voller Kenntnis der Sachlage nachkommen. Versklavung beginnt mit der Weigerung der Machthabenden, dem Einzelnen oder einer Gruppe das erforderliche Wissen zu übermitteln. Gehirnwäsche ist die Zerstörung der Persönlichkeit des Individuums — sein Wissen wird ausgelöscht und somit sein Sein — und die anschließende Ausstattung seines Gehirns mit der von einer diktatorischen Macht zensierten Information. Sämtliche Diktaturen bemächtigen sich zuallererst der Informationsorgane.

Neben dem Recht zu wissen, informiert zu sein, beinhaltet das Recht auf Information auch das Recht andere zu informieren. Mit der Zensur der Information, die der Machtstaat mit der Wahrung der Staatsräson und den „wohlverstandenen Interessen des Volkes" begründet, verstößt er gegen die geistige Freiheit seiner Bürger. Er mißbraucht seine Macht, indem er ausgerechnet seinen nationalen Minderheiten den Zugriff auf die entscheidenden Informationsorgane, insbesondere zum Fernsehen, untersagt, um zu verhindern, daß die gesamte Nation darüber informiert wird, wie der Machtstaat jene in ihrer Art Mensch zu sein, bedroht.

Gegenwärtiges spielt bei der Information ebenso eine Rolle wie Vergangenes. Für die Gestaltung der Persönlichkeit des Einzelnen wie der Gemeinschaft ist die Kenntnis der Vergangenheit von größter Wichtigkeit. *Wir sind . . . weil wir waren.* In unserer modernen Welt, in der wir es so eilig haben, „das Leben zu leben", daß wir keine Zeit finden, auch nur einen kurzen Augenblick zu verweilen, vergessen wir dies oft. Doch genau vor diesem Hintergrund ist die Frage nach der Geschichtskenntnis sowie deren Übermittlung durch Schule und sonstige Informationsorgane zu sehen.

Die Bedeutung der Information, die uns die Geschichte vermittelt, und der Art, sie zu verbreiten, ist wohlbekannt — vor allem dem Staat, den Machthabern. Sie achten peinlich genau darauf, die Kontrolle über diese Information nicht zu verlieren, was an sich normal und legitim ist. Nur: die Geschichte ist eine Humanwissenschaft besonderer Art; das von ihr vermittelte Wissen führt

(Stadtarchiv, Straßburg)

(Stadtarchiv, Straßburg)

oft zu schwerwiegenden Konsequenzen. Denn nicht selten ist der Mensch zugleich Richter und Kläger in eigener Sache. Zum einen untersucht er Handeln und Verhalten anderer Menschen, zum anderen muß er das beurteilen, was andere als das „Urteil der Geschichte" betrachten. Ist solch eine Doppelrolle überhaupt möglich? Ferner bedeutet die Weitergabe der Kenntnisse über unsere Geschichte das Verbreiten einer Information, die eine eindeutige soziale, psychologische, philosophische, politische und demnach kulturelle Auswirkung auf denjenigen hat, der sie erhält. Und damit stoßen wir auf den Kern des Problems, das die Information als solche aufwirft.

Im Elsaß waren die Begriffe „Gleichschaltung" oder „Assimilation" immer und vor allem gleichbedeutend mit der Verwirklichung einer Kulturpolitik die die Elsässer entweder in die deutsche oder die französische Kulturwelt ein- bzw. zurückführen wollte. Nach Ansicht des Machtstaats galt es darüberhinaus, die Gesinnung der Elsässer jeweils erneut zu erobern; er glaubte und glaubt zur Verfolgung seiner eigenen Ziele an die Stelle der seit Jahrhunderten bzw. seit Jahrzehnten in Umlauf gebrachten Information eine andere setzen zu müssen. Somit ist es nicht verwunderlich, daß der französische Machtstaat den deutschen in einem Kulturkampf besiegen wollte — und umgekehrt, ohne Rücksicht auf die eigentliche Persönlichkeit der Elsässer.

Hatte der „Kulturkrieg" einmal begonnen, blieb für eine rein elsässische Entwicklung kaum noch Raum. Kulturelle Information gab es entweder aus deutscher oder aus französischer Sicht. Auf der einen Seite hieß es: „Hinaus mit dem welschen Plunder", auf der anderen versuchte man, jegliche Spur des „schwowe (sprich: deutschen) Plunders" so rasch wie möglich zu verwischen. Die von den Deutschen ab 1940 und — weniger ausgeprägt — ab 1870 verfolgte Kulturpolitik mußte unweigerlich zur Verblassung und schließlichen Auflösung des französischen Kulturguts der Elsässer führen. Die vom französischen Machtstaat ab 1918 und 1945 sowie — weniger ausgeprägt — vor 1870 verfolgte Kulturpolitik mußte unweigerlich zur Verblassung und schließlichen Auflösung des deutschen Kulturguts der Elsässer führen. Daß dieses Ziel nur zum Teil erreicht wurde, liegt daran, daß die kulturellen Wurzeln eines Volkes wesentlich tiefer liegen, als der Staat annahm und annimmt.

Die Beherrschung der Menschen ist in allen Fällen weit weniger politischer als kultureller Art. Da diese aber weniger stark ins Auge fällt als jene, ist es schwieriger, die kulturelle Beherrschung aufzudecken und zu bekämpfen. Einem Volk, das ohne eigene politische Macht in einem Staat leben muß, der sich nur am Machtdenken orientiert, bleibt nur der Versuch, die zersetzenden Auswirkungen auf seine Persönlichkeit einzudämmen . Die Elsässer haben bald auf die französische, bald auf die deutsche Einflußnahme reagiert — nicht immer einheitlich und nicht mit System. Aber im Gegensatz zu gewissen Behauptungen war ihr Vorgehen weder unvernünftig noch unsinnig.

Die Logik der Elsässer

Es hat den Anschein, daß die Haltung der Elsässer jedesmal, wenn sie das Lager wechseln mußten, jeglicher Logik entbehrte. Die widersprüchlichsten Beurteilungen werden laut, je nachdem, wann sie erhoben werden und aus welchem Lager sie stammen. Die einen werfen den Elsässern Opportunismus, Willenlosigkeit, Kriechertum, Doppelzüngigkeit, Attentismus, Falschheit, Versagen, Schwäche vor, die anderen rühmen deren Ernsthaftigkit, Aufrichtigkeit, Mut, Treue, Offenheit, Engagement und Rechtschaffenheit. In all diesen Feststellungen steckt zweifellos ein wahrer Kern, zumal die Reaktionen des Einzelnen mit den jeweiligen Umständen und . . . Menschen eng verknüpft sind. Hier geht es darum, ob sich hinter den divergierenden, ja gegensätzlichen Haltungen nicht eine für die elsässische Situation typische Logik verbirgt, die sowohl das Verhalten des Einzelnen wie das des gesamten elsässischen Volkes erklären könnte.

Die Eroberer haben es mit ihrer Logik immer einfach. Da die Macht auf ihrer Seite ist, sind sie Herr der Lage und können den Eroberten ihre Herrschaft aufzwingen. Die Eroberten sind nicht Herr der Lage, sie müssen sich entweder unterwerfen oder Widerstand leisten. Jedesmal wenn ein Krieg beendet war, standen die Elsässer vor dieser Alternative, obwohl längst nicht alle eine konkrete Vorstellung von dieser Entscheidung zwischen Widerstand und Unterwerfung hatten und diese nicht für alle dasselbe bedeutete. Abgesehen vom Verhalten des Einzelnen erlaubte das bestehende Kräfteverhältnis keinerlei offenen oder organisierten Widerstand. Darüberhinaus hätte die uneingeschränkte Unterwerfung zu einem kollektiven Selbstmord geführt. Unter dem Zwang der Verhältnisse — der Verhältnisse, deren Zwänge die Elsässer widerwillig ertrugen — konnten sich die Elsässer gegen die politische Integration in das eine oder das andere Lager in keiner Weise wehren. Sie versuchten, die totale Beherrschung zu umgehen; mehr konnten sie nicht tun.

Nach jedem Nationalitätenwechsel mußten sich die Elsässer unweigerlich gewissen Realitäten beugen. Was aber war mit der elsässischen Logik? Diese Logik konnte nur die eines Volkes sein, das sich der Logik zweier Machtstaaten gegenübersah, wovon einer, trotz seiner Niederlage, ein potentieller Wiedereroberer blieb. Zunächst galt es, sich der neuen, durch Waffengewalt geschaffenen Situation anzupassen. Sich anpassen bedeutete für die Elsässer, politisch gesehen 1648/1681 Franzosen, 1870 Deutsche, 1918 Franzosen, 1940 Deutsche und 1945 Franzosen zu werden. Vergaßen sie dabei, daß sie Elsässer waren? Bestimmt nicht, aber zunächst ging es ums Überleben.

Überleben bedeutete, das Land wieder aufbauen, die vom Krieg geschlagenen Wunden heilen, das geistige und körperliche Elend überwinden, dem Leben wieder Sinn und Inhalt verleihen, Hoffnung schöpfen. Wenn möglich mit Hilfe der Siegermacht. Dies war eine Logik der Ohn-Macht. Sie gestand den Elsässern nur einen schmalen, gewundenen Weg voller Tücken zu. Sie erlaubte ihnen keine klaren, eindeutigen Haltungen oder Entscheidungen. Sie verlangte von ihnen

Kompromisse, die nicht selten kompromittierend waren. Man mußte sich nicht nur über die effektiven Aktionsmöglichkeiten, sondern über die Politik, die der Eroberer bzw. Rückeroberer im Elsaß zu verfolgen gedachte, klar werden. Doch bei jedem Lagerwechsel (ausgenommen vielleicht im Jahre 1940) hüteten sich die neuen Machthaber wohlweislich, ihre eigentlichen Absichten zu enthüllen. Bedenkt man, daß es kein elsässisches Bewußtsein gab und es seit 1870 an Geschlossenheit fehlte, wird verständlich, daß die Gesinnung der Elsässer insgesamt weder einheitlich noch von Anfang an festgelegt sein konnte. Sie unterlag weiterhin dem ständigen Wandel, der ihr durch die Politik des Machtstaats auferlegt war.

Bedingte Integration

Auch wenn es den Anschein haben mochte, daß die Haltung der Elsässer keinerlei Logik entsprang, und er daher als der ewig Unentschlossene — der bekannte Hans-im-Schnokeloch — galt, war dies darauf zurückzuführen, daß er in der Tat unentwegt lavieren mußte, um trotz eines gegenteiligen Schicksals, im 17. Jahrhundert als Elsässer und später als Elsässer *und* Alsacien überleben zu können. Die unumstößliche Bedingung für seine erzwungene Integration oder Rückgliederung in den politisch-kulturellen Machtbereich des einen oder des anderen Staats lautete: Elsässer bleiben können. Diese bedingte Integration war die einzige Logik, die der Elsässer der Logik der Beherrschung der beiden mächtigen Staaten entgegensetzen konnte. Sollte dies ausreichen?

... in die Welt der Deutschen

Die Eingliederung, genauer gesagt die Rückgliederung in einen deutschen Staat stellt sich de facto erst 1870 und 1940, was nicht bedeutet, daß es vor 1648 keine Konfrontation zwischen der Obrigkeit und den Elsässern gab. Von den zahlreichen Erhebungen seien hier nur die wichtigsten erwähnt: Widerstand der Stadt Straßburg gegen den Bischof (13. Jh.), Aufruhr des Volks gegen die Patrizier (Anfang 14. Jh.), Rebellion der Straßburger Flußschiffer gegen den Kaiser (14. Jh.), der Bauernkrieg (16. Jh.), die Glaubensrevolte sprich: die Reformation (16. Jh.). Dabei handelte es sich um Auflehnung gegen die geistige, religiöse, gesellschaftliche und politische Macht, wie sie die Mächtigen damals überall in Europa ausübten. Die Elsässer gehörten naturgegebenermaßen zum damaligen Deutschland, und sofern man von Beherrschung sprechen konnte, ging es nicht darum, die diesem Volk eigenen Wesenszüge auszulöschen oder zu verändern; anders war es 1870 und 1940.

Die offizielle deutsche Geschichtsschreibung räumt zumindest für den Zeitraum von 1870 bis 1918 — vom Naziregime 1940 bis 1945 einmal ganz abgesehen — ein, daß die deutsche Regierungsgewalt einerseits Anpassungsschwierigkeiten an die neuen Gegebenheiten im Elsaß hatte und die Elsässer sich andererseits nur mit Mühe an das politische System der Deutschen gewöhnen konnten. Die Protestresolution von Bordeaux (1870), die Entsendung von „Protestlern“ als Abgeordnete in den Reichstag (1874), der Nachklang des „Souvenir français“, der „Erinnerung an Frankreich“, das Entstehen eines rein elsässischen Bewußtseins mit dem aufkommenden Gedanken eines Elsässertums, das nicht bloß auf das Deutschtum beschränkt blieb, die Forderung nach Autonomie, die Resonanz auf die Zaberner Affäre (1913), all dies wird oft einzig und allein dem franzosenfreundlichen Teil der elsässischen Bourgeoisie zugeschrieben. Nur diese, und sie allein, habe die „Nostalgie für Frankreich“ wach- und enge Kontakte mit der Bourgeoisie jenseits der Vogesen aufrechterhalten, deren Revancheabsichten sie durch die Vorstellung geschürt habe, die Elsässer würden unter dem „preußischen Joch“ schmachten.

Die Einflußnahme der Bourgeoisie auf die öffentliche Meinung war im Elsaß — wie gesagt — ebenso groß wie anderswo. Die Herrschaft der Notablen war eine unumstößliche Tatsache. Doch die frankophile Bourgeoisie besaß zwischen 1870 und 1918 nicht die politische Macht im Elsaß, sodaß ihr kultureller Einfluß begrenzt war, vor allem als eine neue Generation von Elsässern das Erwachsenenalter erreichte, eine Generation, die kaum noch Kontakte zu Frankreich und keine oder wenig Französischkenntnisse hatte. Der Widerstand gegen die deutsche Regierungsgewalt konnte also nicht nur mit der anhaltenden Deutschfeindlichkeit eines Teils der elsässischen Bourgeoisie erklärt werden; diese war wesentlich tiefer verwurzelt. Wurde die deutsche Regierung trotz gewisser liberaler Züge als das „preußische Joch“ bezeichnet, gab es dafür Gründe, die man auf deutscher Seite ignorierte und manchmal noch heute übergehen möchte.

Frankreich hat Elsaß (-Lothringen) natürlich nur widerwillig an Deutschland abgetreten, ebenso wie das Heilige Römische Reich die elsässischen Gebiet 1648 auch nur ungern Ludwig XIV. überlassen hatte. Im Jahre 1870 wurde die Gebietsabtretung jedoch sowohl von der französischen Öffentlichkeit wie von den Elsässern selbst ganz anders empfunden. Das Heilige Römische Reich war ein bunt zusammengewürfeltes Ganzes gewesen; die Beziehungen der einzelnen Länder und Gebiete zum Kaiser waren auf das Notwendigste begrenzt. Zu einer Zeit, da es kaum Kommunikationsmittel gab und nur eine Minderheit der Bevölkerung lesen und schreiben konnte, reichte das politische Leben höchst selten über den lokalen Rahmen hinaus.

Hingegen war der französische Einfluß im Elsaß zwischen 1648 und 1870 tiefgreifender als manchmal behauptet wird. Trotz des real vorhandenen Sprachhindernisses beeinflußten zahlreiche Faktoren die Entwicklung der elsässischen Denkungsart. Ein absoluter Herrscher wie Ludwig XIV. und noch Ludwig XV. konnte politische und kulturelle Mittel einsetzen wie kein anderer Monarch jener Zeit. Nach der Französischen Revolution ist Frankreich ein Einheitsstaat, dem es trotz oder gerade wegen Waterloo gelang, den Begriff der „Staatsnation“

Angekettet . . .

(Kollektion Auguste Wackenheim, Zunderschtzewerscht, kappeletz, S. 21)

sowohl in Frankreich wie außerhalb des Landes durchzusetzen. Das „eine und unteilbare Frankreich“ war nicht nur ein Schlagwort im Sinne der entschiedensten Verfechter der „nation française“ während der Revolution; es stand vielmehr für das Gefühl aller französischen Bürger, ein und derselben Schicksalsgemeinschaft anzugehören. Die Elsässer hatten an der französischen Geschichte zu einem Zeitpunkt teil, da das nationale Gefühl in Frankreich — und demnach auch im Elsaß — besonders stark ausgeprägt war.

Als das Second Empire, das Zweite Kaiserreich, ein von den Franzosen geschätztes liberales Regime eingeführt hatte, wird das Elsaß 1871 von Frankreich abgetrennt. Nunmehr sehen sich die Elsässer nicht nur von Deutschland, das ihre eigentlichen Gefühle nicht berücksichtigt, annektiert, sie werden obendrein in ein autoritäres, von Preußen beherrschtes politisches System integriert. Den neuen Untertanen wurden von den neuen Machthabern Zwänge auferlegt, die einer Unterwerfung gleichkamen. Diese Zwänge lagen ganz auf der Linie der Beherrscherlogik der deutschen Regierungsgewalt; von vielen Elsässern wurden sie als unerträgliches „Joch“ empfunden.

Zum Teil ist dies damit zu erklären, daß die deutschen Regierungsbeamten im Elsaß hauptsächlich Preußen waren. Von einer Inbesitznahme des Elsaß durch Preußen zu sprechen, heißt nicht, ein abschätziges Urteil über Aufrichtigkeit, Können und Leistungen auf sozialem Gebiet dieser preußischen Verwaltung fällen zu wollen. Der Spott über *den* Preußen richtete sich nicht so sehr gegen den Menschen wie gegen den Beamten, der — ungeachtet seines guten Willens und seiner Fähigkeiten — als Eindringling im Dienste eines Staates galt, dem die Elsässer lange Zeit lediglich die aus einem Gewaltstreich resultierende Legitimität zuerkannten. Nicht selten sind die Deutschen erstaunt, ja empört, daß man im Elsaß von einem „Preußischen Joch“ sprechen konnte, während niemals gewagt wurde, von einem „Pariser Joch“ zu reden, das der Persönlichkeit des elsässischen Volks — in ihren Augen — ebensowenig Achtung zollte wie das preußische. Hatte man „Angst vor Paris“?

Den Mächtigen kam es weder 1648 noch 1870 in den Sinn, eine Gemeinschaft von Menschen oder eine Volksgruppe zu befragen, ob ihr das „Überwechseln“ von einem Staat zum anderen paßte oder nicht. Statt Volksentscheid gab es nur noch eine Entscheidung durch die Gewalt der Waffen. Und die Meinung der Betroffenen? Wenn überhaupt, dann wurde diese erst gehört, wenn genügend Zeit verstrichen war. Wie auch immer, im Jahre 1870 war die Integration der Elsässer in das politische Leben Frankreichs so weit fortgeschritten, daß diese ihre Loslösung von Frankreich nicht etwa als eine Rückkehr in den „Schoß der Deutschen“, sondern als eine offenkundige, schmerzliche Ungerechtigkeit und eine klare Verletzung des Selbstbestimmungsrechts der Völker empfanden. Erst in den neunziger Jahren war eine Änderung in der Haltung der Elsässer festzustellen.

Psychologisch gelang die Eingliederung der Elsässer (und Lothringer) in das Deutsche Reich nie vollkommen. Immer gab es eine Protestbewegung. Selbst als diese nachließ und die Mehrheit des elsässischen Volks — abgesehen vom frankophilen Teil der Bourgeoisie — nicht nur das „Fait accompli“ akzeptierte, sondern auch ihre Zugehörigkeit zum politischen Leben in Deutschland nicht mehr grundsätzlich in Frage stellte, beharrten die gewählten elsaß-lothringischen Vertreter für ihr Land und die Bevölkerung dieses Reichslandes weiterhin auf dem Recht, ihre sie direkt betreffenden Angelegenheiten selbst in die Hand nehmen zu können. Die Bewilligung eines Autonomiestatuts im Jahre 1911 eröffnete schließlich neue Perspektiven.

Kulturell strebte Preußen die vollständige Integration des Elsaß in die deutsche Kulturnation an. Die deutschen Nationalisten waren überzeugt, daß die kulturelle Integration der Elsässer in den deutschen Kulturkreis letzten Endes, angesichts der Tatsache, daß das Elsaß nun wieder deutsch war, ausschlaggebend für die Unterordnung des elsässischen Volks sei. Die Gefahren, die eine derartige Kulturpolitik für die elsässische Identität — so wie sich diese im Lauf der letzten beiden Jahrhunderte entwickelt hatte — darstellte, waren der jungen elsässischen Elite nicht entgangen. Ihr ging es um eine deutliche Abgrenzung gegenüber der deutschen Kulturwelt, was ihr dringend geboten schien, sollte die unvermeidliche Integration in die politische und kulturelle Welt der Deutschen den Elsässern von damals die Möglichkeit offen halten, gleichzeitig Alsaciens zu bleiben.

Nur ein geringer Teil der nach 1870 geborenen Generation von Elsässern hatte noch einen direkten Zugang zur französisch geprägten Welt. Für die Mehrzahl gab es ausschließlich die deutsche Schulbildung. Auf die in Kaiser-Wilhelm-Universität umbenannte Straßburger Universität gingen hauptsächlich Söhne rechtsrheinischer Einwanderer, so daß diese keine besondere Anziehungskraft auf die jungen elsässischen Intellektuellen ausübte. Trotzdem war abzusehen, daß die Zahl der elsässischen Studenten mit der Zeit zunehmen würde. Mancher von ihnen vervollständigte sogar seine Studien an einer deutschen Universität. So wiederholte sich im Elsaß das nach 1648/1681 aufgetretene Phänomen — jedoch mit umgekehrtem Vorzeichen: in dem Maße, in dem sich die Bande mit Frankreich lockerten, verstärkten sich die mit Deutschland. Das Tempo war allerdings ein anderes, weil Leben und Denkweise der Elsässer sich seit dem 17. Jahrhundert erheblich verändert hatten.

Die wirtschaftlichen und zwischenmenschlichen Beziehungen mit Deutschland entwickelten sich nur langsam. So groß wie das sprachliche Hindernis im 17. Jahrhundert für Frankreich, war nun das psychologische für Deutschland. Etwa ab 1900 fühlten sich die Elsässer — ohne ihre Vorliebe für Frankreich zu verbergen — schließlich zu Deutschland gehörig. Auch wußten sie die positiven Auswirkungen des wirtschaftlichen Aufschwungs in Deutschland zu schätzen. Die Beziehungen zwischen Elsässern und Deutschen entkrampften sich — auch in familiärer Hinsicht. Allmählich heilte die Zeit die Wunden. Zwar fühlten sich die Elsässer vor Ausbruch des Ersten Weltkriegs noch nicht in dem Maße als Deutsche, wie sie sich 1870 als Franzosen fühlten, doch erscheint es ihnen jetzt natürlich, deutsche und nicht mehr französische Bürger zu sein. Wäre nicht der Erste Weltkrieg gewesen, hätte sich diese Entwicklung fortgesetzt; noch zwei, drei Generationen und die psychologische Eingliederung der Elsässer in die Geisteswelt der Deutschen wäre vollzogen gewesen. Dann hätte niemand mehr behauptet, die Elsässer hätten sich bewußt für Deutschland entschieden.

Fälle rascher Eingliederung in die deutsche Geisteswelt waren trotz der Sprachengleichheit selten. Der elsässische Schriftsteller Friedrich Lienhard* ist hier gewiß eine Ausnahme. Für das Kulturschaffen im Elsaß vor 1918 ist er zweifellos nicht repräsentativ. Doch zeigt sich an seinem Beispiel, daß die deutsche Geisteswelt auf manche Elsässer einen starken Einfluß ausübte; keiner von ihnen zweifelte daran, daß das Elsaß mit der Zeit vollkommen in der deutschen Kulturwelt aufgehen und somit seine Originalität verlieren würde.

In diesem Zusammenhang ist die literarische Bewegung um René Schickele (1883—1940)** in anderer Weise aufschlußreich. Gewiß, in der Literaturszene des Elsaß waren René Schickele und seine engsten Freunde — Otto Flake, Ernst Stadler, Bernd Isemann, Hermann Wendel und einige andere — eine kleine Avantgarde-Gruppe und ihre Zeitschrift „Der Stürmer", gegründet 1902***, sollte nur von kurzer Dauer sein. Aber allein die Zusammensetzung der Gruppe und die Probleme, um die es ihr ging, waren für die Fortentwicklung der Denkungsart im Elsaß während des Jahrzehnts vor dem Ersten Weltkrieg bezeichnend.

Hier geht es nicht um Würdigung oder Beurteilung ihres literarischen Schaffens. Nach wenigen Monaten ging die Gruppe um den „Stürmer" auseinander; jeder verfolgte seinen eigenen Weg. Der Krieg und dessen Ausgang haben ein übriges getan. Vielleicht erschien ihnen der Rahmen des Elsaß nicht ausreichend für ihren Traum. Vielleicht glaubten sie, die Elsässer seien nicht gerüstet, diesem Traum Wirklichkeit zu verleihen. Sie wollten das Elsaß zu einer „Republik des Geistes" machen. Im Jahre 1902 fühlte sich diese neue Generation so stark in die Welt der Deutschen eingebunden, daß diese jungen Elsässer ihren Traum auch innerhalb des deutschen Reiches hätten verwirklichen wollen.

Das Anliegen der Intellektuellen um René Schickele war im Grunde die Wahrung der elsässischen Identität — allerdings vor dem Hintergrund des damaligen Deutschland und der Ideenwelt, die zu Beginn des 20. Jahrhunderts vorherrschte. Wie alle Träume steckte auch der ihre voller Illusionen. Die Utopie kennt keine — räumlichen oder zeitlichen — Grenzen, was zeigt, daß sie Teil unseres

* 1865 in Rothbach (Unterelsaß) geboren, zog er nach dem 1. Weltkrieg nach Weimar, wo er 1929 auch starb. Er gab dort die literarische Zeitschrift „Der Türmer" heraus — möglicherweise als Gegenstück zu Schickeles „Stürmer". Seine geistige Heimat war Deutschland, von dessen „europäischer Sendung" er überzeugt war.

** Friedrich Bentmann, René Schickele, Leben und Werk in Dokumenten.

*** Von 1923 bis 1945 wurde in Deutschland die antisemitische NS-Zeitschrift „Der Stürmer" herausgebracht. Zwischen den beiden Veröffentlichungen besteht selbstverständlich kein Bezug. (Anm. d. Ü.)

Daseins, unseres Schicksals ist. Sicher überschätzte Schickele die Fähigkeiten des Elsaß und den Willen der Elsässer, in der kulturellen Erneuerung, für die sich die Gruppe mit Leib und Seele einsetzte, eine entscheidende Rolle zu spielen. Kulturell war das Elsaß kein Brachland und die Elsässer wollten ihre Götter sicher nicht vom Podest stürzen — damals so wenig wie heute. Das Elsaß, eine „Republik des Geistes“? War das von den Elsässern nicht zuviel verlangt? (15)

René Schickele und seine Freunde begriffen, daß sich zwei Jahrhunderte französischer Vergangenheit nicht mehr ausradieren ließen; der Elsässer konnte bestenfalls „auf seine elsässische Art“ Deutscher sein oder werden. Sie sahen darin eher ein kulturelles, kein politisches Problem. Diesen zu Beginn unseres Jahrhunderts neu auftretenden Aspekt der elsässischen Problematik hat Charles Fichter in einer bemerkenswerten Abhandlung* gut herausgearbeitet. Die von ihm angeführten Zitate zeigen, daß diese Literatengruppe eine klare Vorstellung davon hatte, wie die Zukunft der Elsässer aussehen sollte, wenn sie weiterhin ihr „Sein“ bewahren wollten: Deutsche, gewiß, aber in erster Linie Elsässer. Zuerst der Mensch, dann die Nation. Nationale Bewußtwerdung? Zweifelsohne, aber nur, sofern sie den Menschen dazu führt, für seine eigene Sache und folglich für die der gesamten Menschheit einzutreten. (16)

René Schickele sah, wie sich eine Bedrohung für das Elsaß und die Elsässer abzeichnete: durch Ausbeutung des deutschen Nationalgefühls zu nationalistischen Zwecken. Er war überzeugt, daß die elsässische Persönlichkeit dabei nicht überleben würde. Mehr noch: auf absehbare Zeit bedeutete dies die Zermürbung des Menschen durch die Nation, die zum Idol erhoben wurde. Hier drängt sich bereits eine Parallele zu Kurt Tucholsky (1890—1935) auf, der seine Landsleute vor den verheerenden Folgen gewarnt hat, die der fanatische Nationalismus der Nazis verursachen würde, sollte er die gesamte deutsche Nation erfassen. „Denkt in Menschen, nicht in Nationen“ hatte er ausgerufen. Doch umsonst; niedergeschmettert nahm sich Tucholsky das Leben. Nach Hitlers Machtübernahme entschloß sich René Schickele, Deutschland endgültig zu verlassen. Er ließ sich in Südfrankreich nieder und starb dort 1940.

Bemerkenswert ist schließlich, daß zwei Mitglieder der Gruppe, Otto Flake (geb. 1880 in Metz) und Ernst Stadler (geb. 1883 in Colmar), Söhne deutscher Einwanderer waren. Ihre Sensibilität für die Angelegenheiten des Elsaß war nicht unbedingt mit der René Schickeles und anderer Mitglieder elsässischer Abstammung vergleichbar. Insbesondere Otto Flake war bemüht, zur Wiedergeburt einer „Weltkultur“ beizutragen, in der die „deutsche Nation“ ihre vergangene Größe wiederfinden sollte. Überzeugend führt Charles Fichter aus, daß die Beteiligung Otto Flakes an der Bewegung des „Stürmer“ sich nicht ausschließlich aus der Freundschaft mit René Schickele erklärt. Vielmehr handelte es sich um „das Bewußtwerden eines jungen Immigranten darüber, daß auch das

* Charles Fichter, René Schickele et l’Alsace jusqu’en 1914.

Elsaß kulturelle Möglichkeiten bietet und eine Avantgarde-Bewegung sowohl in Straßburg wie in München entstehen kann."*

Die Mitarbeit von Flake und Stadler an einer literarischen Bewegung, die selbst der deutschen Regierung gegenüber das Recht der Elsässer „auf ihr Anderssein" gerade wegen ihrer französischen Vergangenheit vertrat, scheint aufschlußreich für den Integrationswillen in das elsässische Milieu zumindest eines Teiles der im Elsaß geborenen und aufgewachsenen Einwanderersöhne zu sein. Obwohl die heutige Situation nicht dieselbe ist, kann man bei einer Anzahl von Jugendlichen, deren Familien aus Innerfrankreich kamen, eine ähnliche Reaktion feststellen. Manch einer im Elsaß vergißt dies leider zuweilen. Doch ist diese Entwicklung für das Elsaß von morgen von größter Wichtigkeit.

Alles in allem ist zu sagen, daß die kulturelle Eingliederung der Elsässer in das deutsche Reich vor Ausbruch des Kriegs weit vorangeschritten war. Ähnlich wie ein halbes Jahrhundert nach dem Westfälischen Frieden arbeitete die Zeit auch hier im Sinne einer Annäherung. Und hätte eine ganze Generation die mit der Verfassung von 1911 erreichte Teilautonomie erleben können, wären schließlich selbst die politischen Widerstände gegen das „preußische Regime" bedeutungslos geworden.

Die Elsässer, die nach 1870 zwischen Widerstand und Unterwerfung wählen mußten, haben letzten Endes versucht, für sich innerhalb eines deutschen Staats einen politischen Rahmen zu finden, um die sie unmittelbar betreffenden Dinge selbst entscheiden und somit eine eigene Kultur entfalten zu können. Dem ersten dieser beiden Ziele haben sie sich beträchtlich genähert, auf kulturellem Gebiet aber blieben ihre Bemühungen hinter ihren Erwartungen zurück. Im vielzitierten „Sprachenparagraphen" wurde die Regelung des Sprachenproblems von der Zustimmung des Reichstags in Berlin und nicht des Landtags in Straßburg abhängig gemacht.** Ohne eine spezifisch elsässische Lösung des Sprachenproblems konnte es aber keine spezifisch elsässische Kultur geben. Nur unter dieser Bedingung, das heißt ohne Aufgabe der Persönlichkeit der Elsässer, konnte sich deren Eingliederung in das deutsche Reich vollziehen.

Über die Haltung der Elsässer angesichts der Hitler-Macht im Jahre 1940 sind hier nicht viele Worte zu verlieren. Für die Nazis existierten die Elsässer sowieso nicht als eigenständige Menschengruppe und erst recht nicht als Volksgruppe. „Gleichschaltung" hieß die Parole, im Politischen wie im Kulturellen. Die Mittel, auf die das Naziregime zur Erlangung seiner Ziele zurückgriff, waren in jeder Hinsicht totalitär und schreckten auch vor der Liquidierung der Elsässer, die sich ihm offen entgegenzustellen wagten, nicht zurück. Wie überall galten die Widerstandskämpfer als „Volksschädlinge". Unter diesen Umständen nimmt es nicht wunder, daß die Nazipropaganda, die ununterbrochen auf das angebliche Deutschtum der Elsässer pochte, keinerlei Erwiderung fand. Die Ablehnung

* Charles Fichter, a.a.O., S. 39.

** Jean-Marie Mayeur, Autonomie et politique, La Constitution de 1911, S. 113/114.

war allgemein; selbst zu einer bedingten Integration waren die Elsässer nicht bereit.

Die Zahl der aktiven Kollaborateure war im Elsaß äußerst gering, geringer jedenfalls als im übrigen Frankreich. Nur zu gut wußten die Elsässer, daß ein Sieg der Nazis nicht nur die Niederlage Frankreichs, sondern ihren eigenen Lagerwechsel bedeutete, einen endgültigen oder doch einen auf unabsehbare Zeit. Unter den freiwilligen Kollaborateuren gab es ferner Elsässer, die nicht etwa aus Überzeugung für den Nationalsozialismus, sondern aus Ressentiment gegenüber der von den französischen Regierungen in der Zwischenkriegszeit praktizierten Assimilierungspolitik handelten. Daneben gab es aber auch solche, die nicht nur einer ideologischen Beherrschung der Elsässer durch die Nazis den Weg ebneten, sondern auch freiwillig an der Zuweisung ihrer Landsleute in die zahlreichen Gruppierungen der NS-Partei mitarbeiteten.*

. . . in die Welt der Franzosen

Unter Widerstand versteht man im Elsaß fraglos den Widerstand gegen Deutschland oder die Deutschen. Die Elsässer unserer Tage können sich nur schlecht vorstellen, daß es irgendwann in ihrer Geschichte irgendeine Art elsässischen Widerstand gegen Frankreich oder die Franzosen gegeben haben sollte. Schließlich ist „man" doch Franzose, sagen sie, und ein Widerstand gegen sich selbst wäre lächerlich. Sollte sich trotzdem, in fernen, dunklen Zeiten, etwas derartiges zugetragen haben, konnte dies nur aufgrund eines Mißverständnisses, eines Irrtums, einer Unklarheit, eines vagen „Mißbehagens" geschehen sein. Und wenn schon . . . „redde mer nimmi devun!"**

Frankreich, verkörpert durch die französische Marianne (mit der Phrygiermütze, Symbol der einen und unteilbaren Republik — Anm. d. Ü.), ist eine schöne Frau, sanft und anmutig, offen und freigiebig, mit verführerischem Charme. Man kann ihr nicht widerstehen. Man stellt ihr auch keine Bedingungen. Im übrigen ist das Vergangene vergangen, insbesondere wenn es einen bitteren Beigeschmack hatte. Es sei denn, es handelt sich um einen deutschen Beigeschmack; ja dann . . . Man kann nicht oft genug daran erinnern, daß die Gegenwart nicht ohne die Vergangenheit zu verstehen ist, und daß die heutigen Forderungen der Elsässer nur dann Gewicht bekommen werden, wenn man vor allem den französischen Machtstaat daran erinnert, unter welchen Umständen er das Elsaß erobert und in welcher Weise das Elsaß damals auf dieses historische Ereignis reagiert hat. So wird man den zurückgelegten Weg und die enorme Entwicklung in der elsässischen Denkweise besser ermessen können.

---

* Schicksal Elsaß, S. 84—85.

** Titel einer berühmten Revue im Kabarett „Barabli" (zu deutsch: Regenschirm) von Germain Müller in Straßburg.

Spricht man von der Eroberung des Elsaß durch Ludwig XIV., wird damit noch nichts über den tatsächlichen Hergang der Dinge ausgesagt. Wie steht es mit der damaligen Reaktion des „Elsaß“ oder der Elsässer? Da es ein Elsaß nur dem Namen nach gab, konnte es auch keinen feierlichen Protest im Namen der Elsässer gegen diese Eroberung — ähnlich der Protestresolution von Bordeaux — geben; aber nicht etwa, weil die Mächtigen von damals derlei Widersprüchen keine Beachtung schenkten, sondern weil es noch kein elsässisches Bewußtsein und kein deutsches Nationalgefühl gab. Außerdem hätte sich dafür erst ein deutscher Gambetta finden müssen! Der König, der die französische Staatsgewalt im Elsaß verkörperte, galt als eine „Allerchristlichste Majestät“ und war König „von Gottes Gnaden“. Offenbarte sich unter diesen Umständen nicht die „Göttliche Vorsehung“ durch die königliche Präsenz im Elsaß? Und hat nicht der Sonnenkönig den Katholiken die Kathedrale von Straßburg zurückgegeben? Kann und darf man sich dem vermeintlichen „Fingerzeig Gottes“ widersetzen? Solche Fragen stellten sich natürlich nicht alle Elsässer . . .

Die Bedeutung des Wechsels der Staatszugehörigkeit nach 1648 lag vor allem im Wechsel des Herrschers. Für die überwiegende Mehrheit der Elsässer ging das Leben zwar weiter oder wurde — besser gesagt — nach den Verheerungen eines endlos scheinenden Krieges wieder aufgenommen. Die Behauptung, dieser Wechsel sei im Elsaß allgemein gleichgültig hingenommen oder gar mit Freuden begrüßt worden, ist jedoch schlicht eine Verdrehung der Tatsachen. Bei jeder Gelegenheit gaben die Elsässer dem König unverzüglich zu verstehen, daß sie seinem Anspruch auf absolute Herrschaft Grenzen zu setzen gedachten. Und in der Wahl des Ausdrucks war man damals längst nicht so zimperlich wie heute.

In der zweiten Hälfte des 17. und noch lange während des 18. Jahrhunderts war bei nahezu jeder Konfrontation der Elsässer mit der Macht des Königs oder seiner Repräsentanten eine deutliche Feindschaft gegenüber den Franzosen zu spüren. Wenn der Satiriker Johann Michael Moscherosch (1601—69) gegen alles, was französisch ist, wettert und sich über die „Französelei“ des elsässischen Bürgertums lustig macht, wenn der damals bekannte Pädagoge und Historiker J. F. Aufschlager auf die verächtliche Bezeichnung für die Franzosen als „die Welschen“ hinweist, zeigt dies, daß die Elsässer merken, was sie — rein menschlich — von den Franzosen trennt. Sollte es sich dabei nur um vereinzelte Reaktionen einiger weniger gehandelt haben? Man mag es bezweifeln.

Bedeutend einschneidender scheint der offene Widerstand der elsässischen Städte gegen die Macht des Königs gewesen zu sein. Da das Elsaß seit 1648 französisch war, kann man geltend machen, es habe sich um einen „inneren“ Widerstand, eine interne Angelegenheit Frankreichs gehandelt. Die elsässischen Städte wollten ihre Freiheiten und Sonderrechte gegen die Machtübernahme einer zentralistischen königlichen Gewalt verteidigen. Als die neue Staatsgewalt dann ihr wahres Gesicht zeigte, den „Gebrauch der deutschen Sprache“ allmählich „ausrotten“ und das Französische an dessen Stelle setzen wollte, nimmt dieser Widerstand antifranzösische Züge an. Die „Denkschrift des Magistrats von Straßburg gegen die Einführung und den Gebrauch der französischen Sprache" mit den Antworten des Herren Obrecht, „Prätor des Königs", aus dem Jahre 1685 ist in dieser Hinsicht sehr aufschlußreich. In wievielen Büchern zur „Geschichte des Elsaß" wird dies erwähnt? Aus welchen Gründen wird darüber geschwiegen? (17)

Diejenigen, die der Vereinnahmung durch Frankreich Widerstand leisteten, wurden im 17. Jahrhundert als „Widerspenstige" hingestellt. Es stimmt, daß elsässische Städte im 30jährigen Krieg französische Besatzungstruppen angesichts des Gemetzels, der Mißhandlungen und Verheerungen unter der elsässischen Bevölkerung baten, wieder Ordnung herzustellen. Daraus aber einen offiziellen „Appell" der elsässischen Städte „an Frankreich", einen „Hilferuf des Elsaß" ableiten zu wollen, scheint dem, der nach historischer Realität strebt, ein nur schwer nachvollziehbarer Schritt zu sein.* Auch wäre völlig unverständlich, warum Städte wie Colmar, Hagenau oder Zabern (Saverne) — trotz ihrer schwierigen Lage — dem Heiligen Römischen Reich den Rücken kehren sollten, um Bestandteil von Frankreich zu werden. Als sie dazu gedrängt wurden, war ihre unzweideutige Antwort: Widerstand. Die Entgegnung des französischen Machtstaats war ebenso eindeutig: Unterwerfung durch Zerstörung.

Erwiesenermaßen konnten die Elsässer nichts gegen die politische Bemächtigung der Franzosen unternehmen. Der Widerstand gegen alles Französische schwächte sich allmählich ab und war nach einigen Generationen erloschen. So gut es ging, suchten sie sich — wie später auch — in ihren neuen politischen Rahmen einzufügen, unter einer Bedingung: Wahrung der Originalität der elsässischen Persönlichkeit, vor allem in kultureller Hinsicht. Solange keine Regelung für das kulturelle Problem gefunden ist, führt die erforderliche politische Integration unweigerlich zur vollständigen Auflösung dieser elsässischen Persönlichkeit in der Welt der Franzosen. Nur die Scharfblickendsten unter den Elsässern haben diese Gefahr schon bei Aufnahme in den Schoß Frankreichs erkannt. Heute ist die kritische Schwelle erreicht.

Allzuoft wird auch vergessen, daß die Elsässer zu einem Zeitpunkt in die Welt der Franzosen eintreten, als Frankreich den Gipfel seiner Macht in Europa erreicht hatte und das damalige Deutschland von einer tiefgreifenden politisch-religiösen Krise erfaßt wurde, die zum Zerfall des Heiligen Römischen Reiches geführt hat. So werden die Elsässer mit ihrer deutschen Sprache, Kultur, Tradition und ihren deutschen Gebräuchen im 17. Jahrhundert in den französischen Kulturkreis eingegliedert, der in der gesamten zivilisierten Welt ein enormes Ansehen besitzt. Von nun an nimmt das Elsaß am politischen wie kulturellen Schicksal Frankreichs teil. Eine derartige Entwicklung mußte das gesamte elsässische Volk vor schwerwiegende Probleme stellen.

Zu Beginn verlief die Integration der Elsässer nicht ohne Schwierigkeiten und Reibereien. Auch trifft nicht zu, daß die Elsässer im 17. Jahrhundert Franzosen

* Philippe Dollinger, Histoire de l'Alsace, S. 275.

wurden, weil sie sich „für Frankreich entschieden“ haben und Franzosen sein „wollten“. Das ist eine phantastische, patriotische Unwahrheit, aber eben keine Wahrheit. Wenn die Elsässer später nicht mehr zum Deutschen Reich zurückkehren wollten, dann aus zweierlei Gründen: zum einen das Rad der Zeit, zum anderen die unleugbare Anziehungskraft der französischen Welt auf die Geisteshaltung der Elsässer. Nach 1870 tritt dies klar zutage.

Das Rad der Zeit

Wie zu sehen war, gehörte das Elsaß während der letzten drei Jahrhunderte insgesamt nur 53 Jahre lang zu Deutschland: von 1870 bis 1918 und von 1940 bis 1945. Als die erste Rückgliederung der Elsässer nach dem Deutsch-Französischen Krieg erfolgte, war das elsässische Volk über 200 Jahre lang mit der französischen Geschichte verknüpft (Straßburg ab 1681, Mülhausen erst ab 1798). Zwei, erst recht drei Jahrhunderte genügen — selbst bei einer Unterbrechung von nahezu fünf Jahrzehnten — für den Aufbau unterschiedlichster menschlicher Beziehungen zwischen einem kleinen Gemeinwesen, wie dem der Elsässer, und einem so großen Gemeinwesen, wie der „Gemeinschaft aller Franzosen“.

Die unmittelbare Beteiligung der Elsässer an der Verwaltung auf regionaler und zum Teil nationaler Ebene, der Schmelztiegel, den die Armee selbst zu Zeiten darstellte, da es keine allgemeine Wehrpflicht gab, die Ausweitung von Industrie und Handel auf die Märkte jenseits der Vogesen, die schrittweise Erweiterung der familiären Bande zwischen Elsässern und Innerfranzosen, nachdem das Sprachenhindernis größtenteils beseitigt war, die Anziehungskraft der französischen Universitäten, insbesondere der Sorbonne, all dies mußte im Verlauf weniger Generationen zu persönlichen oder Interessenverbindungen zwischen dem Elsaß und dem Frankreich jenseits der Vogesen führen, deren Dauerhaftigkeit man — vor allem auf deutscher Seite — stets zu unrecht unterschätzt hat.

Daß sich die Elsässer trotz ihrer deutschen kulturellen Vergangenheit und sieben Jahrhunderten der politischen Zugehörigkeit zum Ersten Deutschen Kaiserreich (962—1648) spätestens zu Beginn des 19. Jahrhunderts und demnach im Jahre 1870 als Franzosen fühlten, hat nichts Außergewöhnliches. Nicht etwa weil eine gewisse Vorherbestimmung zu erfüllen gewesen wäre, noch weniger weil es sich — wie man manchmal sagen hört — um ein Wunder gehandelt und schon garnicht, weil die „Göttliche Vorsehung“ nichts besseres zu tun gehabt hätte, als die Elsässer zu Franzosen und nicht zu Deutschen zu machen, wollten die Elsässer mit ihrem Erscheinen auf der politischen Szene unbedingt Franzosen sein. Sie sind weder fügsamer noch feiger als andere Völker. 1648 fühlten sie sich eben als Deutsche und 1870 als Franzosen, was sie den Preußen auch verständlich machten.

Wenn die Elsässer nach zwei bzw. drei Jahrhunderten so reagiert haben, wie sie es taten, und das wurden, was sie jetzt sind, liegt dies daran, daß kein derart lange in eine politisch und kulturell fremde Welt eingegliedertes Volks gleichzeitig dem Druck und der Anziehungskraft derselben auf Jahre widerstehen kann. Das Rad der Zeit bleibt nie ohne Einfluß auf das Dasein des Einzelnen und das Leben der Völker. Im Elsaß war dies nicht anders.

So wie die Elsässer nach der Eroberung durch Ludwig XIV. als „Deutsche" reagiert haben, reagierten sie zwei Jahrhunderte später als „Franzosen". In der Zwischenzeit hatten sie nämlich als unmittelbar Betroffene an historischen Ereignissen teilgenommen (die Französische Revolution, das Napoleonische Abenteuer), die das Leben der nationalen Gemeinschaft Frankreichs kollosal prägten. Die Geschichte unserer modernen Nationen kennt in der Tat Augenblicke, in denen die Unterschiede in Kultur, Sprache, sozialer Herkunft, politischer, philosophischer oder religiöser Anschauung angesichts von Ereignissen, die über Wesen und Werdegang der gesamten Menschheit entscheiden, kaum mehr von Belang sind. Diese bedeutenden historischen Augenblicke werden in unserer Erinnerung nicht so rasch ausgelöscht. Nicht umsonst sprechen wir vom Kollektivbewußtsein der Völker und Nationen.

Für den Zusammenhalt jedweder Gemeinschaft von Menschen ist das Kollektivbewußtsein von zentraler Bedeutung. Denken wir nur, wie schwierig es ist, wenn Menschen — selbst mit den besten Absichten — eine neue Gemeinschaft schaffen wollen, die keine gemeinsame Vergangenheit vorzuweisen hat. Das Fehlen einer gemeinsamen Vergangenheit ist durch gemeinsame gegenwärtige Interessen allein nicht wettzumachen — was durch das, was wir die „Europäische Gemeinschaft" nennen, bestens verdeutlicht wird. Gemeinsame wirtschaftliche oder politische Interessen reichten nicht aus, um die Staaten, die dieses Europa bilden, ihre Antagonismen und schwerwiegenden Konflikte aus der Vergangenheit vergessen zu machen. In einer so weitreichenden und in vieler Hinsicht künstlichen Gemeinschaft kann sich nur durch eine Reihe gemeinsam erlebter historischer Ereignisse, die einschneidend genug sind, damit die gemeinschaftliche Solidarität voll zum Tragen kommt, eine Seele herausbilden.

Am Beispiel der Elsässer zeigt sich ferner, daß nichts von ewiger Dauer ist: weder die zwischenmenschlichen Verbindungen der Gemeinschaften noch die wirtschaftlichen Interessen, weder die kulturellen und politischen Beziehungen noch das nationale Gefühl. Es hat mehrere Generationen gedauert, bis die Erinnerung der Elsässer, lange Zeit auf das engste mit der deutschen Geisteswelt verbunden gewesen zu sein, verblaßte, um schließlich unter dem Druck der neuen Verhältnisse dahinzuschwinden. Ebenso wären mehrere Generationen nötig gewesen, damit die Erinnerung an zwei Jahrhunderte als Bestandteil Frankreichs unter dem Druck der neuerlichen Verhältnisse nach 1870 wieder ausgelöscht worden wäre. Innerhalb eines Zeitraums von 48 Jahren *konnten* die Elsässer die „Erinnerung an Frankreich" garnicht verlieren; was bedeutet schon ein halbes Jahrhundert für das Kollektivbewußtsein eines Volkes?

In der Bourgeoisie und einem Teil der geistigen Elite war die Franzosenfreundlichkeit aufgrund der stets engeren Verbindungen mit Frankreich offenkundiger als in den übrigen Gesellschaftsschichten. Doch auch unter den Bauern

Die Argumentation der Deutschen

(Gesunder Regionalismuß — Pflege elsässischer Eigenart — Automatismuß — Neutralismuß . . .)

(Das Elsass von 1870—1932 II/117)

und Arbeitern war diese französische Vergangenheit noch wach, weil es 1918 zahlreiche Elsässer gab, die die Zeit vor 1870 noch miterlebt hatten. Ohne übertriebene Nostalgie schilderten sie die französische Vergangenheit des Elsaß und entwarfen nicht selten ein strahlendes Bild von Frankreich, obwohl sie womöglich nie über ihren eigenen Kirchturm hinausgelangt waren. Die Faszination, die Frankreich, selbst in den einfachen Kreisen der elsässischen Bevölkerung, immer noch verursachte, entsprach den tatsächlichen Empfindungen.

Die Anziehungskraft Frankreichs

Für die übergroße Anziehungskraft Frankreichs gibt es im Elsaß zahlreiche, nicht einfach zu erklärende Gründe. Es handelt sich um ein äußerst komplexes Phänomen mit verwirrenden Faktoren, das schon die phantastischsten Erklärungen hervorgerufen hat. Hinzu kommt, daß eine objektive Analyse in einer Angelegenheit, in der jeder seine Wünsche für Realitäten hält, so gut wie unmöglich ist; umso mehr, als die in diesem Zusammenhang verursachten Gemütsregungen meistens jede vernunftmäßige Betrachtung ausschalten.

Seitens der Franzosen wird die Geschichte der französisch-elsässischen Beziehungen oft wie ein herrlicher Liebesroman geschildert. Als ob es zwischen Elsässern und Franzosen von Anfang an Liebe auf den ersten Blick mit anschließender leidenschaftlicher Zuneigung gewesen sei, die durch einen hin und wieder auftretenden Ehekrach nur noch inniger geworden wäre. Auf deutscher Seite ist man eher irritiert und gereizt; man fühlt sich ungerecht behandelt und sieht in diesem Faible der Elsässer für Frankreich nichts anderes als eine hartnäckige Voreingenommenheit. Die Distanz, ja Feindseligkeit der Elsässer gegenüber Deutschland und den Deutschen scheint ihnen das Ergebnis einer großangelegten, heimtückischen Verleumdungskampagne seitens der Franzosen. Doch ganz so einfach ist das nicht.

Drei Jahrhunderte lang waren die Elsässer das Streitobjekt, um das Frankreich und Deutschland mit politischen, militärischen und psychologischen Waffen kämpften. Jede Seite stellte das eigene Land in den schillerndsten Farben, das andere so schrecklich wie möglich dar. Die Franzosen wußten sehr wohl, daß die Elsässer im 17. Jahrhundert mit Gewalt aus ihrem ursprünglichen politisch-kulturellen Milieu herausgelöst wurden. Dabei genügte es nicht, die Vorzüge vor Augen zu führen, die für die Elsässer darin lagen, Franzosen zu sein oder zu werden; gleichzeitig galt es, bei den Elsässern eine Ablehnung alles Deutschen — ungeachtet ihrer Bande zur deutschsprachigen Kulturgemeinschaft — zu wecken. Die französischen Nationalisten ließen sich keine Gelegenheit dazu entgehen.

Solange Deutschland offenbar keine Rückgewinnung des Elsaß erwog, beschränkte sich die psychologische Propaganda im Elsaß auf das, was für die geistige Integration der Elsässer in die Welt der Franzosen erforderlich schien: Festigung der politischen Macht, Unterweisung und Gebrauch der französischen

Sprache, französisches Schulwesen, Ausbau der menschlichen und sozialen Beziehungen zwischen Elsässern und Franzosen. Aber mit dem Wiederaufleben des deutschen Nationalismus zu Beginn des 19. Jahrhunderts — und nach 20 Jahren der Besetzung Deutschlands durch die Truppen der Französischen Revolution sowie Napoleons — wurden die französischen Politiker und die Elsässer selbst von der Furcht ergriffen, das Elsaß an das erstarkende Deutschland zu verlieren. Für die Elsässer war die politische Integration in den französischen Staat eine abgeschlossene Sache.

Sobald die Zugehörigkeit des Elsaß zu Frankreich Mitte des 19. Jahrhunderts erneut in Frage gestellt war, bricht ein regelrechter psychologischer Krieg zwischen den beiden Nachbarstaaten aus. Deutsche und französische Nationalisten sind dabei voll in ihrem Element. Die Rechtmäßigkeit der Rheingrenze wird von den Deutschen angefochten. (Die „Wacht am Rhein" entstand 1840.) Vor Ausbruch des deutsch-französischen Kriegs spitzt sich die Lage zu, die Elsaß-Debatte verschärft sich drastisch. Feindseligkeit und Fanatismus lassen jegliche Vernunft vergessen. Die Polemik, eine psychologische Waffe par excellence, nimmt rasch gehässige Züge an und wird auch nach der preußischen Annexion von Elsaß-Lothringen in beiden Staaten fortgeführt.

Französische und elsässische Nationalisten zeichnen „den Deutschen" in den abscheulichsten Zügen. Er soll, speziell im Elsaß, lächerlich und abstoßend wirken. Die Karikaturen der damaligen Zeit vermitteln — gelinde gesagt — ein recht unerfreuliches Bild des Deutschen. Daraus entsteht der Typ des Preußen, des Deutschen, des Boche. Hansi* hat diese Art der Überzeichnung erwiesenermaßen erfolgreich angewendet. Wer wollte unter solchen Umständen nicht eher von den Galliern abstammen, lieber Kelte als Germane sein? Gewiß, Karikaturen sind und bleiben Karikaturen. Aber so wie die Lage im Elsaß war, erzielten sie die erhoffte Wirkung: die Elsässer wollten in keiner Weise mit Menschen dieser Sorte gleichgesetzt werden. Verglichen mit dem Entsetzen, das die im letzten Weltkrieg begangenen Naziverbrechen den Elsässern einjagten, war das aber noch harmlos.

Während des gesamten 19. Jahrhunderts waren vor allem die kulturellen Verbindungen zu Deutschland nicht abgebrochen. Selbst zu der Zeit, da Hansis Karikaturen erschienen, konnten sich die Menschen zwischen Rhein und Vogesen weiterhin eine eigene Meinung über die Deutschen bilden. Es steht außer Zweifel, daß das Bild, das sie sich seit ihrem Anschluß an Frankreich von Deutschland und den Deutschen machten, durch die Naziunterdrückung im Elsaß und die Behandlung anderer, der unerbittlichen NS-Diktatur unterworfener Völker schließlich beeinträchtigt wurde. Bei der Suche nach einer Erklärung für die Reaktionen der Elsässer gegenüber „allem Deutschen", werden oft die Folgen des

---

* Jean-Jacques Waltz, genannt Hansi (1873—1951) berühmter nationalistischer Karikaturist aus dem Elsaß, der die Preußen vor 1914 heftig attackierte.

seit geraumer Zeit eingetretenen Gesinnungswandels der Elsässer mit den Ursachen desselben verwechselt.

Im Lauf der Jahrhunderte hatte sich nämlich eine ganz bestimmte Vorstellung von Frankreich und Deutschland sowie ein ganz bestimmtes Bild des Franzosen und des Deutschen in den Köpfen und im Kollektivbewußtsein der Elsässer festgesetzt. Möglicherweise wurde dabei das Gesamtbild Frankreichs verglichen mit dem Deutschlands idealisiert. Wahrscheinlich wollten die Elsässer nur eine Seite der Medaille sehen, die schönere. Vielleicht wollten sie damit ihre Opposition gegen jegliche deutsche Macht in ihrem Land zum Ausdruck bringen und gleichzeitig ihre Unabhängigkeit demonstrieren.

Der ständige Vergleich zwischen Frankreich und Deutschland fällt nicht immer zugunsten der Nachbarn im Westen aus. Weit gefehlt! Stets wissen sich die Elsässer von den einen wie von den anderen abzugrenzen. Doch ändert dies nichts, weder an der Vorliebe für Frankreich noch an der französischen Einstellung der Elsässer, ganz im Gegensatz zu dem, was in diesem Punkt besonders empfindliche Innerfranzosen manchmal meinen. Für den Elsässer ist Frankreich nunmehr sein „Vaterland“ und bleibt, trotz aller möglichen Fehler, das Land der Freiheit schlechthin.

Frankreich hat die Freiheit aber nicht erfunden. Auch war es nicht das einzige Land, in dem Freiheit herrschte. *Die* Freiheit gibt es genaugenommen überhaupt nicht, oder nur „über den Wolken“, wie Reinhard Mey so schön singt. Der Mensch muß frei sein, das heißt, er muß über bestimmte Rechte verfügen, um sein Leben frei als verantwortungsbewußter Mensch leben zu können. In England, sogar in Deutschland besaßen die Bürger gewisse politische Freiheiten schon zu einer Zeit, da der König in Frankreich noch sagen oder ausrufen lassen konnte: L'Etat c'est moi!

Vielleicht gerade weil sich die Franzosen länger als andere mit einem geringen Maß an Freiheiten zufriedengeben mußten, begrüßte das französische Volk die Erste Republik freudig mit dem Ruf: Vive la liberté! Frankreich war zwar nicht das erste Land mit politischer Freiheit, aber es war der erste Staat, der sich in spektakulärer Weise von der Unterdrückung durch eine absolute Gewalt und der unerträglichen Bevormundung — unter anderem auch durch die Kirche — befreit hat. Die von den Männern der Französischen Revolution 1789 proklamierte Erklärung der Menschen- und Bürgerrechte fand ein weltweites Echo. Abgesehen davon, daß es sich dabei vor allem um individuelle Freiheiten handelte, die den Absichten der Bourgeoisie entgegenkamen, betrachteten alle Länder von Europa bis Amerika die Eroberung der Freiheit in Frankreich als beispielhaft. Die Elsässer waren für diese Freiheit besonders empfänglich.

Demgegenüber hat die berühmte „deutsche Gründlichkeit“, durch die das Etikett „made in Germany“ zu einem Werbeträger erster Güte wurde, speziell auf dem Gebiet der persönlichen Freiheiten zu einem Legalismus geführt, der den deutschen Staat so manches Mal zu Maßnahmen veranlaßte, die gleichwohl als Verstöße gegen die persönliche Freiheit erscheinen mochten. Natürlich weiß der

Elsässer Vergleiche anzustellen und kommt dabei zu dem Schluß, daß es alles in allem noch besser ist, dem französischen und nicht dem deutschen Gesetz zu unterstehen. (18)

Die traditionelle Bevorzugung der französischen Kultur hatte im Elsaß eine echte Begeisterung für die französische Literatur ausgelöst. Dasselbe kann aber auch von vielen Deutschen, Engländern oder Amerikanern, die die französische Kultur kennen, gesagt werden. Daß diese Kultur überragender als alle übrigen großen Kulturen sein soll, ist jedoch ein Mythos, an dem nur Ungebildete und gewisse engstirnige Nationalisten festhalten. Nichtsdestoweniger ist der französische Beitrag in allen Bereichen der Kultur außerordentlich wertvoll und in allen Teilen der Welt anerkannt. Schließlich sei noch erwähnt, daß französische Schriftsteller, Wissenschaftler und Künstler beim Kampf um die Befreiung des Menschen von Zwängen jeglicher Art eine herausragende Rolle gespielt haben. Lange galt die französische Kultur als direkte Nachfolgerin der römischen Kultur, wodurch sie zusätzliches Ansehen erhielt.

Als Folge dieser Anziehungskraft waren schließlich sämtliche Beziehungen der Menschen untereinander von einer Bildung „à la française" geprägt. Der Franzose erschien gewandter, höflicher und besaß — davon waren die Elsässer überzeugt — mehr Charme, mehr Geist als der Deutsche . . . und der Elsässer selbst! Es kam so weit, daß die Elsässer ihre eigene Kultur als zweitrangig betrachteten, wovon selbst ihr Wesen nicht ausgeschlossen blieb. Ihre ureigene Wesensart schien ihnen auf Dauer unerträglich. Genau daher rührten auch die sogenannten elsässischen „Komplexe". Viele versuchten, sich davon auf irgendeine Weise frei zu machen; so gab es auch im Elsaß Franzosenfeindlichkeit. Aber spätestens beim ausgehenden 18. und beginnenden 19. Jahrhundert fühlten die Elsässer eine echte Verbundenheit mit Frankreich und blieben in ihrer Mehrheit bis lange nach 1870 franzosenfreundlich.

Bedingte Integration in die Welt der Franzosen: Franzose werden und weiterhin Elsässer sein — darauf waren die Elsässer ständig bedacht. Dies hat die französische Regierungsgewalt jedoch kaum zur Kenntnis genommen. Ihre politische und kulturelle Einflußnahme wurde verstärkt, bis sie schließlich zu einer Bedrohung für die Originalität der Elsässer wurde. Als sich der elsässische Widerstand gegen die Assimilierungspolitik, gegen die kulturelle Beherrschung verhärtete, wurden zwar Zugeständnisse gemacht; aber im Grunde hat der Machtstaat sein ursprüngliches Ziel nie aufgegeben: die totale Einverleibung des elsässischen Volks.

Lange hatten sich die Elsässer dem Glauben hingegeben, ihre Persönlichkeit bewahren zu können, wenn sie sich unter der genannten Bedingung in den neuen Kulturkreis integrierten. Allmählich wird ihnen klar, daß das Gesetz der Beherrschung stärker ist als ihre Bereitschaft zur bedingten Integration. Da mag man noch so sehr auf mildernde Umstände pochen und mit dem Schicksal hadern, noch so sehr zur Geltung bringen, daß der Druck der Ereignisse oft stärker sei als der Wille des Menschen; solange es um die Existenz eines Volkes geht, kann man sich mit derartigen Entschuldigungen nicht herausreden.

Mit dieser Kulturpolitik der totalen Einverleibung der Elsässer durch eine ausschließlich französische und französischsprachige Kulturwelt begeht der französische Staat einen eklatanten Verstoß gegen ein Grundrecht des Menschen: das Recht auf entschiedene Achtung, nicht nur Tolerierung der Kultur, die der Mensch mit einer durch unbestreitbare kulturelle Originalität gekennzeichnete Gruppe von Menschen teilt. Die elsässische Logik ging davon aus, daß die französische Regierung die „elsässischen Realitäten" achtete, die Elsässer dafür die „nationalen Realitäten" offen und loyal anerkannten. Das ständige Abbröckeln der dem elsässischen Volk innewohnenden Wesenszüge, insbesondere der Sprache, beweist, daß der gute Wille einer sprachlichen und kulturellen Minderheit einem Staat gegenüber, der letzten Endes nur das Gebot der Macht kennt und sich somit als Machtstaat entpuppt, nicht ausreicht. Durch die elsässische Bereitschaft zur bedingten Integration wurde die Logik der Beherrschung des Machtstaats jedenfalls nicht außer Kraft gesetzt.

Auch wenn diese eher theoretischen Überlegungen über Herrschaft und Beherrschung in unserer modernen Gesellschaft hier manchmal weitreichend erscheinen, war es doch erforderlich, die Mechanismen der Beherrschung aufzuzeigen, um den Kern der Probleme, die ein Überleben der Alsaciens als Elsässer aufwirft, richtig zu erfassen. Für die Elsässer des ausgehenden 20. Jahrhunderts geht es nämlich um folgendes: entweder sie akzeptieren sämtliche Konsequenzen der Beherrschung oder sie lehnen die Beherrschung als solche ab. Daraus ergeben sich zwei Probleme: ein politisches, weil die Existenz der Elsässer davon abhängt, wie der Staat die im Lauf der Jahrhunderte integrierten Völker behandelt; aber vor allem ein kulturelles, weil die kulturelle Bemächtigung die unmittelbarste Bedrohung für die Wahrung der Identität der Elsässer darstellt. Kultur ist in erster Linie die Art des Menschen, in seiner Gemeinschaft zu sein; daher kann kein Volk ohne die Mittel zur Erhaltung seiner eigenen Kultur weiterleben.

Einerseits wird man sich als Minderheit in einer Nation, einer Gemeinschaft von Menschen, die eine Politik der Gleichmacherei betreibt, politischen und kulturellen Zwängen nie gänzlich entziehen können, andererseits ist darauf zu achten, daß die unvermeidlichen Beziehungen zwischen Beherrscher und Beherrschten nicht zu einer bloßen Unterwerfung des Schwächeren durch den Stärkeren führen. Ebenso wie andere regionale Minderheiten können die Elsässer dieser jahrhundertelangen geistig-kulturellen Beherrschung nur ein Ende setzen, wenn sie an einer Kultur festhalten, die ihren grundlegend elsässischen Charakter bewahrt, und dabei den heutigen Gegebenheiten Rechnung trägt. Soll sich der Elsässer in einer *elsässischen* Kultur entfalten, muß ihm seine Kultur die Möglichkeiten geben, der Alsacien zu sein, der er heute ist, und gleichzeitig der Elsässer bleiben, der er immer war. Ist diese Vorstellung einer elsässischen Kultur, die erblühen und lebendig bleiben soll, nicht vermessen, ja geradezu utopisch?

Hier geht es ganz und gar nicht darum, größer zu erscheinen als man ist, sondern darum, daß das elsässische Volk Herr seines eigenen Schicksals wird, in allen für das Leben und Überleben dieses Volkes wesentlichen Belangen. Konkret bedeutet dies, einer Kultur Sinngehalt, Sinn und Inhalt, zu verleihen, die die Bezeichnung „elsässisch“ nur verdient, wenn sie die elsässische Eigenheit respektiert und unter Beweis stellt. Eine elsässische Kultur muß den Elsässer von jeglicher Beherrschung frei machen. Die bedingte Integration ist nur sinnvoll, wenn Leben und Wesen der Elsässer unangetastet Bestand haben. Der Herrscherlogik des Machtstaats muß der Elsässer sein Sein-Wollen, Grundlage seines Frei-Sein-Wollens, entgegensetzen.

Elsässische Kultur

Kultur im Elsaß

Soweit man denken kann, war das Elsaß ein Land reich an Kultur. In seiner Lage am Schnittpunkt der deutschen und französischen Kulturwelt, mal zur einen mal zur anderen gehörig, konnte das Elsaß an nahezu allen großen kulturellen Strömungen teilnehmen, die Europa und somit die Welt erfaßten und prägten, solange dieses Europa an der Spitze des kulturellen Schaffens stand. Gemessen an der verhältnismäßig geringen Größe und Bevölkerungszahl des Elsaß hat die kulturelle Vergangenheit dieses Landstrichs Beachtliches aufzuweisen. Die Anthologie des leider zu früh verstorbenen Georges Holderith „Poètes et prosateurs d'Alsace" sowie das Werk von Jean Dentinger „2000 Jahre Kultur am Oberrhein" sind dafür ein eindrucksvoll-lebendiges literarisches Zeugnis.

Jeder mag die Kultur, in der der Elsässer heut lebt, und wie er diese er-lebt, auf seine Weise beurteilen, auffallend ist jedoch, wieviele unterschiedlichste kulturelle Aktivitäten in diesem Land anzutreffen sind. Sie zeugen vom großen Interesse weiter Kreise der Bevölkerung an so verschiedenartigen Veranstaltungen, wie sie Theater, Kabarett, Tanz, Chanson, Musik, Dichtkunst, Malerei und Kunst in all ihren Ausdrucksformen bieten. Viele dieser Aktivitäten werden von den örtlichen Behörden im Rahmen ihrer Möglichkeiten finanziell und technisch unterstützt; die effektive, uneigennützige Hilfe der Agence Culturelle Technique d'Alsace soll hier besonders hervorgehoben werden. Selten nur schien die elsässische Kulturszene derart lebendig.

So gesehen könnte man meinen, im Elsaß sei in kulturellen Dingen alles auf das Beste bestellt. Wer das Gegenteil behauptet, scheint systematisch etwas in Abrede stellen zu wollen. Wer etwa die elsässische Eigenheit der Kultur, wie sie heute in weiten Teilen des Landes angetroffen wird, anzweifelt, dem werden subversive Absichten unterstellt. Wer gegen die offiziellen Verlautbarungen Stellung bezieht, sieht sich beschuldigt, einen „vorbildlichen" Hafen kultureller Freiheit und kulturellen Friedens bewußt zu stören. Also „e Spielverderwer, e Brunnevergifter", wie man im Elsaß sagt.

Der Begriff der *elsässischen* Kultur ist — wenn er nicht rundweg bestritten wird — einer der am wenigsten deutlichen, manchmal sogar für diejenigen, die diese am heftigsten verteidigen. Um die Situation zu erhellen, muß ihr Sinn veranschaulicht, ihre Tragweite richtig ermessen werden. Die Eigenart einer elsässischen Kultur zu hinterfragen, bedeutet, ihre Berechtigung nachzuprüfen, Überlegungen über ihren tatsächlichen Sinn und Inhalt anzustellen und zu untersuchen, wie eine solche Kultur in dieser Region aufblühen, die kulturelle Beeinflussung des allmächtigen Staats aufgehoben und den Elsässern eine kulturelle Zukunft unter Wahrung ihrer ursprünglichen Persönlichkeit gewährleistet werden kann.

Scheinbare Alternativen

Wer jahrhundertelang gegen Beherrschung und zwangsläufige Unterwerfung ankämpfen muß, kann sich nur schwerlich eine Freiheit des Geistes erhalten. Der kulturelle Absolutismus des französischen Staats in Monarchie und Republik einerseits und der Pangermanismus des deutschen Staats andererseits untersagten jede objektive Analyse der kulturellen Situation der Elsässer. Nur wenige haben die starke gegenseitige Abhängigkeit zwischen der Möglichkeit, als Elsässer/Alsacien zu existieren, und der Notwendigkeit, einer spezifisch elsässischen Kultur Gestalt zu verleihen, erfaßt.

Die Elsässer haben sich in eine Reihe von Zwangslagen verstricken lassen, aus denen sie sich jetzt erst zaghaft lösen. In diesem Zusammenhang treten die verheerenden Auswirkungen des Jahrhunderte dauernden Kampfes um den Besitz des Elsaß noch deutlicher hervor. Das nationale Dilemma mit seinem nationalistischen Beigeschmack, auf das alle übrige Verunsicherung zurückzuführen war, kommt in dem Chorlied, das früher bei „feierlichen" Anlässen in der Pädagogischen Hochschule von Oberehnheim (Obernai) aus vollem Halse gesungen wurde, gut zum Ausdruck: „Sage mir, welches ist dein Land? Frankreich oder Deutschland?" (Dis-moi, quel est ton pays? Est-ce la France ou l'Allemagne?) Früher war es Deutschland, heute ist es Frankreich. Aber früher wie heute war und ist es das Elsaß. Das steht außer Frage! Wer aber sah und sieht sämtliche Implikationen dieser besonders in kultureller Sicht so verfänglichen Frage?

Als einzige Alternative bot sich den Elsässern entweder die „französische" oder die „deutsche" Kultur. Doch die Möglichkeit der Wahl gab es in der Wirklichkeit nicht. Der Machtstaat zwang jeweils seine Kultur auf, mit dem Ergebnis einer abwechselnd französischen und deutschen kulturellen Bemächtigung, der die Elsässer — wie beschrieben — nie ganz entrinnen konnten. Als Folge davon entwickelten sie, oft unbewußt, eine Untergebenenmentalität. Lange Zeit verharrten sie in der Defensive: dem Anspruch auf das Kulturmonopol sowohl der französischen wie der deutschen Nationalisten widersetzten sie sich so entschieden, daß sich heute viele von ihnen eine *elsässiche* Kultur absolut nicht mehr vorstellen können. Dies hat mit einem Generationsproblem gar nichts zu tun.

Die französischen Nationalisten nutzten dieses scheinbare Dilemma der Elsässer, um ihre Sicht der Dinge durchzusetzen. In ihren Augen sollte in einem französischen Elsaß nur die französische Kultur zuhause sein. Jede andere Lösung des elsässischen Kulturproblems war für sie ein schändlicher Versuch, „an Frankreich zweifeln zu wollen", was nahezu an Landesverrat grenzte. Nach ihrer Auffassung war die französische Kultur, „die die ganze Welt bewundert", für elsässische Verhältnisse mehr als ausreichend. Jedenfall könne man nicht, wie sie meinten, zwei Kulturen haben, was — abgesehen von wenigen Ausnahmen — auch richtig ist.

Kultur läßt sich nicht in irgendwelchen Grenzen festhalten, es sei denn, sie wird zu einem Instrument der Beherrschung im Dienst des Machtstaats. Kultur formt die Persönlichkeit des Menschen; sie macht den Menschen und sein Volk zu dem, was er und sein Volk ist. Soll der Elsässer also elsässisch bleiben, muß auch seine Kultur elsässisch sein. Dies ist weder als bloße Binsenwahrheit noch als Aufforderung zu verstehen, sich der Welt um uns zu verschließen. Doch der entscheidende Punkt ist: Was versteht man unter *elsässischer* Kultur? Mit Sicherheit läßt sich nur sagen: im Elsaß Kultur vorzufinden bedeutet nicht automatisch, daß diese elsässische Grundzüge hat.

Die Kultur im Elsaß ist erst dann *elsässisch,* wenn es ihr gelingt, die für dieses Land typischen Kulturelemente zu integrieren, um so den Elsässern eine Existenz und ein Sein in der Welt, die heute die ihre ist, zu ermöglichen. Daraus ergibt sich die zweifache Frage: Was heißt Elsässer sein? Woraus muß unsere Kultur ihre Kraft schöpfen, damit sie elsässisch ist? Damit ist die Frage nach den Quellen der elsässichen Kultur aufgeworfen.

Elsässer sein*

Es ist noch nicht lange her, daß nur wenige Elsässer laut und im entscheidenden Augenblick zu sagen wagten, daß sie Elsässer sind. Heute will jeder Elsässer sein, was nur zu begrüßen ist. Doch steckt darin auch eine gewisse Unklarheit, denn beim Gebrauch und Mißbrauch des Ausdrucks „elsässisch“ werden die eigentlichen, vor allem kulturellen Probleme sehr oft umgangen. Man kann sich in der Tat nicht sachgemäß über elsässische Kultur äußern, wenn man davor nicht klarstellt, was man unter „Elsässer sein“ versteht. „Elsässer sein“ hatte im Verlauf der mehr als tausendjährigen Geschichte der Menschen zwischen Rhein und Vogesen nicht immer denselben Sinn. Die Geschichte verändert die Welt ebenso wie die Menschen, die die Geschichte machen, und mehr noch diejenigen, die sie — wie die Elsässer — hinnehmen müssen.

Auch gab es eine Zeit, da Elsässer sein ganz einfach hieß: Elsässer si(n). Zwischen dem 4.—5. und dem 13.—14. Jahrhundert kam dem „Elsässer sein“ kaum mehr als eine im wesentlichen geographische Bedeutung zu: man meinte damit den Menschen, der zwischen Rhein und Vogesen lebte. Seine Wesenszüge und sein Geschick teilte er mit einer alemannisch sowie fränkisch sprechenden Gemeinschaft von Menschen. Diese Kulturgemeinschaft reichte weit über die gegenwärtigen Grenzen des Elsaß hinaus. Geographisch erstreckte sie sich beiderseits des mittleren und oberen Rheintals bis zum Allgäu und den österreichischen sowie den Schweizer Alpen. Spricht man gelegentlich vom alemannischen Elsaß, ist dies damit zu erklären, daß die Franken zwar ihre Herrschaft über das Elsaß ausbreiteten, aber lediglich den äußersten Norden dieses Gebiets massiv

* L'Alsace, Les Editions d'Organisation, Paris, 1981, S. 431—453.

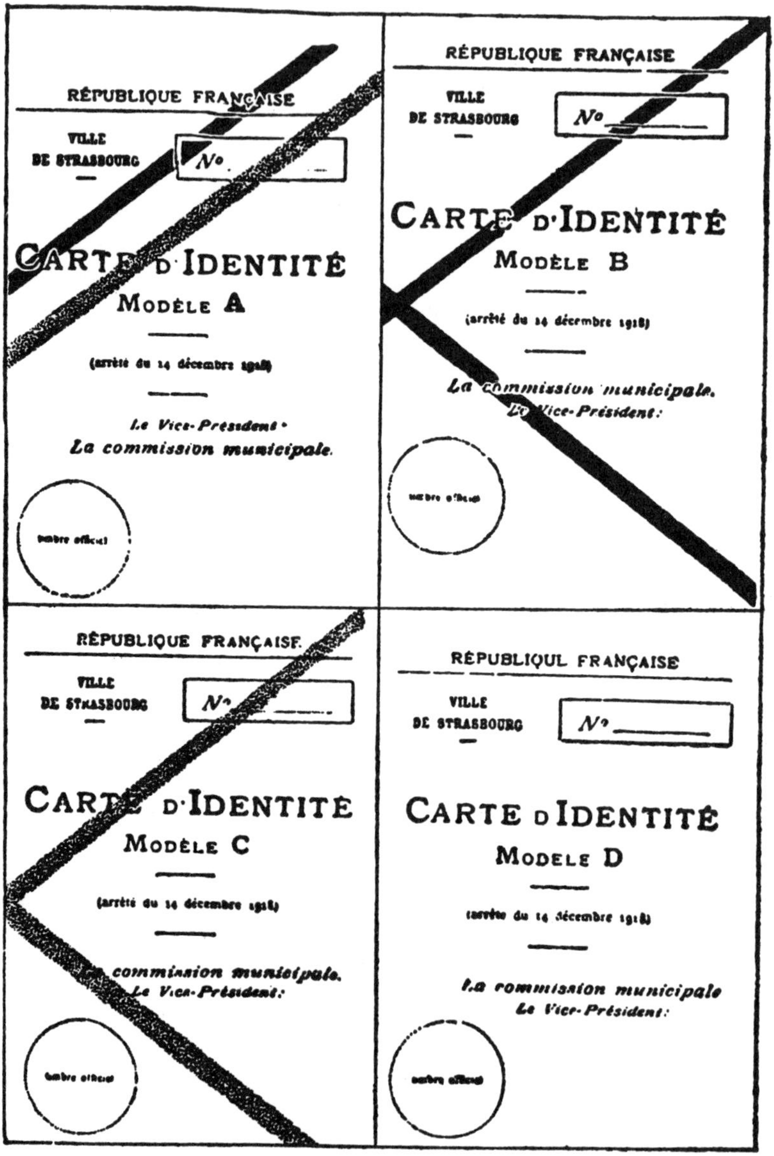

Vier elsässische „Identitäten“ . . .

(Das Elsass von 1870—1932, I/528)

besetzt hielten. Die Alemannen wiederum verstanden es nicht, eine politische Einheit oder gar einen Staat zu bilden. Daher haben ihre Nachfahren heute fünf verschiedene Nationalitäten: sie sind Franzosen, Deutsche, Schweizer, Österreicher oder Bürger des Fürstentums Liechtenstein.

Es folgte eine mehrere Jahrhunderte dauernde Epoche, in der Elsässer sein sowohl *ditsch* (alemannisch) oder *däitsch* (fränkisch) si(n) als *auch deutsch* sein bedeutete, wohlgemerkt: die elsässische Art des Deutsch-Seins. Jeder weiß, daß Kaiser Otto I. im 10. Jahrhundert das Heilige Römische Reich *Deutscher Nation* gründete, das in Frankreich Saint-Empire romain germanique genannt wurde, wobei der Begriff „germanique" oft falsch aufgefaßt wird. Die Völker, die darin zusammengefaßt wurden, waren weder alle „germanisch" noch gehörten sie alle zu einer deutschen Nation oder sprachen alle deutsch. Für die Elsässer der damaligen Zeit war die Zugehörigkeit zu diesem Reich deutscher Nation jedenfalls nichts Außergewöhnliches.

Aufgrund ihrer Sprache und ihrer Kultur, das heißt ihrer Lebens-, Denk- und Ausdrucksweise waren sie auf ganz natürliche Weise in die große Gemeinschaft der Deutschsprachigen eingegliedert. Heute mag man sich nur schwer vorstellen können, daß Elsässer sein und Deutscher sein jahrhundertelang nichts Widersprüchliches enthielt. Elsässer und Deutsche hatten dieselben Wesenszüge, insbesondere dieselbe Sprache, wodurch sie von Engländern, Italienern, Polen . . . und Franzosen zu unterscheiden waren.

Bis ins 17. Jahrhundert entwickelt sich das Wesen der Elsässer in normalen Bahnen und entspricht damit dem der übrigen deutschsprachigen Menschen. Je mehr diese in allen Bereichen menschlicher Tätigkeit (Politik, Handel, Kunst, Ideenwelt usw.) miteinander kommunizieren, um so ausgeprägter werden die kulturellen Bande zwischen ihnen. Dementsprechend entfaltet sich die elsässische Persönlichkeit wie die anderer deutscher Kulturgemeinschaften, ohne allerdings ihre Originalität zu verlieren. Die Integration in den umfassenderen deutschen Kulturkreis bringt eine stets direktere, aktivere Teilnahme an seinen großen philosophischen Strömungen mit sich.

Zwar sind Humanisten wie Sebastian Brant oder Jakob Wimpfeling — um nur diese beiden zu nennen — selbstverständlich Elsässer, aber mit ihrem Humanismus bewegen sie sich innerhalb des durch den Rhein vorgegebenen Rahmens, der von Basel bis Rotterdam reicht, und in ihrem Handeln sind sie Menschen, die sich ihrer Zugehörigkeit zu einer Welt, die keinesfalls auf das Elsaß beschränkt ist, bewußt sind. Die Art und Weise wie die Reformation im Elsaß Fuß faßt und ihr Anklang bei einem großen Teil der geistigen Elite des Landes zeigen, in welchem Maße das philosophisch-religiöse Empfinden der Elsässer bereits im 16. Jahrhundert mit dem der Menschen deutscher Sprache und Kultur übereinstimmte. Diese fortschreitende Integration in die deutsche Geisteswelt kommt durch den Ausgang des 30jährigen Kriegs zu einem Stillstand.

Seit dem Westfälischen Frieden und der Kapitulation Straßburgs im Jahre 1681 ist der Elsässer auch Alsacien, also auch Franzose. Der aus dem deutschen

Kulturkreis hervorgegangene Elsässer schloß sich allmählich dem französischen Kulturkreis an: das war Chance und Risiko zugleich. Einerseits die Chance zur Erweiterung des kulturellen Horizonts, andererseits das Risiko der Verschmelzung mit einer dominierenden — der französischen — Kultur bis zum Verlust der eigenen Wesenszüge.

Der heutige Alsacien war also ursprünglich ausschließlich Elsässer, bevor er auch Deutscher und schließlich Franzose wurde. Der Verlauf der Identitätsentwicklung dieser Menschen ist zu Zeiten recht bewegt gewesen. Der Sinngehalt des „Elsässer sein" hat sich im Lauf der Geschichte gewandelt, dennoch hat „Elsässer sein" seine Bedeutung beibehalten, weil es in der kulturellen Entwicklung dieses Landes bis vor nicht allzu langer Zeit eine Konstante gegeben hat: das Fortbestehen einer der großen Mehrheit der Elsässer eigenen Sprache der mündlichen Verständigung, dem sogenannten *Elsässerditsch.* Diese Tatsache ist ausreichender Beweis für die durch nichts zu ersetzende Rolle unserer Sprache für das kulturelle Wesen und Werden der Elsässer.

Die Sprache ist ein Gemeingut der Menschen. Das gilt für die Sprache im eigentlichen Sinn, es gilt vor allem für die Sprechweise, die Sprache der mündlichen Verständigung. Die ersten Gefühlsempfindungen drückt das Kind in der gesprochenen Form seiner Muttersprache aus. Trotz des Gewichts, das dem Schriftlichen in unserer modernen Zeit zukommt, findet das vertraute Gespräch meistens und unmittelbarer in der gesprochenen Sprache statt. Somit verwundert es nicht, daß die Elsässer nicht die deutsche Umgangssprache, sondern den Dialekt als ihre eigentliche Sprache empfinden.

Hinzu kommt, daß die Elsässer seit dem 17. Jahrhundert nicht mehr unmittelbar an der sprachlichen Entwicklung des deutschen Sprachraums teilnahmen.* Der Fortbestand des Dialekts während ihrer gesamten Geschichte führte dazu, daß dieser die einzige Sprache wurde, mit der sich die Elsässer vollkommen identifizieren. Im Wesen anders als das Französische und nach und nach von seinem naturgegebenen sprachlich-kulturellen Hintergrund abgetrennt, galt der Dialekt den Elsässern schließlich nicht nur als „ihre" Sprache, sondern als Sprache mit eigener Sprachrealität — auch außerhalb der heutigen deutschen Umgangssprache. Dieser elsässische Dialekt ist jedoch nur eine gesprochene Form: eine Mund-Art, was sich in allen Reaktionen der Elsässer angesichts ihrer sprachlichen und kulturellen Problematik zeigt.

Im Jahre 1978 spricht sich André Weckmann in der Zeitung „L'Alsace" öffentlich für die Wahl des Deutschen als erste Fremdsprache im Gymnasium aus. Im Handumdrehen erwächst daraus eine Auseinandersetzung darum, ob der Dialekt weiterhin berechtigt, tatsächlich bedroht und also zu schützen ist. Als gar ein Leser mit beißender Ironie zu erklären wagt, daß „es in der heutigen Welt keinen Platz mehr für das Elsässische gibt", und man „gegen diejenigen, die im öffentlichen Leben weiterhin Dialekt sprechen, vorgehen" müsse, sehen

* Schicksal Elsaß, S. 44.

die Leute aus dem Oberelsaß rot, obwohl man hier weniger an der Sprache festzuhalten scheint als im Unterelsaß.

Mehrere Wochen lang muß die Zeitung Protestbriefe von Lesern veröffentlichen, welche den Dialekt mit einer Vehemenz verteidigen, die man bei den Verfechtern des Dialekts zum Beispiel im Badischen oder in Vorarlberg nicht antrifft. Alle schienen vergessen zu haben, daß es doch nur darum ging, ob es sinnvoller sei, in der Sexta mit Deutsch anstatt mit Englisch zu beginnen. Keiner hatte jedoch das eigentliche Problem der Elsässer vergessen: die Erhaltung ihrer bedrohten Sprache, des Dialekts. Bewußt oder unbewußt brachten sie damit zum Ausdruck, daß die Lösung aller übrigen Probleme von diesem einen abhing. (19)

Die jüngste kulturelle Entwicklung im Elsaß ist nicht mehr zu ändern. Die gegenwärtige kulturelle Situation der Elsässer hat nichts mehr mit derjenigen vor zwei oder drei Jahrzehnten gemein. Jetzt stehen sie vor dem Problem eines Volkes, das im Begriff ist, von der beherrschenden Kultur gänzlich verschluckt zu werden. Da sie gegen die kulturelle Einflußnahme des Machtstaats so gut wie nicht gewappnet sind, nehmen sie im allgemeinen zwei entgegengesetzte Haltungen ein. Die einen lassen den Assimilierungskräften freien Lauf und haben jetzt schon „weniger Identität als eine Identitätskarte“, um einen Ausdruck von Tomi Ungerer zu gebrauchen.* Die anderen versuchen, die gegenwärtige Entwicklung auf diese oder jene Weise in den Griff zu bekommen, um ihr eine spezifisch elsässische Ausrichtung zu geben.

Viele Elsässer sehen keinen Grund, jetzt diese Entwicklung aufzuhalten, da „Elsässer sein“ sich im Lauf der Jahrhunderte ständig im oben geschilderten Sinn verändert hat. Warum sollte es künftig nicht mehr genügen, in dem als Elsaß bezeichneten Land zu leben, um Elsässer zu sein — so wie die Provenzalen in einem Teil des französischen Staatsgebiets leben, das Provence genannt wird, und die Savoyer in Savoyen? Da sich für diese elsässischen Landsleute der Einsatz nicht mehr lohnt, halten sie es für realistischer und vor allem bequemer, sich einfach vom „Lauf der Geschichte“ mitführen zu lassen, das heißt von der treibenden Kraft, die die auf Angleichung bedachten Nationalisten bereits vor drei Jahrhunderten in Gang gesetzt haben und die seit Ende des letzten Weltkriegs einen anscheinend unwiderstehlichen Druck auf diesen Lauf der Dinge ausübt.

Eine zunehmende Zahl von Elsässern ist nun aber der Meinung, daß man Tatsachen, die sich nicht leugnen lassen, kühl ins Auge sehen muß. Sie wissen, was auf dem Spiel steht und sind entschlossen, die entsprechenden Konsequenzen zu ziehen. Im Hinblick auf die kulturelle Existenz der Elsässer — um die es letztendlich geht — weisen sie sowohl auf die negativen wie auf die positiven Seiten der elsässischen Realitäten hin. Seit drei Jahrhunderten in den französischen Kulturkreis integriert zu sein, kann natürlich zur vollständigen Auslöschung der

* Dernières Nouvelles d’Alsace, 18. 2. 81.

Wesenszüge führen, die den Alsacien gleichzeitig zum Elsässer machen. Aber eine sinnvoll genutzte, direkte Verbindung zur französischen wie zur deutschen Kultur, kann der Kultur, mit der der Elsässer lebt, zu ihrer typisch elsässischen Eigenheit verhelfen. Um hierfür die Voraussetzungen zu schaffen, muß die elsässische Kultur Zugang zu den französischen, den deutschen und den rein elsässischen Quellen haben.

Dreierlei Quellen

Die Elsässer haben sich ebensowenig wie andere Völker ihre Geschichte ausgesucht. Ihr Dasein als Elsässer hängt davon ab, ob sie auf die drei Quellen ihrer Kultur, die aufgrund dieser Geschichte im Kulturleben der Elsässer zusammenwirken, zurückgreifen können. Es geht hier nicht darum, ob der Elsässer seine Kultur aus einer, zwei oder drei Quellen herleitet; er hat gar keine andere Wahl, sofern er sich zu seiner Vergangenheit als Ganzes bekennen und in der Gegenwart im Vollbesitz seiner kulturellen Fähigkeiten bleiben will. Für ihn ist dies eine Frage von Sein oder Nicht-Sein.

Seit drei Jahrhunderten fließt die französische Quelle so reichlich, daß der Einfluß der französischen Kultur im Elsaß außer Frage steht. Diese französische Komponente, die der elsässischen Persönlichkeit eine neue Dimension eröffnete, stellt eine beachtliche Bereicherung der Kultur im Elsaß dar. Wer wollte heute darauf verzichten? Doch würde man die Grundpfeiler der elsässischen Persönlichkeit aushöhlen, wollte man die Kultur im Elsaß einzig und allein auf ihre französische und französischsprachige Quelle beschränken.

Vor Eintritt der Elsässer in den Schoß Frankreichs kannte das elsässische Volk nur die *deutsche Quelle.* Ohne dieses deutsche kulturelle Erbe wäre der Elsässer in seinem Wesen heute nicht das, was er ist. Um er selbst zu bleiben, muß der Elsässer dieses Erbe erhalten und die kulturelle Entwicklung im deutschsprachigen Raum aufmerksam verfolgen. Denn aus dieser Welt ist er hervorgegangen, sie liegt direkt vor seiner Tür. Es wäre widersinnig, sich die Hälfte seines kulturellen Gesichtsfelds zu versperren.

Die Rolle, die der französischen und der deutschen Quelle zukommt, ist manchmal stark umstritten. Doch wird deren Existenz sowie der für die Elsässer notwendige Rückgriff darauf selten geleugnet. Gleiches gilt nicht für die dritte Quelle der Kultur im Elsaß: die *rein elsässische.* Für diejenigen, die Kultur nur aus „nationaler“ Sicht betrachten, gibt es sie einfach nicht; sie wird entweder ignoriert oder als elsässische Variante der ausgiebig fließenden deutschen Quelle hingestellt. Für die einen wie für die anderen existiert Kultur außerhalb eines nationalen Rahmens nicht.

Unter dem Aspekt, der da sagt, daß die moderne Nation ein Denken, Handeln, Fühlen, Sprechen und ein Leben entwickelt hat, das seinen Ausdruck in dem für jede Nation charakteristischen kulturellen Schaffen findet, kann man zwar von „nationaler“ Kultur sprechen. Heute wollen aber alle großen Staaten eine Nation sein, wodurch der Begriff der „nationalen“ Kultur nicht im geringsten an Klarheit gewonnen hat. Indem die Kultur sozusagen „nationalisiert“ werden sollte, wollte man ihre Dimension erheblich einschränken, was natürlich nicht gelang — abgesehen von den Widersprüchlichkeiten, in die sich die Staaten verstrickten, die man jedoch sehen und entsprechend beurteilen muß.

Die Elsässer haben eine eigene Kultur, weil sie eine eigene Geschichte haben. Das historische Schicksal der Elsässer ist das eines Volkes, das jahrhundertelang naturgegebenermaßen sowohl seiner regionalen Gemeinschaft wie der „deutschen Nation“ angehörte als auch das Geschick der „französischen Nation“ teilte — allerdings mit zwei denkwürdigen Unterbrechungen.

Dieses Schicksal führte zur Herausbildung bestimmter Wesenszüge des Elsässers, die für seine Art zu leben, zu fühlen, zu denken, zu sprechen typisch sind und ihn vom sogenannten „nationalen“ Franzosen oder „nationalen“ Deutschen ebenso unterscheiden wie vom Luxemburger, Schweizer oder Österreicher. Diese Wesenszüge gaben ihm seine Originalität. Es gibt demnach eine spezifisch elsässische Wesens- und Lebensart, eine dem Elsässer eigene Art zu sein, das heißt eine elsässische Kultur, deren dritte Komponente, weder aus der französischen noch aus der deutschen Kultur stammt. Sie hat ihre eigene Geschichte und trägt ihren eigenen Stempel.

Nichtsdestoweniger weist diese typisch elsässische Quelle bestimmte Eigentümlichkeiten aus der deutschen kulturellen Vergangenheit des Landes auf. Hierzu gehört ganz offensichtlich die Sprache sowie eine gewisse Betrachtungsweise des Lebens und der Dinge: gemeint sind die Wesenszüge und der Lebensstil der Elsässer. Auch ist einzuräumen, daß die elsässische Quelle allein nicht genügend Kraft besitzt, eine elsässische Kultur lebendig zu erhalten. Jeglicher Versuch in dieser Richtung würde nicht nur zu einem kulturellen Getto, sondern auch zum allmählichen Verfall der Kultur dieses Landes führen.

In der Literatur und den Künsten hat der Elsässer ebenfalls eine eigene kulturelle Sensibilität entwickelt, seine Art, die Dinge zu sehen und auszusprechen. Obwohl der Dialekt fast überall, besonders im deutschen Sprachraum, wieder zu Ehren gelangt ist, darf das erstaunliche Aufblühen der Mundartdichtung und des Dialektlieds im Elsaß nicht etwa als Nachahmung dessen gesehen werden, was sich in Deutschland, der Schweiz oder Österreich tut. Eines nur haben die elsässischen Mundartdichter mit ihren deutschen, schweizerischen und österreichischen Kollegen gemein: sie benutzen den Dialekt, greifen auf ihre Mundart zurück. Alle prangern sie den Materialismus und die Scheinheiligkeit einer Welt an, in der das Geld regiert; aber damit hören die Gemeinsamkeiten schon auf.

Die Themen eines Nathan Katz, eines Conrad Winter, Adrien Finck, Henri Mertz oder einer Sylvie Raff und eines André Weckmann sind einem ohne die typisch elsässische Sensibilität nicht zugänglich. Wenn der „schrej“* von André

* Schang d sunn schint schun lang, S. 95.

Weckmann einen ganzen Saal von Zuhörern* erfaßt, Männer und Frauen, Jung und Alt, mit fünf verschiedenen Nationalitäten, so nicht nur, weil sich der Autor in einem Dialekt ausdrückt, den sie alle verstehen, sondern weil er mit diesem Dialekt Zeugnis für das menschliche Drama eines Volkes ablegt, das verzweifelt versucht, sein Wesen zu retten.

Mit der eigenen Geschichte und der eigenen Kultur besitzen die Elsässer also sämtliche Merkmale, die ein Volk — im wahrsten Sinn des Wortes — ausmachen. Ein Volk existiert so lange, wie es die Kultur am Leben erhalten kann, die ihrerseits das Volk nährt. Jacques Rigauds Äußerungen über die Gesellschaften im allgemeinen gelten für die Völker gleichermaßen. Nur durch ihre Kultur tragen sie sich „in die Geschichte und die Herzen der Lebenden" ein.** Da die elsässische Kultur auf ihre drei Wurzeln angewiesen ist, kann das elsässische Volk seine Originalität nur erhalten, wenn es ständig und uneingeschränkt auf diese drei Quellen zurückgreifen kann. Damit sind wir am Kernpunkt des elsässischen Problems angelangt.

Alles zu tun, damit der Elsässer aus diesen drei Quellen schöpfen kann, ist die Garantie für eine harmonische Entfaltung der elsässischen Persönlichkeit. Und genau darum geht es. In einer Diskussion über Kultur konnte man in Straßburg hören, Picasso sei ebenso sehr Katalane, wie das Sauerkraut elsässisch ist. Aber hätte Picasso deswegen gesagt: „Es ist mir vollkommen egal, ob ich Katalane bin oder nicht." Bestimmt nicht, denn er hatte eine tiefe Achtung vor dem Menschen; Verachtung seiner selbst sowie des anderen war ihm fremd. Er war zu klug, um nicht zu wissen, daß „Katalane sein oder nicht sein" zwar ein kulturelles Problem darstellen kann, aber kein Problem ist, das mit seinem Künstlertum zu tun hat. Häufig wird der Begriff der Kultur, vor allem im Elsaß, auf die Sprache oder die Kunst beschränkt; diese Einstellung ist fast in allen Äußerungen über kulturelle Aktionen und Kreationen anzutreffen. (20)

Keine kulturelle Entfaltung ohne kulturelle Veranstaltungen. Doch haben diese nur einen Sinn, wenn sie sämtliche Quellen der Kultur einbeziehen, sämtliche Aspekte der Kultur aufzeigen und sich selbst ständig neu in Frage stellen. Sie können ihr Ziel nur erreichen, wenn sie von dem Willen getragen werden, keine Komponente der Kultur zu vernachlässigen. Nach Jahrhunderten der kulturellen Beeinflussung durch den Machtstaat muß man sich in diesem Land dringender als anderswo mit der Kultur auseinandersetzen. Leider zeigen die Erfahrungen im Elsaß, daß die Diskussionen nie über Betrachtungen mit sogenanntem „wissenschaftlichem" Anstrich hinausgehen, in Wirklichkeit aber den eingefleischten Nationalismus unserer „Kulturokraten" nicht verbergen können. Jede Debatte verläuft im Sande, sobald das Wesentliche zur Sprache kommt: das Recht des Elsässers auf „seine" Kultur, das heißt ganz einfach auf eine Kultur, die ihm erlaubt *zu sein.*

---

* In Allschwil (nahe Basel) im August 1980.

** Jacques Rigaud, La culture pour vivre, S. 13.

Bei jeder kulturellen Aktion muß man aber wissen, was man wie und warum veranstaltet, um bei allen Beteiligten eine kulturelle Sensibilität zu wecken. Die Gefahr eines wirklichkeitsfremden Intellektualismus ist groß; selbst wenn eine elsässische Kultur für alle Elsässer Realität geworden sein sollte, wird diese trotzdem angefochten werden. Dies dürfen die Betreffenden nicht vergessen, wollen sie nicht einem Aktivismus im Dienst des Machtstaats oder einer kulturellen Profitmache, die es doch zu bekämpfen gilt, anheimfallen.

Also eine „dreifache" Kultur oder die Gefahr der kulturellen Vermischung? Weder das eine noch das andere. Zunächst ist festzuhalten, daß es eine „reine" Kultur nicht gibt. Die Vorstellung, daß Kultur in Frankreich ausschließlich „französisch" und in Deutschland ausschließlich „deutsch" ist, beruht auf einer nationalistischen Anschauung und ist überholt. Unsere heutigen Nationen sind, gerade in kultureller Hinsicht, alles andere als homogen. Genaugenommen gibt es sogenannte „nationale" Kulturen nur, wenn man sich über den eigentlichen Charakter sowie die natürliche Vielfalt des Kulturlebens eines Landes — eines Staats — hinwegsetzt und sich an ein von den Machthabenden und den Nationalisten gern verbreitetes zwar schmeichelhaftes aber oberflächliches Bild davon hält, wie man heute in einer Nation lebt. Die Wirklichkeit jedoch ist vielschichtiger. (21)

Über die ständig sich ändernden politischen Grenzen und sprachlichen Verschiedenheiten hinweg entstand zwischen den Kulturen Europas fraglos eine kulturelle Affinität, aus der sich das bunt zusammengewürfelte Wesen unserer Kulturen erklärt. Wir erleben eine unvermeidliche gegenseitige Durchdringung „fremdländischer" Kulturelemente. Dies ist nicht von vornherein von Übel; im Gegenteil, es kann in dem Maße ein Segen sein, als dadurch die Kultur der einen wie der anderen bereichert wird. Es gibt sowohl den kuturellen Austausch unter Wahrung der Originalität der Betroffenen als auch die Beherrschung durch eine von der Staatsmacht getragene Kultur mit dem Ziel der Vernichtung jener Kulturen, die die Staatsgewalt auslöscht oder beseitigt wissen will.

Wenn nun die einzelnen Komponenten der Kultur im Elsaß aus drei Quellen hervorgehen, bedeutet dies in keiner Weise, daß diese Kultur somit eine „dreifache" ist. Es handelt sich nicht um eine Anhäufung, sondern um eine Einbeziehung von Kulturelementen aus drei verschiedenen Quellen zu Bildung eines neuen Ganzen. Dem Versuch, zu Anfang unseres Jahrhunderts im Elsaß eine deutsche und gegen Ende dieses Jahrhunderts eine französische „nationale Mono-Kultur" entstehen zu lassen, muß der Elsässer mit einer Kulturauffassung entgegentreten, die jeglicher Form der kulturellen Entfremdung ein Ende setzt, indem er in einer Kultur Wurzeln faßt, die ihm für immer ein echtes Elsässertum ermöglicht.

Eine elsässische Kultur wäre also die Verknüpfung der französischen, deutschen und elsässischen Elemente, die — zusammengenommen — der im elsässischen Milieu erfahrbaren Kultur ihre spezifische Prägung geben. Um dies zu erreichen, muß die im Elsaß vertretene Kultur ihre Zielsetzung ändern — wobei nicht nur das Erziehungswesen, sondern auch die Medien angesprochen sind. Anstatt sich Gott und der Welt zuzuwenden, muß sie sich zuerst mit dem Elsaß und den Elsässern beschäftigen, mit dem gesamten Land und *allen* seinen Bewohnern. Die Menschen zwischen Rhein und Vogesen müssen imstande sein, ihre Vergangenheit, Gegenwart und Zukunft „mit den Augen und dem Geist eines Elsässers“ zu sehen. Sofern der Elsässer seine kulturellen Möglichkeiten voll ausschöpft, kann er von der Spitze des Straßburger Münsters weiter als vom Eiffelturm blicken. Zum Glück ist die Weite des kulturellen Horizonts eines Menschen nicht unbedingt proportional zur Flächenausdehnung des Staatsgebiets in dem er lebt!

Eine Kultur „mit elsässischen Zügen“

Geht man davon aus, daß Kultur eine Art des Mensch-Seins ist, muß sie auch menschliche Züge aufweisen. Sollte sie diese verlieren, würde sie die Bezeichnung Kultur nicht mehr verdienen. Daß eine Kultur keine menschlichen Züge hat, nicht vom Menschen geprägt ist und er sich in ihr nicht wiedererkennt, scheint zunächst nicht vorstellbar. Warum also im Fall der elsässischen Kultur auf etwas beharren, das — offensichtlich — eben nur eine Binsenwahrheit ist! Das hieße, all die Unterdrückung und Demütigungen vom Tisch fegen, die Millionen von Menschen im Namen „der“ Kultur erleiden mußten, der Kultur, die so manche Mächtigen nach Unterwerfung eines Volks oder einer Volksgruppe aufzwingen wollten und oft auch konnten.

Wer von einer Kultur mit menschlichen Zügen spricht, anerkennt, daß Kultur zunächst etwas mit dem Menschen und erst an zweiter Stelle mit der Nation oder etwas anderem zu tun hat. Somit kann die elsässische Kultur per definitionem nicht die Kopie irgendeines nationalen Modells sein. Als einziges Ziel kann für sie nur gelten: *Der Mensch und die Achtung seines Wesens müssen im Mittelpunkt aller Bestrebungen stehen.* Darin liegt im übrigen ihre einzige Chance. Natürlich hat Kultur im Elsaß noch immer „menschliche Züge“ gehabt. Nur: will sie ihren elsässischen Charakter bewahren, müssen die Züge, die dem Menschen im Elsaß eigen sind, im Mittelpunkt des kulturellen Geschehens und der kulturellen Auseinandersetzung bleiben.

Da sich im Elsaß zwei Kulturwelten eng berühren, sind seine Bewohner Tag für Tag nicht etwa mit einer theoretischen Möglichkeit konfrontiert, sondern mit einer brisanten Wirklichkeit. Konkret bedeutet dies, daß Menschen, die zum einen oder zum anderen Kulturkreis gehören, stärker in den einen oder den anderen eingebunden sind oder sich im einen wie im anderen ganz zu Hause fühlen, zusammenleben sollen. Dies wird ihnen nur gelingen, wenn sie eine dem gesamten elsässischen Volk gemeinsame Kultur entfalten können. Die Achtung des Anderen, das gegenseitige Verständnis, die Bereitschaft zur Teilnahme am Leben der regionalen Gemeinschaft, all dies kann zur Veränderung der Beziehungen untereinander beitragen und einer ausschließlich von nationalen Motiven geleiteten kulturellen Beherrschung ein Ende setzen. Jeder Elsässer muß in seiner Lebensart von der Konvivialität, diesem „Geist des Zusammenlebens“, erfüllt sein.

Besteht ein so enger Kontakt zwischen zwei Kulturen, ist zwischen ihnen keine Kulturgrenze zu ziehen. Soll die elsässische Kultur menschliche Züge haben, muß sie für alle Männer und Frauen, die in diesem Land beheimatet sind, offen sein und kann sich, um lebendig zu bleiben, weder der französischen noch der deutschen Kultur verschließen. Eine spezifisch elsässische Kultur bedeutet nicht Zwietracht, sondern Eintracht in allen kulturellen Belangen. (22)

Eine *elsässische Kultur* hat weder Sinn noch Zukunft, wenn sie das Elsaß und die *Elsässer nicht so akzeptiert, wie sie heute noch sind.* Drei Jahrhunderte der Eingliederung in die Welt der Franzosen, zwei Jahrhunderte Departement-Status, drei deutsch-französische Kriege in weiniger als einem Jahrhundert und die daraus resultierende Aufspaltung des elsässischen Volks haben Land und Leute verändert. Eine elsässische Kultur kann nicht auf Trümmern aufbauen, sondern auf den Realitäten des heutigen Elsaß.

Die *französische Kultur ist das tägliche Brot tausender Elsässer* geworden, deren Eltern und vor allem Großeltern in einem hauptsächlich, manchmal sogar ausschließlich, deutschen Kulturkreis aufwuchsen. Nie war die Zahl der aus anderen Regionen Frankreichs stammenden Einwohner des Elsaß so groß gewesen. An der Spitze von Verwaltung, Wirtschaft und Handel stehen nicht selten Menschen, die kulturell nur wenig mit unserem Land verbindet. Das elsässische Volk hat eine tiefgehende Veränderung mitgemacht. Eine elsässische Kultur „mit menschlichen Zügen“ ist daher keine bequeme, zweckmäßige Parole, sondern eine zwingende Notwendigkeit; sie setzt bei den Alteingesessenen wie bei den Wahlelsässern eine veränderte Geisteshaltung voraus.

Die alteingesessenen Elsässer müssen sich klar werden, daß kein „autonomes“, „regionales“ oder „selbstverwaltetes“ Leben möglich ist, wenn man sich weiterhin auf politische und kulturelle Modelle beruft, die längst ausgedient haben. Der Begriff „elsässische Kultur“ darf nicht restriktiv ausgelegt werden und all die ausschließen wollen, die nie oder nicht mehr direkten Kontakt mit den kulturellen Realitäten des Elsaß hatten oder haben. Damit sind nicht nur die zugezogenen Innerfranzosen oder die Einwanderer gemeint, sondern auch die vielen tausend Elsässer, die durch die jahrzehntelange Assimilierungspolitik — gegen ihren Willen — von ihren elsässischen Wurzeln getrennt wurden.

Manchmal beklagt sich der Elsässer, nicht ohne Grund, daß ihn die in seinem Land angesiedelten Innerfranzosen nicht „verstehen“. Was aber tut er, um ihnen zu beweisen, daß die berechtigten elsässischen Forderungen nicht gegen sie, sondern auch in ihrem Sinne vorgetragen werden? Was tut er, um ihnen zu zeigen, daß sie, wie er, Opfer einer politischen und kulturellen Bemächtigung sind, derzufolge sie ihre Landsleute nicht so sehen können, wie sie sind, und die ihnen den Blick für die naturgegebene Verschiedenartigkeit unter den Franzosen verstellt? Was tut er, um ihnen verständlich zu machen, daß man in Frankreich besseres zu tun hat, als alle Franzosen auf einen einzigen, beliebig austauschbaren Typ zu beschränken? Was tut er, um ihnen zu vermitteln, daß die elsässische Volksgemeinschaft und somit die elsässische „Heimet“ auch die ihre ist?

Natürlich müssen die Wahlelsässer oder jene, die den Bezug zu den Gegebenheiten im Elsaß verloren haben, auch einsehen, daß man einerseits nicht ganz erpicht sein kann auf die Frage, wer Elsässer ist und wer nicht, andererseits aber keinerlei Interesse für die elsässische Problematik bekundet. Gewiß, viele aus Innerfrankreich stammenden Mitbürger sind heute angesichts des kulturellen Problems im Elsaß alles andere als negativ eingestellt. Nicht wenige haben sich entschieden in die Reihen derer eingeordnet, die für die Wahrung der elsässischen Identität eintreten, und so viel Mut und Entschlossenheit gezeigt, daß so mancher überzeugte Elsässer vor Scham erröten müßte. Doch sind diese Männer und Frauen immer noch die Ausnahme; die meisten Wahlelsässer halten sich abseits, suchen das Problem zu umgehen, insbesondere, wenn es sich um die sprachliche Eigenart der Elsässer handelt.

Es geht nicht an, zu einer eigenständigen Gemeinschaft von Menschen gehören zu wollen, ohne nicht auch deren Sprache zu sprechen oder sprechen zu wollen, die doch die diese Gemeinschaft kennzeichnende einheimische Sprache ist. Daß dies „nur ein Dialekt ist“, ändert nichts an der Sache selbst, denn dieser Dialekt ist noch heute die Umgangssprache einer großen Mehrheit der Elsässer und geht nur unter dem Druck der französischen nationalen Amtssprache zurück, die einen alleinigen Gültigkeitsanspruch erhebt. Es ist nicht damit getan, seine Liebe zum Elsaß mit Worten zu beteuern. Man kann das Elsaß und die Elsässer nicht mögen, ohne ihre Sprache zu lieben; und ihre Sprache liebt man nicht, wenn man kein Interesse für sie zeigt . . . oder sie gar bekämpft.

Sich hinter dem nichtssagenden Ausspruch „aber wir sind doch in Frankreich“ zu verschanzen, kommt einer nichtswürdigen Behandlung des Elsässers und seiner Sprache gleich, denn darin liegt eine tiefe Verachtung für denjenigen, der anders ist. Damit wird nicht nur einer Sprache, sondern der von dieser getragenen Kultur die Existenzberechtigung genommen. Man darf nicht vergessen, daß es in erster Linie oft die Kultur ist, die uns eint — oder trennt. Sinn und Zweck einer elsässischen Kultur muß es sein, alle im Elsaß lebenden Menschen für eine große, gemeinsame kulturelle Aufgabe zu gewinnen und sie in einer neuen Kulturgemeinschaft zusammenzuführen.

Noch haben die Elsässer beachtliche Trümpfe in der Hand. Man muß nur *sein wollen.* Heute leben wir in einem veränderten Elsaß; Vergangenes kann man nicht mehr zum Leben erwecken. Aber man kann der Welt, die heute die unsrige ist, ihre Lebenskraft zurückgeben. Eine Kultur mit „menschlichen Zügen“ verlangt eine radikale Änderung der Beziehungen zwischen Regierung und Staatsbürgern sowie zwischen den Menschen, die zu einer Gemeinschaft gehören wollen. Hier geht es um eine neue Kulturauffassung.

Eine neue Sicht der Dinge

Die individualistische, bürgerliche Kulturauffassung führte den Menschen zwar zu einer kritischeren Haltung gegenüber den beherrschenden Kräften der absolutistischen Monarchie vor 1789, hat aber andererseits die Bourgeoisie nicht vor der Versuchung bewahrt, selbst eine beherrschende Macht zu werden. Die von einer Elite geschaffene Kultur wurde schießlich zu einer Kultur für die Elite, und ihr gehörte eine ganz bestimmte soziale Schicht an, die die Masse des Volkes dazu verdammte, am Rande der neuen kulturellen Entwicklung zu stehen.

Paul-Henry Chombart de Lauwe, Studiendirektor an der Ecole des hautes études en sciences sociales de Paris (Hochschule für Sozialwissenschaften), hat die hier angesprochenen Probleme hervorragend analysiert. Da Kultur nicht länger das Ressort einer kleinen Elite bleiben kann, sondern die gesamte Gemeinschaft einbeziehen muß, ohne deswegen den Einzelnen zur Passivität zu verurteilen, kommt er zu folgendem Schluß: Kultur ist als „die Gesamtheit der Vorgänge zu betrachten, durch die der Einzelne oder die Gruppe den eigenen Wirkungsbereich so frei und erfolgreich wie möglich erweitern, sich eingehender mit anderen austauschen, schöpferisch tätig werden und an den Entscheidungen der Gemeinschaft teilnehmen kann".*

Wäre dies bereits eine kulturelle Revolution? Wohl kaum, denn genau betrachtet, handelt es sich um eine Synthese aus Individual- und Solidarcharakter der Kultur: Individualismus, indem sie jedem Individuum eigentümlich ist, Solidarismus, als sie in einer genau definierten Gemeinschaft ge- und erlebt wird. Dabei verleiht Chombart de Lauwe der Kultur des Individuums ihren eigentlichen Stellenwert, wenn er betont, daß „die Möglichkeit der persönlichen Entscheidung, also der Wahl zwischen unterschiedlichen Dingen" Voraussetzung für die Beteiligung an der Entscheidung der Gruppe ist.**

Diese neue Sicht in Sachen Kultur schüttet den Graben zwischen Elite und Volk, aus dem diese Oberschicht hervorgeht, nicht zu, zeigt aber jedem seine Verantwortlichkeit auf, indem sie neue Perspektiven auftut. Die Elite braucht das Volk und umgekehrt. Von Henri Gobard stammt der Ausspruch: „Ein Volk ohne Elite ist nur noch eine Masse von Verbrauchern". Dies haben nicht nur die Kapitalkräfte oder die Multis erfaßt, sondern auch die Machtstaaten, wenn sie versuchten, „sämtliche Werte, die die Eigenart einer Kultur darstellen, mit sanfter Gewalt schlichtweg zu zerstören, indem sie sie lächerlich machten und in Mißkredit brachten".***

So hängt die kulturelle Zukunft eines Volks entscheidend davon ab, wie sehr die Elite an der kulturellen Bewußtwerdung des Volkes, das einer erheblichen kulturellen Beeinflussung durch den Machtstaat ausgesetzt ist, Anteil nimmt.

---

* La culture et le pouvoir, S. 92.

** ibid., S. 93.

*** La guerre culturelle, S. 106.

Die Elite wird ihre eigentliche Rolle erst wiederfinden, wenn sie das Volk schon bei der Entscheidung über die innere Ausrichtung der Kultur mit einbezieht. Weil die elsässische Elite diese Grundwahrheit vergessen hatte, geriet das gesamte elsässische Volk derart aus seiner Bahn.

Sobald Kultur nicht mehr auf die Entfaltung der natürlichen Begabungen des Menschen beschränkt bleibt, sondern die aktive, schöpferische Teilnahme der Gruppe oder des Gemeinwesens am Kulturleben einschließt, muß der Mann aus dem Volk nicht länger davon träumen, ein anderer, ein „bourgeois" zu werden. Es genügt ihm, sich aus sich selbst zu entfalten und er selbst zu bleiben. Dann kann das Savoir-vivre, die Art sich zu geben, gleichgesetzt werden mit dem Savoir-être, dem So-Sein, wie man ist. So kann die Gruppendynamik auf die des Einzelnen übergreifen und die Beziehungen unter den Mitgliedern einer Gemeinschaft festigen. Für den Einzelnen gibt es keinen Grund mehr, sich aus seiner Gruppe zu lösen; er bleibt „ein Mann aus dem Volk", ebenso wie die Angehörigen der Elite. Das elsässische Volk wird seine elsässische Dynamik erst wiederfinden, wenn es wieder eine Elite haben wird, die sich mit ihm identifiziert.

Das ausschließlich französische und französischsprachige „bürgerliche Modell" gab dem im elsässischen und deutschsprachigen Raum verankerten Mann aus dem Volk keinerlei Möglichkeit, „schöpferisch tätig zu werden" und — was noch schlimmer war — „an der Kollektiventscheidung teilzunehmen". Demnach ist es nie eine solche gewesen. Sie wurde von den Trägern der herrschenden, französischsprachigen Kultur — ob Elsässer oder nicht — allein gefällt, und verfolgte das Ziel, den Elsässer seiner eigenen Kultur endgültig zu entreißen. Somit nahm man dem Elsässer die einzige Freiheit, die im Leben eines Menschen zählt: die Freiheit zu sein.

Das erste Recht des Menschen ist sein Existenzrecht für Körper und Geist. Weder Körper noch Geist des Menschen können die erforderliche Nahrung entbehren, noch die Mittel, sich kundzutun. Erst wenn diese Rechte gewahrt sind, ist die Existenzberechtigung des Menschen garantiert. Das Recht Alsacien/Elsässer zu sein, ergibt sich aus der Geschichte, ist aber in erster Linie ein Menschenrecht. Es ist ebenso legitim wie das Recht, Kurde, Armenier, Ire, Franzose oder Deutscher zu sein. Dem Elsässer dieses Grundrecht, diese Grundfreiheit verweigern, stellt einen offensichtlichen Verstoß gegen die Menschenrechte dar, selbst wenn die Liga für Menschenrechte zu dieser Frage nicht eindeutig Stellung bezieht.

Um „sein" zu können, heute und künftighin, muß der Elsässer — dies sei noch einmal betont — auf sämtliche kulturellen Quellen seiner Vergangenheit und Gegenwart zurückgreifen können. Diese Forderung hat nichts mit „Partikularismus" zu tun, sie ist das Ergebnis der besonderen Situation der Elsässer. Auch trägt diese Kultur die Bezeichnung „elsässisch" nur, weil sie im Elsaß ge- und erlebt werden soll. Diese neue Sicht liegt im Grunde ganz auf der Linie der großen kulturellen Bewegung unserer Zeit, die jegliche kulturelle Beherrschung kategorisch ablehnt. Sie ist eine Aufforderung an alle, Elsässer wie andere.

Da der Elsässer die kulturelle Beherrschung durch den Machtstaat zurückweist, muß er die Beherrschung, die gegeben wäre, wollte er den Bewohnern seines Landes ohne Ausnahme ein nur auf die deutschen oder elsässischen Quellen seiner Kultur zurückgreifendes Kulturmodell aufzwingen, ebenso verwerfen. Eine solche Kultur wäre nicht allen Elsässern zugänglich und verdiente die Bezeichnung „elsässisch“ im heutigen Sinn des Wortes nicht mehr. Abgesehen davon wäre eine derartige Haltung unrealistisch.

Inhalt einer elsässischen Kultur

Den möglichen konkreten Inhalt einer elsässischen Kultur zu erörtern, kann nicht heißen, einen detaillierten Katalog sämtlicher Faktoren zusammenzustellen, die — bewußt eingesetzt und nach einer genauen Gebrauchsanweisung geordnet — die Kultur des Elsässers automatisch in eine elsässische Kultur umwandeln würden. Dies wäre nicht nur absurd, sondern verstöße gegen den Geist jeder Kultur. Denn, wie bei jeder Kultur, stellt sich die Frage nach dem geistigen Inhalt einer elsässischen Kultur, auf einer ganz anderen Ebene. Diese müßte all das be-inhalten, was dem Elsässer ermöglicht, sich der Eigenartigkeit seiner Persönlichkeit bewußt zu werden. Hier geht es um die Frage des Unterrichtet-Seins und folglich der Information.

Die Macht der Information auf Wesen und Werdegang des Menschen ist — wie bereits gezeigt — beachtlich. Seit der Elsässer politisch und kulturell zum Spielball zweier Machtstaaten geworden ist, kann er sich von dieser Macht, aus Gründen, die nicht nur mit der Situation im Elsaß zu tun haben, nicht freimachen. Es liegt in der Natur des Menschen, sich rascher an kulturelle Unterwerfung zu gewöhnen, als man glaubt. Wer die tagtäglich vom Machtstaat verbreitete Information in Frage stellt, gilt als Störenfried; selbst in den Augen derer, die als Empfänger dieser Information wissen oder ahnen, daß diese nicht objektiv ist.

Auf der einen Seite befürchten die herrschenden Mächte den Zusammenbruch der Ordnung, die sie schaffen und die ihre Regierungsgewalt sichert, andererseits fürchten die Staatsbürger um ihren Seelenfrieden. Letztere haben sich in ihrer Welt so gut eingerichtet, daß sie in keiner Weise durch eine objektive Information gestört werden wollen. Lieber wollen sie mit offenkundigen Lügen leben, als daß an überkommenen, offensichtlich falschen Vorstellungen gerüttelt wird. Diesen grundlegenden Konservatismus des Menschen verwenden die Mächtigen zum großen Teil gegen ihn. Der Grund, warum der Elsässer in dieser Beziehung wesentlich „konservativer“ erscheint als andere, liegt darin, daß nicht nur seine Weltanschauung, sondern das Bild, das er von sich selbst hat, durch jegliche Veränderung im dichten Informationsnetz, das ihm seit Jahrzehnten oder Jahrhunderten vertraut ist, durcheinandergebracht würde. Das Infragestellen seines kulturellen Standorts scheint ihm das Schlimmste und könnte dazu führen, daß der Elsässer sogar das Wesen seiner Persönlichkeit anzweifelt. Damit wäre seine Substanz angegriffen. (23)

Für Entfaltung und Fortbestand einer wirklich elsässischen Kultur ist eine umfassende, ehrliche Information von zentraler Bedeutung. Es ist an den Elsässern, einer Kultur Inhalt zu verleihen, in der sie sich ganz wiedererkennen. Nur wenn sie genau wissen, was auf dem Spiel steht, können sie dies auch tun. Doch kann ihr elsässisches Bewußtsein nur durch einen elsässischen Kulturinhalt geweckt werden. *Ohne elsässische Kultur keine elsässische Wesensart.* Für die Elsässer geht es darum, Zugang zu einer Information zu erlangen, die den elsässischen Charakter ihrer Kultur verdeutlicht, und dann diese Information von Generation zu Generation weiterzugeben.

Aufgrund ihrer Geschichte und ihrer Substanz stellt die elsässische Kultur für den Elsässer zweifelsohne ein Plus und nicht, wie Kritikaster behaupten, ein Minus dar. Es ist absurd, sie als Kulturgetto zu bezeichnen, besitzen die Elsässer dank dieser Kultur doch kulturelle Möglichkeiten, um die man sie beneidet. Diese sind ein Erbe aus der Vergangenheit, die man kennen muß, da die Kenntnis der elsässischen Vergangenheit einer der Pfeiler ist, auf dem das Kulturbewußtsein dieser Menschen ruht. „Sein" bedeutet: eine Geschichte haben. Wir sind das, was die Geschichte aus uns gemacht hat. Aber entgegen der allgemeinen Auffassung geht es bei der Geschichtskenntnis nicht so sehr um historisches Wissen, als um ein Sich-Bewußtwerden über Wesen und Bedeutung der Kräfte, die die Geschichte der Menschheit lenken.

Die Vergangenheit

Sagt man über einen Menschen, er sei von der Vergangenheit gezeichnet, will man damit auf die Bedeutung seiner Vergangenheit für sein heutiges Leben hinweisen. Wir alle sind von unserer Vergangenheit gezeichnet. Keiner kann das Vergangene ganz hinter sich lassen, denn es ist der Boden, der unsere Wurzeln trägt. „Es wäre vergeblich, sich vom Vergangenen abzuwenden und nur an die Zukunft zu denken", sagt die Schriftstellerin und Philosophin Simone Weil (1909—43). „Es wäre eine gefährliche Illusion zu glauben, daß eine solche Möglichkeit überhaupt existiert . . . Es gibt kein größeres Bedürfnis der menschlichen Seele als das nach Vergangenheit", fügt sie hinzu.* Sie fordert den Menschen nicht auf, rückwärts zu gehen, sondern zunächst tiefe Wurzeln zu schlagen, bevor er den Weg in die Zukunft einschlägt. Das Vergangene ist ein wesentlicher Teil unseres „Ich": der Mensch existiert eigentlich nur so lange, wie er seine Vergangenheit besitzt, eine Vergangenheit, die wie ein Schatten ist.**

So nimmt es nicht wunder, daß eine Herrschermacht zunächst die Vergangenheit eines von ihr unterworfenen Volks zu zerstören sucht, um es auszulöschen. „Die Zerstörung der Vergangenheit ist vielleicht das größte Verbrechen", fährt Simone Weil fort, um dann die „Kolonialmethoden", die die Europäer zur Er-

---

* L'Enracinement, S. 51 — dt.: Die Einwurzelung.

** cf. Peter Schlemihl — Der Mann ohne Schatten, Adalbert von Chamisso.

langung ihrer Ziele anwandten, scharf zu verurteilen.* Die Staatsräson kennt ein derartiges Verbrechen nicht. (24)

Um weiterhin existieren zu können, müssen Elsässer wie Bretonen, Basken, Korsen und andere französische Volksgruppen ein Geschichtsbewußtsein erlangen, sich Kenntnis über die historischen Tatsachen und die Kräfte verschaffen, die den Lauf ihrer Geschichte bestimmten. Darüber hinaus geht es aber auch um die „Education alsacienne“**, eine „Erziehung“ des Elsässers im weitesten Sinn: dabei ist der Entfremdung durch jene, die diese Geschichte seit Jahrhunderten verstümmeln oder verfälschen, ein Ende zu setzen. Schließlich muß dem Elsässer, auch dem Mann auf der Straße, dem nie etwas anderes übrig blieb, als die Geschichte hinzunehmen, mit Hilfe dieser Geschichte seine Würde als Elsässer zurückgegeben werden.

Da der Machtstaat so viel Wert auf sein eigenes Geschichtsbild legt, ist er gezwungen, eine offizielle Version zu produzieren, die sich oft deutlich von der tatsächlichen Geschichte entfernt — insbesondere wenn es gilt, die erforderlichen Erklärungen nachzuliefern. Zur Verbreitung seiner Geschichtsdarstellung kann er auf das Schulwesen und die allmächtigen audiovisuellen Möglichkeiten, die ihm zu Gebote stehen und über deren Monopol er meistens verfügt, zurückgreifen. Ausgehend davon, daß es sich um eine öffentliche Dienstleistung handelt, setzt er diesen audiovisuellen Apparat als ein allerdings umstrittenes Instrument der Manipulation seiner Staatsbürger ein. Nicht alle Staaten gehen allerdings soweit, die Wahrheit derart mit Füßen zu treten. Doch, wo immer Nationalisten und andere Fanatiker an der Macht sind, wird einzig und allein die sogenannte Wahrheit des Machtstaats toleriert. (25)

Es ist dem Staat nicht vorzuwerfen, seinen Bürgern ein Geschichtswissen vermitteln zu wollen, das jedem begreiflich macht, warum er zu einer Gemeinschaft gehört, die sich von manch anderer unterscheidet. Für den inneren Zusammenhalt großer wie kleiner, traditioneller wie fortschrittlicher Nationen ist die Beziehung zur Vergangenheit wesentlich, denn daraus läßt sich ein gewisses Erscheinungsbild des Landes ableiten, und selbstverständlich will der Staat nicht, daß dieses einen negativen Eindruck hinterläßt. Doch drängt sich die Frage auf, ob bei diesem legitimen Bemühen auch Heuchelei und Lüge erlaubt sind, um überzeugender zu wirken. Hier wird keinesfalls das Recht des Staates in Frage gestellt, die Übermittlung seiner Geschichte zu gewährleisten, der jungen Generation zu veranschaulichen, wie der Staat entstanden ist, welchen Gefahren er ausgesetzt war und welche Opfer frühere Generationen bringen mußten, damit der Staat überdauerte.

Natürlich soll jeder Franzose das für sein Verständnis des heutigen Frankreich nötige Geschichtswissen erwerben. Er muß wissen, wie das französische Volk seine Einheit gefunden hat. Dies geht alle Franzosen an, gilt für alle Regionen

* L'Enracinement, S. 52.

** cf. André Weckmann, Fonse ou l'Education alsacienne.

Frankreichs — ungeachtet ihrer Eigenart und des Zeitpunkts, da sie Teil des französischen Staats wurden. Wird der Integrationsprozeß in den für den Schulunterricht bestimmten Geschichtsbüchern jedoch nur aus der Sicht der jeweils Mächtigen geschildert, legt man damit kein neutrales Verhalten an den Tag. Verschweigt man die Geschichte der Völker, die der Staat in den meisten Fällen mit dem Schwert unterwarf, absichtlich, muß man den Vorwurf einer Lüge durch schwerwiegende Unterlassung hinnehmen.

Eine ausschließlich den Standpunkt der Machthabenden berücksichtigende Geschichtsschreibung führt unweigerlich zu einem Zerrbild der Geschichte. Da die Geschichte immer von den Eroberern diktiert wird, ist es nicht erstaunlich, daß die offizielle Geschichtsschreibung des Staats oft nichts weiter als eine Karikatur des tatsächlichen historischen Geschehens ist. Selbst in den Fällen, in denen man sich gemäßigt zeigt, kommt es zu „einer echten Machtprobe" zwischen dem Kollektivbewußtsein des Volkes und der Geschichtsversion des Staats, „in denen die Probleme, vor die uns die Geschichte stellt, gewiß besser zum Ausdruck kommen, als in den Werken der Historiker".* Um diese Konfrontation zu vermeiden, sucht der Machtstaat das Kollektivbewußtsein der eingegliederten Völker auszulöschen. (26)

Die Geschichte *Frankreichs* ist in erster Linie die Geschichte, wie Paris sie sieht, sofern es nicht sowieso die in Paris gemachte Geschichte ist. Manchmal hat man den Eindruck, daß nur die Geschicke von Paris „exemplarisch" für ganz Frankreich sind. So, wie zum Beispiel die Französische Revolution dargestellt wird, hat sie anscheinend nur in Paris und Versailles stattgefunden. Doch kann man dabei nicht übergehen, was im übrigen Frankreich geschah.

Im Fall des Elsaß kommt noch als weitere Schwierigkeit hinzu, daß dieses Land nicht nur eine, sondern zwei offizielle Geschichtsversionen kennt: die französische und die deutsche. Da jede nur den Standpunkt des eigenen Staats zum Ausdruck brachte, waren sie das getreue Abbild der politischen Rivalität zwischen den beiden Nachbarstaaten um das Streitobjekt Elsaß. Mit der offiziellen französischen Version sollte der „Beweis" geführt werden, daß Frankreich recht daran getan hatte, sich im 17. Jahrhundert des Elsaß zu bemächtigen, und daß Deutschland dieses Elsaß 1870 zu Unrecht zurückeroberte. Mit der offiziellen deutschen Version sollte „bewiesen" werden, daß Frankreich sich im 17. Jahrhundert zu Unrecht im Elsaß breitgemacht hatte, und daß Deutschland recht daran getan hatte, dieses „deutsche" Land 1870 zurückzuerobern . . .

Bestenfalls ist zu sagen, daß die Franzosen mit ihrer Version die deutsche Vergangenheit und die Deutschen mit der ihren die französische Vergangenheit der Elsässer zu verschweigen oder zu bagatellisieren suchten. Ob damit noch der historischen Wahrheit entsprochen wurde, war weniger wichtig. Eine „elsässische Version" stand garnicht zur Debatte. Sofern die Aufgabe, eine „Geschichte des Elsaß" zu schreiben, Elsässern übertragen wurde, glaubte man, eine Gewähr für

* Marc Ferro, Le Monde de l'Education, Mai 1980.

eine authentische Geschichte der Elsässer zu haben. Elsässer sein genügte jedoch nicht; es kam darauf an, sich von der ausschließlich nationalen, erst recht von der nationalistischen Geschichtsauffassung freizumachen — was wiederum auf einem ganz anderen Blatt steht.

Da die Elsässer seit dem 17. Jahrhundert eine französische Geschichte haben, muß diese den ihr angemessenen Platz in der Geschichte der Elsässer erhalten. Doch kann sie keinen Anspruch auf Ausschließlichkeit erheben, noch kann sie so tun, als ob das, was vor der französischen Epoche im Elsaß geschah, nur ein Ausrutscher war, den der französische Machtstaat wieder beheben mußte.

Eine Geschichte des Elsaß, besser der Elsässer kann nur sinnvoll sein, wenn sie durch eine genaue, vollständige Wiedergabe der historischen Fakten zu der Erklärung beiträgt, wie und warum die Elsässer das geworden sind, was sie heute sind, und ihnen verständlich macht, warum ihre Existenz als eigenständige Persönlichkeit heute zum Problem geworden ist. Erst als sich die Geschichtsschreibung des Elsaß mit der „Germanisierung" und der Herrscherpolitik des französischen Machtstaats, der „Französisierung", auseinandersetzen mußte, trat zutage, daß die Darstellung dieser Geschichte lange Zeit einseitig und nicht unparteiisch war.

Der Begriff „Germanisierung" ist nicht immer eindeutig. Im Zusammenhang mit der im Elsaß zu verteidigenden deutschen Sprache und Kultur kann nicht von Germanisierung gesprochen werden, da es beides schon vor der französischen Präsenz im Elsaß gab. Der Terminus ist aber berechtigt, als man deutscherseits 1870 und ganz besonders 1940 zwei Jahrhunderte französischer Vergangenheit auslöschen und den Elsässern keine andere Alternative lassen wollte, als ganz im politischen und kulturellen Leben Deutschlands aufzugehen. Durch diese beiden Versuche der Ein- bzw. Rückdeutschung wurde die elsässische Persönlichkeit historisch geprägt. Die Unterwerfung unter die Naziherrschaft (1940—1945) ist sowohl im Hinblick auf ihre ideologische Ursache wie ihre politischen und kulturellen Auswirkungen zu analysieren. Der Widerstand der Elsässer (gegen diese Absichten der „Heimführung ins Deutsche Reich" — Anm. d. Ü.) verdient hier den ihm angemessenen Stellenwert. Doch ist dies nur ein Aspekt der elsässischen Problematik.

Der zweite ist in der Politik der „Französisierung" zu sehen, zu der sich unsere Historiker kaum äußern; ein Blick in die Werke oder Schriften über das heutige Elsaß zeigt, mit welcher Zurückhaltung der elsässische Widerstand gegenüber den französischen Assimilierungsabsichten abgehandelt wird. Da will es schon viel heißen, wenn „le malaise alsacien", also das elsässische Unbehagen oder auch die Autonomistenkrise mit der gehörigen Objektivität erwähnt werden, wobei man darin eher eine unerlaubte Einmischung Deutschlands oder einen „Landesverrat" sehen will, als zugeben, daß die Autonomiebestrebungen im Elsaß eine Reaktion auf die Herrscherpolitik der französischen Regierung waren. Wie seltsam, daß man nahezu alles über die Elsässer weiß, die sich nach 1870 „für Frankreich entschieden", und nichts oder nahezu nichts über diejenigen, die sich nach 1918 „für Deutschland entschieden"! Das frappierendste Beispiel ist Julius Leber. Als Sohn einer rein elsässischen Familie verließ er das Elsaß 1918 und ging nach Lübeck, wo er in den Reichstag gewählt wurde. Obwohl er im Widerstand beim Anschlag auf Hitler eine entscheidende Rolle gespielt hat, zum Tode verurteilt und hingerichtet wurde, blieb er im Elsaß praktisch unbekannt, bis man im Jahre 1984 (!) durch das Buch von Dorothea Beck über sein Leben und sein politisches Handeln erfuhr. (27)

Die Existenz einer beherrschenden Macht im Elsaß zugeben, heißt eine ganz bestimmte Art der Geschichtsschreibung und -beurteilung in Frage stellen; schlimmer noch, man riskiert im günstigsten Fall ein Stirnrunzeln derer, auf die man so oder so angewiesen ist. Der Machtstaat verstand es meisterlich, seine Pfründe nach nicht immer leicht durchschaubaren Kriterien zu verteilen. Schließlich kann man von niemandem verlangen, sich selbst ans Messer zu liefern. Daher täte die elsässische Geschichtsschreibung gut daran, den Einzelnen, das Volk und die Freiheit, so zu sein, wie man ist, über die Nation und deren Rechtsansprüche auf den Menschen zu stellen. Hier scheint sich eine Sinnesänderung abzuzeichnen; man kann nur hoffen, daß sie auch greift. (28)

Kein Volk kann über seine Vergangenheit hinweggehen und wie alle Kulturen kann auch eine elsässische Kultur nicht ohne ihre Vergangenheit leben. Zum einen sind die Assimilierungskräfte stets stark genug, um die Elsässer von ihrer Vergangenheit zu trennen, zum anderen wäre die Existenz dieses Volkes in der Gegenwart gefährdet. Ob sie es wollen oder nicht, die Elsässer müssen eine *elsässische* Kultur *hier und heute* lebendig erhalten, um ihre Existenz zu retten.

Die Gegenwart

Der Inhalt einer in der Gegenwart gelebten Kultur befähigt den Menschen, in seiner Welt zu sein und zu leben. Der innere Gehalt einer elsässischen Kultur umfaßt Erschließung und Auswertung sämtlicher kulturellen Möglichkeiten der Region. Werden diese richtig zur Geltung gebracht, wird die elsässische Kultur ihre geistige Ausrichtung und damit ihren Sinn erhalten.

Eine Industriegesellschaft, die nicht nur die materiellen Bedürfnisse des Menschen zufriedenstellt, sondern bemüht ist, ständig neue Bedürfnisse zu schaffen, wirkt sich für die Entfaltung einer elsässischen Kultur nicht gerade günstig aus, da diese auf menschlichen Werten beruht, die einem moralisch fragwürdigen, gleichmachenden Materialismus unserer Konsumgesellschaft konträr entgegenstehen. Die elsässische Kultur in der Gegenwart zu leben, setzt bei allen Elsässern eine große Willensstärke und ihre ganze Einsatzbereitschaft voraus. Die Mittel sind heute gegeben, ein solches Ziel zu erreichen: das einzige elsässische Ziel, das der Herausforderung unserer Zeit entspricht.

Der Zugang zur französischen Kultur stellt für den Elsässer kein Problem mehr dar. Die Verwurzelung in der spezifisch elsässischen Kulturwelt reicht — trotz der Zersetzung durch drei Jahrhunderte Assimilierungspolitik — bei vielen

Elsässern noch tief genug, damit die eigentlichen elsässischen Kulturinhalte zum Tragen kommen können. Jeder Elsässer kann sich heute die für die Vitalität einer spezifisch elsässischen Kultur nötigen französischen, deutschen und elsässischen Elemente aneignen. Die politisch-kulturelle Zukunft des Menschen zwischen Rhein und Vogesen wird durch das politische Klima und die kulturelle Landschaft nicht mehr belastet.

Eine auf harmonischem Zusammenleben beruhende Kultur läßt jedem die Freiheit, die Komponenten einer elsässischen Kultur auf seine Weise zu verbinden: die Kultur des französischsprachigen kann die des dialektsprachigen Elsässers, die dieser oft nur oberflächlich kennt, ergänzen und umgekehrt. Da der im Grunde deutschsprachige Elsässer einen leichten Zugang zum Deutschen hat, kann er wiederum seinen Mitbürgern das Wesen deutschen Lebensstils und deutscher Kultur nahebringen.

Dieses Konzept einer elsässischen Kultur wirft natürlich alle überkommenen Vorstellungen über Bord und erfordert eine tiefgreifende Veränderung der Geisteshaltung, die nicht von heute auf morgen erfolgen kann. Es stellt jene „gewisse Vorstellung vom Elsaß und den Elsässern“ erneut in Frage. Ein so vielfältiger, überreicher Kulturinhalt ist weder „gegen Frankreich“ noch „gegen die Nation“ gerichtet, wie man zu befürchten scheint. Er berücksichtigt lediglich die tatsächlichen kulturellen Gegebenheiten des Elsaß.

Diese Auffassung steht im krassen Gegensatz zur monopolistischen Kulturpolitik des Machtstaats. Sie macht in der Tat Schluß mit dem kulturellen Nationalismus, der die Elsässer zu anonymen Provinzlern abstempeln wollte, was bei den meisten kulturellen Minderheiten in Frankreich gelungen ist. Ein Kulturinhalt, der den Elsässern einen so vielschichtigen Kulturkreis auftut, gibt den ureigentlichsten menschlichen Werten wieder ihre Bedeutung: der Mensch kann wieder er selbst sein, und trotzdem mit demjenigen, der anders ist, in enger Gemeinschaft leben.

Aus diesem Inhalt ergibt sich ganz von selbst, daß die Elsässer die Probleme des menschlichen Daseins angehen, die aus dem Kräfteverhältnis resultieren, welches die Menschen zwischen sich aufgebaut haben und das ihr Schicksal bestimmte. Durch diesen Inhalt wird der Lauf der Weltgeschichte nicht verändert, aber die Elsässer werden sich in der heutigen Welt mit vielen Ereignissen besser zurechtfinden, ein ausgeprägteres Gefühl für deren Realitäten entwickeln und das Dasein der Elsässer wird eine neue Dimension erhalten.

Baut die Kultur auf dem auf, was im Elsaß ge- und erlebt wird, berücksichtigt sie die diesem Land eigenen Faktoren: die sprachlichen und kulturellen, aber auch die politischen, gesellschaftlichen, psychologischen, philosophischen und religiösen — was manchmal vergessen wird. Somit könnte *jeder Alsacien auch Elsässer bleiben bzw. werden oder zumindest nachempfinden, worin die besondere Eigenart des Elsässers besteht.* Jeder könnte Zugang zu allen Quellen der elsässischen Kultur haben, was konkret bedeutet, daß jedem Elsässer die Möglichkeit geboten wird, sich schon in jungen Jahren mit allen Komponenten dieser Kultur vertraut zu machen.

Mit reinen Absichtserklärungen ist es allerdings nicht getan. Jeder Elsässer sollte selbst an Veranstaltungen teilnehmen können, die die verschiedenen Elemente der elsässischen Kultur erfahrbar machen. Ohne die direkte Berührung mit sämtlichen Ausdrucksformen dieser Kultur ist es gewissermaßen unmöglich, im Sinne einer elsässischen Kultur zu leben oder sie zu beleben. Hier kommt der Sprache ihre ganze Bedeutung zu: ist es doch eine ihrer wesentlichsten Funktionen, dem Menschen die Kontaktaufnahme mit anderen und mit deren Kulturkreis zu ermöglichen. Sprache ist nicht nur ein Gemeingut, sie ist auch ein allgemein verbindendes Gut. Je ausgeprägter die sprachliche Kommunikation, desto ausgeprägter sind die zwischenmenschlichen Beziehungen. Sprache ist die ideale Übermittlerin von Gedanken und somit ein Kulturinstrument ersten Ranges, das den einfachsten Zugang bis hin zu den Quellen der Kultur eröffnet.

Die menschliche Erfahrung kann natürlich durch nichts ersetzt werden; doch ist sie begrenzt durch Zeit und Raum. Dagegen kann die Sprache Horizonte auftun und Welten erforschen, die dem normalen Sterblichen ohne sie verschlossen bleiben. Häufig ist die praktische Lebenserfahrung und der Einblick in die Realitäten des Menschseins erst dank der Beherrschung oder einer zumindest ausreichenden Kenntnis der Sprache möglich. Sie befähigt den Menschen, auf einfachste und unmittelbarste Weise Zeugnis abzulegen von dem, was ihn beschäftigt, ihn beunruhigt, was er in seinem Leben fühlt oder tut. Die Sprache ist zwar nicht das einzige Mittel, das „Ich“ zum Ausdruck zu bringen, aber die einzige Ausdrucksweise, die allen Menschen zugänglich ist. Vor diesem Hintergrund ist zu erklären, warum es im Elsaß eine Sprachenfrage und das Problem einer speziellen Zweisprachigkeit gibt.

Elsässische Zweisprachigkeit

Man muß schon Elsässer sein, im Elsaß gelebt haben oder leben, um zu verstehen, warum bei der Erörterung des Sprachenproblems im Elsaß stets Tatsachen wiederholt werden müssen, die überall als Selbstverständlichkeit gelten — ausgenommen im Elsaß. Bevor das spezifisch „Elsässische“ dieser Zweisprachigkeit darzulegen ist, muß der Begriff der Zweisprachigkeit erläutert werden. Dieser Begriff umfaßt so verschiedenartige Faktoren, und die ihn anwenden, verstehen darunter nicht immer dasselbe, so daß die Diskussion im Elsaß immer auf eine Ebene gerät, die mit dem eigentlichen Problem nichts mehr zu tun hat.

Obwohl der Sinn des Wortes Bi-Linguismus (zwei Sprachen) eindeutig zu sein scheint, gibt es dazu fast ebenso viele Definitionen wie Autoren, die sich mit dem Thema befaßten. So verweisen Monique Béziers und Maurits Van Overbeke in ihrem „Versuch einer Definition“ auf zwanzig Begriffsbestimmungen, um dann eine 21. hinzuzufügen.* Da die Zweisprachigkeit sowohl mit der Persön-

* Le bilinguisme, S. 118—138.

lichkeit des Menschen wie mit seinen Beziehungen zu anderen Menschen zu tun hat, ist sie für die Linguistik ebenso von Interesse wie für die Psychologie, die Soziologie, die Semasiologie (Lehre von den Wortbedeutungen), die Biologie, Geographie, Geschichte, Erziehungswissenschaften, Kultur, Politik usw. Aufgrund der so unterschiedlichen Umstände, die in allen Teilen der Welt zu Zweisprachigkeit führen, ist es oft angebrachter, von Zweisprachigkeit im Plural anstatt im Singular zu sprechen.

Zweisprachigkeit liegt vor, wenn zwei Sprachen miteinander in Kontakt sind.* Diese Berührung kann auf vielerlei Arten stattfinden, sehr unterschiedliche Situationen hervorrufen und recht verschiedene Konsequenzen haben. Sobald Kontakt zwischen zwei Sprachen besteht, stellt sich das Problem ihrer Koexistenz. Rasch wird klar, daß das sprachliche Problem mit einer Reihe menschlicher Probleme verbunden ist, die oft schwieriger zu lösen sind, als das linguistische.

Beide Sprachen können bei ein und demselben Menschen oder innerhalb ein und derselben Gemeinschaft gleichzeitig vorhanden sein. Dieses Nebeneinander kann friedlich oder voller Konflikte sein: friedlich, wenn die Entwicklung beider Sprachen durch nichts gestört wird; voller Konflikte, wenn eine Sprache die andere beherrscht oder zu beherrschen sucht. Mitunter wird eine Konfliktsituation von den Mächtigen bewußt herbeigeführt, wenn diese unter Hinweis auf die Staatsräson eine der beiden Sprachen eliminieren wollen. In dieser Situation befinden sich die Elsässer seit 300 Jahren, insbesondere aber seit 1945.

Die nach dem Eintreten der „Provinz Elsaß“ in den französischen Sprach- und Kulturkreis entstandene sprachliche Konfliktsituation war keine zwingende Folge der Loslösung aus der Welt der Deutschen. Ludwig XIV. sowie die nachfolgenden Könige, Kaiser und französischen Staatspräsidenten hätten nur das damals im Elsaß gebräuchliche Deutsch, das heißt den Dialekt als den mündlichen und das Hochdeutsche als den schriftlichen Ausdruck praktisch und von Rechts wegen respektieren sollen. Zu Sprachkonflikten kam es, weil diese dem selbstbewußten Elsässer vom französischen Machtstaat aufgezwungen wurden. Schließlich war nicht einzusehen, daß die schrittweise Einführung des Französischen mit dem Verfall des Deutschen einhergehen mußte. Von Anfang an hatte die französische Regierung die Richtlinien einer Sprachenpolitik abgesteckt, durch die das Deutsche als lebende Sprache im Elsaß auf Dauer abgeschafft werden sollte. (29)

Besonders im Frankreich des 17. Jahrhunderts waren die Untertanen gehalten, die Sprache ihres Herrn, des Königs, anzunehmen. Grundsätzlich konnte es da für die Elsässer keine Ausnahme geben. Die Schwierigkeit bestand darin, daß die Elsässer eine andere Sprache hatten: sie verständigten sich auf deutsch. Königliche Gewalt hin oder her, das Aufeinandertreffen zweier Kultursprachen mußte zwangsläufig zu Zweisprachigkeit führen. Diese ergibt sich aus einem ge-

* s. Uriel Weinreich, Sprachen in Kontakt.

nau umrissenen historischen Kontext, den man nicht übersehen darf, will man Sinn und Tragweite des — friedlichen — Kampfes erfassen, der heute im Elsaß geführt werden muß, um die Spracherrungenschaften zu wahren. Die gegenwärtige kulturelle Situation des Elsaß kann nur verstehen, wer die großen Abschnitte der elsässischen Sprachgeschichte kennt.*

Die Einführung einer echten Zweisprachigkeit bot den Elsässern die einzige Möglichkeit, der fortschreitenden Assimilierung durch die französischsprachige Welt zu entgehen — was den nationalistischen Assimilierern natürlich völlig klar war. Daher wurde das Sprachenproblem im Elsaß von offizieller Seite auch niemals unter dem Gesichtspunkt der Zweisprachigkeit betrachtet. Man fand sich höchstens dazu bereit, „die Frage des Deutschunterrichts" von Zeit zu Zeit in den „Departements Bas-Rhin (Unterelsaß) und Haut-Rhin (Oberelsaß)" zu prüfen. Dieser feine Unterschied ist hier von entscheidender Bedeutung; denn so war die „republikanische Legalität" gewahrt und bestenfalls zugestanden, daß der Deutschunterricht in diesen beiden Departements nicht dasselbe bedeutet wie zum Beispiel in den Departements „Hauts-de-Seine" und „Rhône". Damit wurde die kulturelle Eigenart der Elsässer sowie ein für ihr Land spezifisches Problem juristisch bewußt geleugnet. Und trotzdem: wenn es eine Region in Frankreich gibt, die tatsächlich zweisprachig ist, dann ist dies das Elsaß. (30)

Der im Elsaß zu führende Sprachenkampf kann selbstverständlich nicht vom Begriff der Zweisprachigkeit getrennt werden. Doch ist es kein Ringen um Zweisprachigkeit als solche. Es geht einfach darum, dem Deutschen neben dem Französischen eine reale Existenz zu verschaffen. Der Elsässer muß zweisprachig sein, nicht, um sich von anderen abzuheben und — wie die Nationalisten sagen — „e Extrawurscht" zu sein, sondern um alle Quellen seiner Kultur nutzen und somit Alsacien/Elsässer bleiben zu können.

Überall auf der Welt gibt es dem Elsaß vergleichbare Situationen. Wo sich die Sprache einer ethnischen Minderheit der Amtssprache des jeweiligen Staats gegenübersieht, bedarf sie eines besonderen Rechtsschutzes, um leben und überleben zu können. Meistens ist sie weit davon entfernt, diesen zu erhalten. Obgleich die anstehenden Probleme häufig sehr vielschichtig sind, wurden in einigen Ländern Lösungen gefunden, die unsere Aufmerksamkeit verdienen. Falsch wäre es jedoch, diese einfach übernehmen zu wollen. Die elsässische Situation verlangt eine elsässische Lösung.

Die Feststellung, das Elsaß ist zweisprachig, besagt nur, daß es in diesem Land zwei Sprachen gibt: Französisch und Deutsch. Kompliziert wird diese Tatsache dadurch, daß die übliche Ausdrucksweise ein Dialekt, „das Elsässische", ist — die elsässische mündliche Form des Deutschen. Zur Wahrung der elsässischen Identität ist die Erhaltung des volkstümlichen Charakters dieser Zweisprachigkeit unabdingbar. Diese volkstümliche Sprache, diese eigentliche Sprache des Volkes, ist der Dialekt. Wenn dieser seinen Platz behält und wenigstens

* Les luttes linguistiques.

einen Teil seiner Vitalität wahren oder wiedergewinnen kann, hat die Zweisprachigkeit im Elsaß eine Chance. Wer Französisch ebenso gut beherrscht wie Deutsch, sich die französische wie die deutsche Kultur erschließen kann, für den gibt es keine unüberwindlichen Hindernisse, sich mit dem Dialekt vertraut und sich die spezifisch elsässischen Komponenten der Kultur zu eigen zu machen. Lebt er aber nicht in einem dialektsprachigen Milieu, sind die Erfolgsaussichten für sein Unterfangen äußerst gering. Hier spielen nicht nur sprachliche Schwierigkeiten eine Rolle.

Jede Sprache besitzt eine schriftliche sowie mehrere mündliche Formen. Dank der Schule und den Erfordernissen einer ständig sich erweiternden Gemeinschaft wurde der schriftliche Ausdruck zur Standardform der Sprache und führte seinerseits zur Vereinheitlichung der mündlichen Formen, ohne diese jedoch abzuschaffen. So hat sich in Deutschland wie anderswo eine Standardsprache herausgebildet. In Frankreich wird diese Sprache einfach „l'allemand" — das Deutsche — genannt. Die einzelnen Dialekte sind mündliche Varianten, die vom heutigen Hochdeutsch mehr oder weniger stark abweichen. Wer die für den schriftlichen wie den mündlichen Ausdruck gültige Hochsprache und daneben den Dialekt beherrscht, spricht noch nicht zwei Sprachen, sondern zwei Formen ein und derselben Sprache. Ein Deutscher, Schweizer, Österreicher oder Luxemburger, der nur die Hochsprache — also Deutsch — und seinen (deutschen) Dialekt kann, würde sich niemals als zweisprachig betrachten; dasselbe gilt für den Elsässer, der nur deutsch und Dialekt spricht.

Um zu „sein", kann der Elsässer genaugenommen keine der im Elsaß gebräuchlichen Sprachen oder Sprachformen fallen lassen: ohne den Dialekt gibt er sein Volk auf; ohne das Deutsche verzichtet er auf seine Vergangenheit; ohne das Französische würde er seine Gegenwart preisgeben. Die Dreidimensionalität aus Französisch – Deutsch – Elsässisch setzt die Kenntnis zweier Sprachen in Wort und Schrift — des Französischen und des Deutschen — sowie des Elsässischen voraus. Demnach Dreisprachigkeit? Entgegen allem Anschein ist die Sprachkombination Französisch/Deutsch/Elsässisch kein Fall von Dreisprachigkeit, sondern gehört in den Bereich der Zweisprachigkeit. (31)

Französisch, Deutsch und Dialekt zu sprechen ist die elsässische Art der Zweisprachigkeit, für die die besondere Beziehung zwischen dem Französischen und dem Deutschen sowie deren für den kulturellen Werdegang der Elsässer so wichtige Verknüpfung typisch sind. Im Grunde waren sich die Elsässer, die ihr Elsässertum behalten wollten, und wer sich die Regierung mit ihrer Assimilierungspolitik bewußt, daß nur eine wie oben definierte *elsässische Zweisprachigkeit* den Fortbestand der elsässischen Persönlichkeit gewährleisten konnte. Daraus erklärt sich einerseits, warum die elsässischen Forderungen immer auf der Zweisprachigkeit beharrten, andererseits, warum die auf Assimilation bedachten Nationalisten — allen voran das Ministerium für Erziehung und Unterricht — lange nichts davon wissen wollten. Unter dem Druck der öffentlichen Meinung und dank der Beharrlichkeit mancher Elsässer, die immer wieder auf ihre Rechte pochten, schien die Regierung schließlich den Begriff der Zweisprachigkeit akzeptieren zu wollen. Aber die nationale Lehrergewerkschaft SNI (Syndicat National des Instituteurs) wußte dem einen Riegel vorzuschieben; leider ließ es die Regierung dann dabei bewenden . . .

Neun- bis zehnjährige Kinder einige Stunden pro Woche mit dem Deutschen in Berührung zu bringen, mag beim einen oder anderen zu einem zufriedenstellenden Niveau von Zweisprachigkeit führen. Im allgemeinen aber ist das sprachliche Können der heutigen Jugend unseres Landes ein schlagender Beweis dafür, daß diese Zweisprachigkeit doch sehr bruchstückhaft ist. Ferner wird damit kein Beitrag zur Lösung des elsässischen Kulturproblems geleistet. Die Elsässer können sich nicht mit einem Unterricht begnügen, in dem das Deutsche oder der Dialekt nur einen Platz am Rande erhalten, sie benötigen ein wirklich zweisprachiges Erziehungswesen.

Zweisprachige Erziehung

Die zweisprachige Erziehung setzt sich zum Ziel, dem Menschen die Kenntnis oder besser die Beherrschung zweier Sprachen zu vermitteln. Eine solche Erziehung ist erfolgreich, sobald mindestens zwei Voraussetzungen gegeben sind: erstens muß das Kind sehr frühzeitig mit der zweiten Sprache in Berührung kommen und dieser Kontakt muß nach Beendigung der Schulbildung aufrechterhalten werden; zweitens, und das ist ebenso wichtig, müssen beide Sprachen eine reale soziale Existenz haben. Dies ist der Fall, wenn beide Sprachen in der jeweiligen Gesellschaft wirklich lebendig sind und eine für die betreffenden Menschen vitale Funktion erfüllen. So gesehen hat das Elsaß die für das Gelingen einer solchen Erziehung erforderlichen Trümpfe noch in der Hand, denn einerseits ist die Schule verpflichtet, diese Trümpfe zu nutzen, andererseits müssen auch die Eltern hier ihrer Verantwortung nachkommen.

. . . in der Familie

Der Begriff der „Muttersprache“ mag heute nicht mehr ganz die Bedeutung haben, die ihm noch vor einer Generation zukam, trotzdem lernt das Kind die ersten Laute seiner Sprache in den allermeisten Fällen auf dem Schoß seiner Mutter. Die Anfänge der bewußten oder unbewußten Spracherziehung liegen somit in der Familie. Dies muß erst recht für ein Kind, das zweisprachig aufwachsen soll, der Fall sein. Verlangt die Sprachsituation einer Region, eines Landes den Gebrauch zweier Sprachen, müssen die Eltern diesem Umstand in der Spracherziehung ihrer Kinder Rechnung tragen, insbesondere wenn sie selbst — wie im Elsaß häufig anzutreffen — beide, in ihrem Land gebräuchlichen Sprachen sprechen. Die Eltern haben keine leichte Aufgabe, aber sie ist für sie wie für ihre Kinder in jeder Hinsicht eine Bereicherung.

Natürlich muß eine zweisprachige Erziehung der Sprachsituation der Eltern angepaßt sein. Im Elsaß ist diese je nach Herkunft, Milieu, Wohnort und elterlicher Motivation sehr unterschiedlich. Es gibt also kein Patentrezept. Doch scheint es nützlich, auf einige Grundsätze hinzuweisen, die Eltern erfolgreich bei der zweisprachigen Erziehung ihrer Kinder in Situationen anwendeten, die weit schwieriger waren, als für die meisten elsässischen Eltern.

Eine der interessantesten und wohl auch überzeugendsten Erfahrungen mit der Zweisprachigkeit machte der Doktor der Philosophie Jules Ronjat schon vor nahezu 75 Jahren. In einem 1913 erschienen Buch mit dem Titel: Le Développement du langage observé chez un enfant bilingue (Sprachentwicklung bei einem zweisprachigen Kind) hielt er seine Beobachtungen fest. Ronjat stand vor folgender Aufgabe: da seine Frau Deutsche war, wollte er, daß sein Sohn Louis in beiden Sprachen aufwuchs, die die Eltern beherrschten — in diesem Fall Französisch und Deutsch.

Ronjat folgt dem Rat des bedeutenden französischen Grammatikers Professor Maurice Grammont, der ihm kurz nach der Geburt des Kindes schreibt: *Sie sollen dem Kind nichts beibringen, nichts lehren.* Wollen Sie ihm etwas sagen, dann in einer der Sprachen, die Sie ihm beibringen möchten; das genügt. Wichtig aber ist: *jede Sprache muß von einer bestimmten Person vertreten sein.* Sie sprechen mit ihrem Kind immer französisch, die Mutter deutsch . . . Sobald das Kind anfängt zu sprechen, wird es zwei Sprachen sprechen, ohne es zu wissen und *ohne sie besonders erlernt zu haben.* Dank der strikten Befolgung des Grundsatzes „eine Person, eine Sprache“ war der kleine Ronjat schließlich im Besitz zweier Sprachen.

Zahlreiche Erfahrungen dieser Art wurden inzwischen gemacht; die Ergebnisse sind nicht nur für Sprachwissenschaftler interessant. Alle verweisen auf den Vorteil der strikten Sprachtrennung, die solange aufrechtzuerhalten ist, bis sich das Kind bewußt wird, daß es zwei verschiedene Sprachen beherrscht, die nicht austauschbar sind. Zwar handelte es sich jeweils um Kinder aus Familien einer höheren kulturellen und sozialen Schicht, wodurch der wissenschaftlich-erzieherische Wert dieser Beobachtungen nicht geschmälert wird. Für elsässische Familien, in denen nur ein Elternteil Dialekt spricht, sind sie ebenso lohnend. Gebraucht dieser Elternteil dem Kind gegenüber nur den Dialekt, wird er diesen dem Kind übermitteln, selbst wenn die Familie ansonsten ausschließlich französisch spricht. In diesem Fall treten zu Anfang häufiger sprachliche Interferenzen* auf, sind aber in jedem Fall nur vorübergehender Natur.

Richten sich zweisprachige Eltern abwechselnd in der einen oder anderen Sprache an ihr Kind, hat dieses echte Schwierigkeiten, gleichfalls zweisprachig zu werden. Die dominierende Sprache — im Elsaß ist es das Französische —

* Einwirkung von Elementen oder Strukturen eines sprachlichen Systems auf ein anderes, die durch die Ähnlichkeit der Strukturen oder die Vertrautheit mit verschiedenen Sprachen entsteht. (Anm. d. Ü.)

setzt sich durch und verdrängt schließlich das andere Idiom — den Dialekt — auf den Rang einer „passiven" Sprache. Das Kind versteht zwar den Dialekt, kann ihn aber selbst nicht sprechen; nicht, weil es *nicht will,* wie die Eltern gelegentlich behaupten, sondern weil es *nicht kann.* Da die Eltern nicht ausreichend informiert und ohne die Unterstützung der Schule sind, begehen sie den Fehler, das Kind nicht an die Trennung beider Sprachen zu gewöhnen. Ein Kind muß sich von klein auf darin üben, auf französisch oder im Dialekt zu antworten, je nachdem, in welcher Sprache es angesprochen wird.

Zweisprachigkeit in der Familie wird nur zum Erfolg führen, wenn die Eltern genügend motiviert sind und mindestens ein Elternteil die entsprechende zweite Sprache gut beherrscht. Nichts ist der geistigen Entwicklung eines Kindes abträglicher, als sich mit ihm in einer Sprache zu unterhalten, die man selbst nicht richtig beherrscht. Dann ist es besser, entweder nur Französisch oder nur Dialekt zu sprechen. In diesen Fällen sollte die Schule die zweisprachige Erziehung der Kinder übernehmen.

Zweisprachige Erziehung in der Familie ist keine leichte Aufgabe. Die psychologischen und gesellschaftlichen Hindernisse sind meist größer als die sprachlichen. Das Aufwachsen in zwei Sprachen entspricht nicht der Normalsituation; daß Kinder beide Sprachen geistig verarbeiten, ist kein Beweis für das Gegenteil. Doch aufgrund der Lebensumstände ist eine zweisprachige Erziehung im Elsaß (und anderswo) erfoderlich. Ein Kind muß auf dieses Leben von allerfrühester Jugend an vorbereitet werden. Dafür muß sich jeder Erzieher einsetzen; die Eltern mehr als alle anderen.

Eine nur selten erwähnte Schwierigkeit stellt die Sprache dar, die die Kinder einer Familie untereinander sprechen. Selbst wenn Eltern ihre Rolle als zweisprachige Erzieher sehr ernst nehmen, wird ihre Aufgabe komplizierter, sobald die Familie mehr als ein Kind hat. Für Kinder ist Sprache in erster Linie ein Mittel, sich verständlich zu machen. Unter Geschwistern wird nur die Sprache benutzt, in der man sich am einfachsten mitteilen kann; diese ist vom Milieu abhängig, in dem die Kinder leben. Stellen die Eltern fest, daß ihre Kinder sich ausschließlich in einer Sprache unterhalten, müssen sie (zumindest einer von beiden) die zweite Sprache verwenden, bis die Schule diese Aufgabe übernimmt.

Was die Eltern auch für den sprachlichen und kulturellen Werdegang der eigenen Kinder wie der gesamten elsässischen Jugend tun mögen, letztendlich entscheidet die Schule über die künftige zweisprachige Erziehung. Die einschneidendste Rolle kommt dabei der Grundschule zu. Die Aufgabe ist immens; die Schwierigkeiten sind nicht zu leugnen — doch sind sie nicht unüberwindlich.

. . . in der Schule

Das Ziel einer zweisprachigen Schule besteht darin, ihre Schüler — ungeachtet der Sprachsituation des Einzelnen — zu wirklicher Zweisprachigkeit zu führen. Sie muß gültige Anworten auf folgende Fragen finden: Sollen beide Sprachen gleichzeitig oder nacheinander unterrichtet werden, das heißt zunächst die Muttersprache, dann die andere Sprache oder umgekehrt? In welchem Alter ist die Aufnahmebereitschaft für eine weitere Sprache am größten? Ist eine Sprache vorrangig oder sind beide gleichrangig zu behandeln, soll also eine Sprache mehr Gewicht erhalten als die andere? Nicht zuletzt muß die zweisprachige Schule eine Lösung für das schwierige Problem der Wahrung einer gewissen Kontinuität innerhalb der zweisprachigen Ausbildung finden und die Entwicklung der Sprachsituation im Elsaß genau verfolgen.

Nacheinander oder gleichzeitig?

Selten können zweisprachig aufwachsende Kinder schon bei Eintritt in den Kindergarten oder die Grundschule beide Sprachen. Normalerweise beherrscht das Kind eine Sprache mehr oder weniger gut — seine Muttersprache — und soll nun eine zweite erlernen. Bei der Entfaltung des menschlichen Geistes spielt die Muttersprache eine wesentliche Rolle. Für eine harmonische Entwicklung der Persönlichkeit des Kindes und seines psychischen wie psychologischen Gleichgewichts ist eine Erziehung in der Muttersprache unerläßlich. Nach den Regeln der Pädagogik soll das Kind von der Schule „in seiner Sprache" aufgenommen und erzogen werden. Daß ein Kind das linguistische System einer zweiten Sprache erfassen muß, schmälert die Bedeutung dessen, was es bereits in seiner ersten Sprache beherrscht, keineswegs. Die Vorzüge einer sprachlichen Erziehung, die zunächst die Muttersprache entwickelt, sind allgemein anerkannt. Auch im zweisprachigen Erziehungswesen bleibt die Festigung der Muttersprache in jedem Fall die vordringlichste Aufgabe einer Schule.

Dieser Grundsatz gilt generell, auch in Ländern oder Gebieten, in denen Zweisprachigkeit herrscht und eine Frühunterweisung in einer zweiten Sprache in der Schule stattfindet. In Italien lernen die Kinder im Aostatal oder in Südtirol zum Beispiel zuerst Französisch bzw. Deutsch, dann Italienisch. Der (deutschsprachige) Luxemburger entwickelt zunächst seine deutschen Sprachkenntnisse und beginnt danach erst mit dem Französischen. Demgegenüber müssen deutschsprachige Kinder im Elsaß und in Lothringen laut Schulsystem erst die zweite Sprache — das Französische — erlernen, bevor sie ihre Muttersprache vertiefen können, sofern dies überhaupt gestattet ist! Obwohl damals, als diese folgenschwere Entscheidung direkt nach dem Ersten Weltkrieg getroffen wurde, sämtliche Voraussetzungen für die Einhaltung folgenden Leitsatzes der Pädagogik gegeben waren: ausgehend vom Bekannten sich das Unbekannte erschließen.

Vom sprachlichen wie vom pädagogischen Standpunkt aus lautete die im Elsaß herkömmliche logische Abfolge: Dialekt — Deutsch — Französisch. Im Jahre 1918 hatte diese Lösung die besten Erfolgsaussichten. Über 90 Prozent der Schüler sprachen Dialekt; die Lehrer verfügten über ausreichende Kenntnisse, um die sprachlichen Möglichkeiten ihrer Schüler bestmöglichst zu fördern;

auch außerhalb der Schule war der Dialekt, selbst das Deutsche recht gut verankert. Die Zuweisung von 1 500 französischsprachigen Lehrkräften aus anderen Teilen Frankreichs war Garantie für den sicheren Ausbau des Französischunterrichts. Diese naturgegebene Reihenfolge hätte auch 1945 einem zweisprachigen Erziehungswesen als Grundlage dienen können.

Doch schrieb die französische Regierung ab 1918 „das Französische zuerst und sofort" vor, damit die dialektsprachigen Elsässer (und Lothringer) die bestmöglichste Kenntnis des Französischen, der Sprache ihrer neuen und ehemaligen nationalen Gemeinschaft, erwerben könnten. So lautete die offizielle Rechtfertigung dieser sogenannten „direkten" Methode. Demgegenüber vertrat die große Mehrheit der elsässischen Lehrkräfte die Ansicht, daß eine zunächst angestrebte Vertiefung der Muttersprache den Dialektsprachigen die beste Nutzung ihrer sprachlichen Ressourcen garantiere und ihnen im geeigneten Augenblick einen leichteren Übergang zum Französischen ermögliche. Sie setzten sich für die sogenannte „indirekte" Methode ein. Zu jener Zeit wurde jedoch noch kein Sturm der Entrüstung ausgelöst, wenn die Regierung ihre Meinung in dieser Frage durchsetzte, ohne vorher die Ansicht der Fachkräfte zu hören. Handelte es sich also nur um einen Streitfall unter Pädagogen? (32)

Als die französischen Schulbehörden die Vorschrift „zuerst Französisch" in der Sprachenpolitik durchsetzten, wollten sie damit nicht etwa am Beispiel des Elsaß zeigen, daß die Forderung „zuerst die Muttersprache" eine pädagogische Irrlehre sei. Das uneingestande, wahre Ziel dieser „absoluten Priorität" des Französischen im Schulunterricht lag darin, die Dialektsprachigen — das heißt die Deutschsprachigen — zu frankophonen Bürgern zu machen, um dann auch auf sie das in der gesamten Erziehungswissenschaft anerkannte Prinzip „zuerst die Muttersprache" anzuwenden!

Der Rektor der Akademie von Straßburg Charléty und mit ihm all die Handlanger des Machtstaats haben Recht behalten: mit dieser Methode wird schließlich sowohl das Deutsche wie der Dialekt aus dem öffentlichen und privaten Leben im Elsaß verdrängt. Noch ist dies nicht der Fall, aber so weit kommt es, wenn die Elsässer weiterhin passiv dem Zerfall ihrer Sprache zusehen. Denn selbst in den ländlichen Gegenden, wo weder die „Umschichtung der Bevölkerung" noch die „Veränderung innerhalb der Gesellschaft" eine größere Rolle spielen, wird das Französische bei den Schulkindern zur Umgangssprache. Wann immer die Frage des Rechts auf die Muttersprache im Kindergarten zur Sprache kommt, weisen die Gegner eines solchen Vorhabens darauf hin, daß diese Forderung inzwischen gegenstandslos sei, da das Französische heute bei den meisten zur Muttersprache geworden ist! (33)

Der während des letzten Jahrzehnts zu verzeichnende gewaltige Rückgang des Dialekts bei den Schulkindern verändert die sprachlich-pädagogischen Gegebenheiten im zweisprachigen Erziehungswesen des Elsaß erheblich. Im Jahre 1918 sowie 1945 und noch bis in die 50er Jahre beherrschten nahezu 90 Prozent der Kinder die deutschsprachige Mundart. Das Problem der Reihenfolge beim Erlernen der beiden Hochsprachen stellte sich damals nicht in der Weise wie heute, da die Mehrzahl der Schüler aus deutschsprachigen Familien Französisch als erste Sprache spricht. (34)

Vom Gesichtspunkt der Sprache sind die Kindergärten und Grundschulklassen durchaus nicht homogen zusammengesetzt. In manchen Dörfern gibt es noch Klassen, in denen fast alle Kinder rein dialektsprachig sind. Straßburg, Colmar, Mülhausen sowie andere weniger große Städte haben eine ständig wachsende Zahl von Klassen mit ausschließlich französischsprachigen Kindern. Ferner gibt es Schulen mit gemischten Klassen. Allgemein gilt, daß die Zahl der französischsprachigen Schüler ständig zunimmt. Ziel des zweisprachigen Erziehungswesens im Elsaß bleibt jedoch weiterhin: die einen wie die anderen sollen in Deutsch und Französisch richtig zweisprachig werden: und das in einer elsässischen Umwelt. Ist dies möglich? Unbedingt, sofern die sprachlichen Möglichkeiten aller ab Eintritt in die Kleinkindschule (in Deutschland wäre dies der Kindergarten) genutzt werden.

Frühzeitige Zweisprachigkeit

Schon im zartesten Alter sollte das Kind mit einer zweiten Sprache in Berührung kommen. Eine besonders rasche Aufnahmefähigkeit für eine oder mehrere Sprachen zeigt sich bis in das Alter von fünf bis sechs Jahren. Zwar trifft das zweisprachig zu erziehende Kind in der Schule nicht so günstige Bedingungen an, wie in dem Elternhaus, in dem Kinder zweisprachig aufwachsen sollen. Doch besitzt die Schule pädagogische und technische Möglichkeiten, die manche Unzulänglichkeiten soziologischer und vor allem psychologischer Art ausgleichen.

Noch heute kommt dem Dialekt im Land zwischen Rhein und Vogesen eine so große Bedeutung zu, daß jedem dialektsprachigen Schulkind die Möglichkeit gegeben werden muß, den Dialekt zu verwenden; alle anderen Kinder müssen sich mit ihm vertraut machen können. Zahlreiche Gründe sprechen dafür, diesen Weg in der zweisprachigen Erziehung im Elsaß zu gehen, vor allem weil der Dialekt — selbstverständlich neben dem Französischen — für eine Mehrheit der Elsässer die Alltagssprache ist und noch eine Zeitlang bleiben wird. Es ist nicht tragbar, daß ein Teil der elsässischen Bevölkerung weiterhin die Ausdrucksweise des anderen Teils einfach ignoriert. Dieses leidige „Je ne comprends pas l'alsacien“ zu deutsch: „Ich verstehe kein Elsässisch“ muß immer seltener werden und schließlich ganz verschwinden. Dies ist möglich, ja notwendig! Denn man kann zwar die Sprache einer gegebenen Gruppe von Menschen beherrschen, ohne an deren Identität teilzuhaben, aber man kann nicht deren Identität teilen, ohne ihre Sprache zu sprechen oder wenigstens ein Gefühl dafür zu entwickeln. Diese Identität kann man nur durch direkten Sprachkontakt und durch den Erfahrungsschatz des Menschen erlangen, von dem diese Sprache Zeugnis gibt.

Kann ein dialektsprachiges Kind, ungeachtet seines sozialen Milieus, innerhalb eines Jahres genügend Französisch lernen, um sich dieser Sprache im Un-

’S SCHWARZE SCHOOF

Germain Muller

« Ich bàbbel ejch nit àlles nooch
Des wàs ich redd.isch mini Sprooch . . .
Se hàn des Kind nirjeds gewellt
Ken Finger het sich do geriert
Die Schlàppschwänz hàn sich degonfliert
Oh Kind, oh Kind! »

terricht zu bedienen, ist nicht einzusehen, warum ein französischsprachiges Kind innerhalb eines Jahres nicht genügend Dialekt lernen könnte, um mit seinen Spielkameraden im Dialekt zu singen, zu spielen und sich zu verständigen. Grundsätzlich ist nicht zu verstehen, warum man heute in den rein französischsprachigen Klassen für den Dialekt — selbst mit Lehrern, die nur schlecht Dialekt sprechen — nicht dasselbe tun könnte, was vor über 60 Jahren in rein dialektsprachigen Klassen für das Französische — und mit Lehrern, die manchmal kaum mehr Französisch konnten, als ihre Schüler — machbar war. Wäre eine Existenzberechtigung des elsässischen Dialekts in allen elsässischen Schulen und vom ersten Schultag an unumstritten, hätte dies eine beachtliche psychologische Auswirkung.

Gewiß, der Dialekt hat für den Französischsprachigen nicht dieselbe Anziehungskraft wie das Französische für den Dialektsprachigen. Man kann heute im Elsaß in der Tat ohne den Dialekt auskommen, aber ohne Französisch kann man in diesem Land nicht leben. Somit ist die Motivation, Französisch zu lernen, und sei es auch auf Kosten des Dialekts, wesentlich größer, als die der Französischsprachigen für den Dialekt. Motivation spielt beim Erlernen einer Sprache eine enorme Rolle. Célestin Freinet, der Begründer der „modernen Schule" und einer der bedeutendsten Erzieher unserer Zeit, pflegte zu sagen: „Ein Pferd, das nicht durstig ist, kann man nicht zur Tränke führen." Je mehr also das „Pferd" von zartester Kindheit an im Elsaß an die französische Tränke geführt wird, desto weniger wird es nach dem Dialekt dürsten.

Der Vorzug der frühzeitigen Heranführung an den Dialekt besteht darin, daß das kleine Kind diesen noch spontan und mit der Freude aufnimmt, die man in diesem Alter an Liedern, Abzählreimen, kleinen Theater- und anderen gemeinsamen Spielen hat. Aufgrund des psychologischen Effekts wird das Eis rasch gebrochen. Und das Kind macht eine Erfahrung, die es für den Rest seines Lebens prägt. Somit wird einer elsässischen wirklich zweisprachigen Erziehung der Weg geebnet. Das Wichtigste ist: Das Kind hat erfahren, wie verschiedenartig die Menschen sind, bevor ihm die Erwachsenen — leider! — den rassistischen Virus der angeblichen Überlegenheit der Sprache, die die Mehrheit spricht, eingeimpft haben — Überlegenheit gegenüber dem, was man in Frankreich „patois", also eine kümmerliche Mundart, nennt.

Für diese Kinder ist der Nutzen in den gemischten dialekt- und französischsprachigen Klassen am größten. Wenn Dialektsprachige mit dem Französischen und Französischsprachige mit dem Dialekt in Berührung kommen, wird dieser Kontakt dadurch vereinfacht, daß jede Sprachgruppe eine tatsächlich lebendige Sprache reich an außerschulischen Erfahrungen spricht, wodurch die Authentizität beider Sprachen gewährleistet ist. Da das Französische wie der Dialekt außerhalb der Schule eine reale soziale Existenz haben, ist die entscheidende Voraussetzung für den Erfolg eines zweisprachigen Erziehungswesens gegeben. Diese wird so lange Gültigkeit haben, wie der Dialekt in den elsässischen Familien und im öffentlichen Leben gut verwurzelt bleibt. Angesichts der gegenwärtigen Sprachsituation müssen die elsässischen Kinder von Anfang an mit beiden Sprachen ihres täglichen Lebens in Berührung kommen, denn mit Eintritt in Kindergarten oder Grundschule gibt es den gleichzeitigen Kontakt mit beiden Sprachen und viele Fragen stellen sich dann vor einem anderen Hintergrund.

Das frühzeitige Heranführen der Französischsprachigen an den Dialekt ist aus einem zwar offensichtlichen aber vielfach nicht mit der nötigen Aufmerksamkeit betrachteten Grund wünschenswert. Lernen sie den Dialekt beizeiten kennen, kann daraus ein brauchbares Instrument der Verständigung mit den Dialektsprachigen entstehen, was bei der alleinigen Kenntnis des Deutschen nicht möglich wäre, da die deutsche Hochsprache nie die Sprache der mündlichen Verständigung unter Elsässern war und ist. Zurecht weisen die Französischsprachigen darauf hin, daß ihnen der Deutschunterricht in der Schule nichts oder fast nichts nutzt, wenn sie mit Elsässern, die sich nur in ihrem Dialekt wohlfühlen, engere Kontakte schließen wollen.

Durch das frühzeitige Erlernen des Dialekts wird die Einbeziehung der frankophonen Bevölkerungsteile in die elsässische Volksgemeinschaft wesentlich vereinfacht. Wie oft erhalten die Ausführungen des Elsässers erst durch den Rückgriff auf den Dialekt das Siegel der Echtheit! Wird der Dialekt allen Kindern im Elsaß in jungen Jahren nahegebracht, bereitet man sie — ungeachtet ihrer ersten Sprache — erfolgreich auf einen frühen Übergang zum Deutschen vor. (35)

Dadurch würde der ewigen Diskussion über die günstigste Altersstufe für das Erlernen einer „Fremdsprache" ein Ende gesetzt. Sämtliche Debatten über diese Frage kaschierten den fundamentalen Nationalismus des Machtstaats nur wenig. Die französischen Nationalisten haben sich nie für die tatsächliche sprachliche (und kulturelle) Situation der Elsässer interessiert; für sie gab es nur das Französische, die „nationale" Sprache, einerseits und „die Fremdsprachen" andererseits. Von ihrem Standpunkt aus war die Frage der Einführung des Deutschen in der Schule (selbst als die Elsässer zu 90 Prozent deutschsprachig waren) immer gleichbedeutend mit der Frage: Ab wann ist die Unterweisung der Sprache „eines fremden Landes" in einer französischen Schule zu gestatten?

Um diesen Unterricht so weit wie möglich hinauszuschieben, verschanzte sich das französische Erziehungsministerium zusammen mit seinen elsässischen Getreuen hinter dem im ganzen Lande gültigen „Gesetz": keine zweite lebende Sprache vor Eintritt in die Sexta! Die uneingeschränkte Unterstützung der mächtigen Lehrergewerkschaft verlieh der Argumentation der Schulbehörden den Anstrich, pädagogisch fundiert zu sein. In Wirklichkeit war ihre Haltung von politischen Hintergedanken diktiert. Erst im Jahre 1972 konnte dieses sakrosankte Gesetz aufgrund der Bemühungen des bereits erwähnten Georges Holderith umgangen werden. Wer wird jemals das Unrecht ermessen, das an einer ganzen Generation von Elsässern begangen wurde, ohne gar auf die Bedrohung einzugehen, die sich daraus für die Existenz des Dialekts ergab?

Die Art der Handhabung der zweisprachigen Erziehung entscheidet über deren Erfolg. Welche Methode man zur Erlangung dieses Ziels verfolgen mag, der entscheidende Punkt zeigt sich erst später. Nur durch Kontinuität und Beharrlichkeit im Bemühen um die Sprache erhält der frühzeitige Kontakt mit der zweiten Sprache sein eigentliches Gewicht. Zweisprachig aufzuwachsen erfordert mehr Geduld und bringt mehr Probleme mit sich. Eines der im Elsaß am heftigsten diskutierten Probleme lautet: Soll die angestrebte Zweisprachigkeit einer der beiden Sprachen den Vorrang geben oder soll sie vielmehr zu einer Gleichrangigkeit beider Sprachen führen?

Vorrangig oder gleichrangig?

Früher war das Elsaß deutschsprachig, wie heute die Pfalz, Baden oder Bayern. Jetzt besteht für das Land die Gefahr, ausschließlich französischsprachig zu werden wie die Ile-de-France, Burgund oder die Champagne. Gegen Ende des 20. Jahrhunderts ist die Existenz des Deutschen mit seinen zwei Komponenten — Dialekt und Hochdeutsch — bedroht. Der Ernst dieser Lage — Zersetzung eines sprachlich-kulturellen Grundpfeilers — macht verständlich, warum viele Förderer einer elsässischen Zweisprachigkeit in einem paritätischen Bilinguismus die einzige Sicherstellung einer zweisprachigen Zukunft für das Land sehen. Nur so könne das ständige Abbröckeln des Dialekts und die anhaltende Verschlechterung im Hinblick auf das Deutsche im Elsaß ganz allgemein aufgehalten werden.

Sich für eine zweisprachige Erziehung mit Priorität des Französischen einsetzen heißt nicht, hartnäckig die Argumente der Verfechter einer sprachlichen Parität zwischen Französisch und Deutsch in der Schule ablehnen. Auch bedeutet es nicht, daß man sich mit den Franzosen lieb Kind machen und den Deutschen geschickt den Rücken kehren möchte. Wenn ich persönlich der Meinung bin, daß diese zweisprachige Erziehung dem Französischen seine Vorrangstellung einräumen muß, dann nicht, weil ich im Lauf meiner Studien nie etwas anderes gekannt und die Konsequenzen nicht gesehen hätte, sondern weil ich seit langem zu der Überzeugung gelangt bin, daß jede zweisprachige Erziehung eine Leitsprache, die nur deswegen „vorrangig" ist, benötigt, und daß diese im Elsaß *unter den gegebenen Bedingungen* nur das Französische sein kann.

Zweisprachige Erziehung ist niemals ein Ziel an sich. Sie steht jeweils in einem vorhandenen politischen, sozialen und menschlichem Zusammenhang. Wer dies übergeht, macht den Erfolg einer solchen von vornherein unmöglich. Auch im Elsaß hat sich zwischen dem Französischen und dem Deutschen ein Kräfteverhältnis entwickelt, welches das soziale und politische Kräfteverhältnis zwischen den beiden Sprachen widerspiegelt. Daran kommt kein Erziehungssystem vorbei. Vergleiche mit der Schweiz, Südtirol, Luxemburg oder Quebec sind gewiß nicht uninteressant, aber das Elsaß ist weder eine autonome Provinz noch ein unabhängiges Land, sondern seit drei Jahrhunderten in Gesellschaft und Politik mit den Franzosen vereint.

Seit der Kontakt zur französischen Kulturwelt besteht, gab es unter den Elsässern Zweisprachige. Doch nur selten handelte es sich um paritätische Zweisprachigkeit. Lange war eine deutsche Dominante zu verzeichnen; heute ist eher eine französische festzustellen. Nicht durch die Schule wurde und wird man zweisprachig mit deutscher bzw. französischer Dominante, sondern durch das private und öffentliche Leben.

Gleiches Recht für beide Sprachen ist eine juristisch-politische Angelegenheit; die reale, das heißt soziale Existenz jeder Sprache ist dagegen ein gesellschaftlich-menschliches Problem. Auch wenn beide Sprachen ein vom Staat garantiertes Rechtsstatut haben, ist ihre soziale Existenz deswegen nicht automatisch gesichert. Der Fall der Iren zeigt, daß weder Unabhängigkeit noch Autonomie zwangsläufig zur Anwendung beider Sprachen im Alltag, auf der Straße, bei der Arbeit oder in der Familie führen. Durch die offizielle Anerkennung erhalten beide Sprachen zwar eine juristische Existenz; sie sind sozusagen „frei und gleichberechtigt". Aber diese Gleichberechtigung hat meistens nur eine verwaltungsmäßige Gültigkeit. (36)

Diese offizielle Anerkennung ist wichtig, weil sie die „schwächere" Sprache schützt und somit auch ihr neue Perspektiven eröffnet. Um Zweisprachigkeit in die Praxis umzusetzen, muß natürlich die Schule mit auf den Plan treten. Aber entgegen allen Erwartungen kann die Schule keine Parität zwischen den Sprachen herstellen, wenn diese nicht von einem politischen Willen und entsprechenden außerschulischen Sprachrealitäten getragen wird. Es ist bestimmt kein Zufall, daß kein Schulsystem eine paritätische Zweisprachigkeit verfolgt — weder in der Schweiz noch in Südtirol, beides Fälle, die im Elsaß gern als Beispiel angeführt werden.

Auch für das Elsaß konnte und kann die Alternative — die Sprachgeschichte beweist es — nie Gleichrangigkeit oder Vorrangigkeit lauten, sondern heute wie ehedem: Priorität entweder des Französischen oder des Deutschen. Ein unabhängiges Elsaß wie die Schweiz oder Luxemburg — ein elsässischer Staat also — könnte eine Vorrangigkeit des Deutschen innerhalb der elsässischen Zweisprachigkeit beschließen. Aber ein Elsaß, das — selbst bei weitgehender politischer und kultureller Autonomie — Bestandteil von Frankreich ist? Sicherlich nicht! Nichts wäre abwegiger als sich in eine „Sprachenlogik" zu verrennen, die der Logik der gesellschaftspolitischen Gegebenheiten nicht standhalten würde. Gesetzt den Fall, das Elsaß verfügte tatsächlich über politische Macht in regionalen Angelegenheiten, so könnte man nicht umhin, dem Französischen eine Vorrangstellung einzuräumen. Jede andere Lösung wäre nicht nur politisch aussichtslos, auch die elsässische Bevölkerung würde sie entschieden ablehnen — was aber noch lange nicht heißt, daß die deutsche Sprache den ihr gebührenden Platz nicht erhalten soll.

Neben politischen und gesellschaftlichen Gründen sprechen auch verstandesmäßige Motive für ein zweisprachiges Erziehungswesen mit vorrangiger Behandlung einer Sprache. Alle Erfahrungen zeigen, daß die mit der Zweisprachigkeit verbundenen Schwierigkeiten durch die richtige Pädagogik überwunden werden können, und daß der Zweisprachige, um in die intimsten Bereiche seines

„Ich“ vorzudringen und sich mit größter Genauigkeit auszudrücken, über ein verfeinert ausgeprägtes Sprachinstrument verfügen muß. Man bremst ihn in seinem natürlichen Ausdruckseifer, indem man ihm gleich zwei derartige Instrumente aufzwingt. Er muß daher eine eingehendere Ausbildung in der Sprache erhalten, mit der er sich am meisten identifiziert. Im allgemeinen ist dies seine Muttersprache.

Da Französisch im Elsaß die einzige offizielle Sprache ist, kann nur Französisch die Leitsprache sein; weil diese aber nicht die Muttersprache der dialektsprachigen Kinder ist, muß die zweisprachige Erziehung ein besonderes elsässisches Gepräge erhalten. Dennoch ist es unerläßlich, daß das Französische auch für sie zu einem bestimmten Zeitpunkt ihrer Schulbildung Leitsprache wird. Also muß sich die zweisprachige Pädagogik den politischen und linguistischen Gegebenheiten des Elsaß anpassen.

Damit auch das Deutsche bei einer vorrangig auf das Französische ausgerichteten zweisprachigen Erziehung eine lebendige Sprache wird, muß diese Erziehung effektiv in zwei Sprachen erfolgen. Diese Selbstverständlichkeit ist heute mehr denn je zu betonen, da der Begriff des Bilinguismus im Elsaß seit einigen Jahren so sehr mißbraucht wird, daß das breite Publikum der Meinung ist, etwas Dialekt und einige Stunden Deutsch pro Woche — was bereits ein riesiger Fortschritt ist — könnten zweisprachige Schüler hervorbringen. Erwiesenermaßen ist es damit nicht weit her. Heute wird, trotz Fehlen des entsprechenden Schulsystems, nur noch derjenige zweisprachig, der außerhalb der Schule Gelegenheit zum Gebrauch der zweiten Sprache findet — vor allem dort, wo der Dialekt noch lebendig ist. Zwar dürfte es nur wenig Zweisprachige geben, die täglich beide Sprachen anwenden können, aber auch nur gelegentliches Dialektsprechen gibt ihnen das sprachliche Feingefühl, um das spezifisch Elsässische in allen Bereichen der elsässischen Kultur schätzen zu lernen.

Im zweisprachigen Erziehungswesen stellt die zweite Sprache nicht bloß ein Unterrichtsfach dar wie Rechnen oder Geographie; sie ist auch *Unterrichtssprache.* Diesen Bedeutungsunterschied sehen die Eltern und teilweise die mit der Zweisprachigkeit weniger vertrauten Lehrer nicht richtig oder garnicht. Er besagt, daß nicht nur in der „Deutschstunde“, sondern auch während anderer, noch festzulegender Unterrichtsfächer, die sich unmittelbar aus der Welt des Kindes ergeben, Deutsch gesprochen werden soll — wie zum Beispiel in den „Europa-Schulen“ in Luxemburg. Weder die Schulbehörden, noch die Lehrerschaft oder die öffentliche Meinung sind gegenwärtig im Elsaß darauf vorbereitet, eine derartige sprachlich-pädagogische Notwendigkeit in die Tat umzusetzen. Doch hier ist zu wählen: entweder will man eine neue Generation von Elsässern heranbilden, die zweisprachig ist, oder man gerät weiterhin langsam aber sicher in eine Sackgasse.

Es gibt Wahrheiten, die man nicht gerne hört: Je mehr der Dialekt zurückgeht, um so dringender muß das Deutsche zu einem lebendigen Kommunikations- und Ausdrucksmittel in der Schule werden. Der Dialekt ist auf die „logistische“ Unterstützung der deutschen Hochsprache angewiesen. *Der Ausbau des Deutschen in der Schule ist die beste, wenn nicht die einzige Möglichkeit, dem Zerfall des Dialekts entgegenzuwirken und die Voraussetzungen für die gesellschaftliche Realität einer wie auch immer gearteten deutsch-französischen Zweisprachigkeit zu schaffen.* Die elsässische Zweisprachigkeit ist ohne die Schule nicht machbar; und diese kann den Erfolg einer zweisprachigen Erziehung nur garantieren, wenn beide Sprachen eine soziale Existenz haben.

Jedem wird klar, daß es bei der Diskussion über dieses Erziehungswesen im Grunde nicht um „gleichrangige“ oder „vorrangige“ Zweisprachigkeit geht, sondern um die zweckmäßige Nutzung der enormen Sprachkapazitäten des Elsaß. Der in gewissen Bevölkerungsschichten noch sehr geläufige Dialekt eröffnet Perspektiven, die man nutzen muß, solange dies noch möglich ist. Eine Stellung wird nicht einfach aufgegeben, solange man sie noch halten kann oder sich vergewissert hat, daß die neuen Positionen die sprachliche und kulturelle Zukunft dieses Landes sichern. Das schreibt schon der gesunde Menschenverstand vor.

Es wäre mühselig, alle Argumente anzuführen, mit denen die Nationalisten den Elsässern weismachen wollten, daß ein zweisprachiges Erziehungswesen ein Ding der Unmöglichkeit sei. Bei diesen Argumenten ist es wie mit der Lernäischen Hydra aus der griechischen Mythologie. Kaum hat man eines widerlegt, bricht schon ein neues auf. Und nicht jeder ist ein Herkules! Hätten die Machthabenden ebenso viel Willenskraft und Ausdauer wie bei der Verunglimpfung dieser Zweisprachigkeit gezeigt, um über die wohlbegründete Berechtigung derselben nachzudenken, wäre diese elsässische Angelegenheit längst beigelegt. Unkenntnis geht häufig mit Böswilligkeit Hand in Hand, wodurch eine objektive Analyse der bei jedem zweisprachigen Erziehungswesen anzutreffenden Probleme noch erschwert wird.

Machbar oder nicht?

Ein zweisprachiges Erziehungssystem hat nur Sinn, wenn es auf alle Kinder im Elsaß angewendet wird. Hier geht es um das Prinzip einer Zweisprachigkeit für alle, dessen Durchführung eine Reihe sprachlicher und sprachpädagogischer Probleme aufwirft. Es ist Aufgabe der Schulbehörden, adäquate pädagogische Lösungen auszuarbeiten; sie können dieses Prinzip nicht — wie bislang — einfach übergehen.

Die Gegner der Zweisprachigkeit betonen immer wieder, daß nur „intelligente“ Menschen zwei (oder mehrere) Sprachen „ganz und gar“ beherrschen: Wissenschaftler, Ingenieure, Manager, Professoren und Menschen mit ähnlichen Berufen. Doch dann führen diese Leute elsässische Persönlichkeiten an, die — ihrer Meinung nach — mit Fug und Recht nur wegen ihrer „natürlichen Sprachbegabung“ als zweisprachig bezeichnet werden können. Dies könne schlechterdings ja nicht von der großen Masse der Elsässer erwartet werden! Und wie wollen sie das beweisen? Indem sie einfach behaupten, daß die Elsässer, die sich nur in ihrem Dialekt sicher fühlten, schlecht Französisch und noch schlechter Deutsch könnten, also überhaupt keine Sprache beherrschten! Sie wären demnach „sprach-los“, was durchaus eine intellektuelle Beurteilung ist!

Im Elsaß werden die Zweisprachigen immer seltener. Werden sie deswegen aber sprachlos? Es hilft nichts, ihre „Sprachlosigkeit“ anzuprangern, wenn man das Übel nicht an der Wurzel angeht: jene unzureichende Erziehung und Bildung, die schon seit Jahrzehnten anhält. Schuld daran ist nicht die etwaige Unfähigkeit der Elsässer, beide Sprachen zu beherrschen, sondern das Fehlen eines zweisprachigen Erziehungswesens, das das Elsaß noch nie gekannt hat.

Die Zahl der Elsässer mit befriedigenden deutschen und französischen Sprachkenntnissen ist dagegen immer noch beachtlich, vor allem unter den Dialektsprachigen, die ihre Kenntnisse in beiden Sprachen so weit vertieft haben, daß sie daraus recht brauchbare Sprachinstrumente machen konnten. Heute noch lebt eine Generation von Elsässern (der ich selbst angehöre), die aufgrund der Bestimmungen des sogenannten Pfister-Poincaré-Erlasses von 1927 in den Genuß eines relativ früh einsetzenden Deutschunterrichts kam (ab zweitem Schuljahr) und daher das Französische wie das Deutsche ordentlich handhaben kann. Bei vielen, wenn nicht den meisten, ist es eine Zweisprachigkeit mit deutscher Dominante geblieben, obwohl Französisch in allen Unterrichtsstufen vorrangig war. Das trifft zum Teil auch für die Elsässer zu, die zwischen 1940 und 1945 in die deutsche Schule gingen.

Heute ist die Lage vollkommen verändert, weil die Schule die Dialektkenntnisse der jungen Elsässer so stark vernachlässigt hat, daß diese dem sozialen und politischen Druck des Französischen nicht mehr standhalten konnten. Hierfür ist die Schule nicht allein verantwortlich; andere Faktoren spielen ebenfalls mit. Aber die Schule hat nichts im Sinne einer umfassenden Lösung des elsässischen Sprachenproblems unternommen. Im Gegenteil, indem man unsachgemäße, sprachpädagogische Argumente gegen die Zweisprachigkeit in der Schule ins Feld führte, wurden die Unterrichtenden verunsichert und bei den elsässischen Eltern Zweifel geweckt.

Entgegen einer in diesem Land hartnäckig wiederkehrenden Meinung empfiehlt sich eine zweisprachige Erziehung nicht nur für „Begabte“. Selbst ein weniger begabtes Kind kann ein durchaus akzeptables Niveau, auch in der zweiten Sprache, erreichen, sofern die elsässische Schule die sprachliche Ausbildung in der ersten, in der das Kind geboren wurde, aufgewachsen ist, mit der es lebt und in die Schule eintritt — und für Dialektsprachige ist diese Sprache das „Elsässerdeutsch“ —, in angemessener Weise gewährleistet.

Niemand würde in Abrede stellen wollen, daß manche Kinder sprachbegabter sind als andere. Ist dies Grund genug, nur Begabten und überdurchschnittlich Begabten Sprachunterricht zu erteilen? Wenn das erreichte Niveau nach jahrelangem Erlernen einer „Fremdsprache“ an elsässischen Oberschulen nicht immer den Erwartungen von Eltern und Schülern entspricht, liegt dies nicht etwa an unfähigen Lehrern und unbegabten Schülern, sondern daran, daß der Unterricht in einer zweiten Sprache zu spät einsetzt. Will man die erhofften Ziele erreichen, muß die Unterweisung einer zweiten Sprache die sogannte „biologische Uhr" berücksichtigen. (37)

Schon vor über 20 Jahren hat Andrée Tabouret-Keller in einem hervorragenden Beitrag zu einer Studienreihe über die Sprache des Kindes ausgeführt, daß „nicht nach Vor- und Nachteil der Zweisprachigkeit für die Entwicklung des Kindes zu fragen ist; es ist hinlänglich bewiesen, daß ein Kind von Anfang an mit Leichtigkeit zwei verschiedene Sprachen erlernen kann. Vielmehr ist darauf zu achten, ob beim Erlernen zweier Sprachen auch die Bedürfnisse und Möglichkeiten des Kindes berücksichtigt und normale Unterrichtsbedingungen gegeben sind".* Wer hat sich im Elsaß je Gedanken darüber gemacht? Wer hat sich — innerhalb der Lehrerschaft — je damit beschäftigt?

Ein weiteres, häufig angeführtes Argument gegen die zweisprachige Schulbildung sei hier nur deswegen erwähnt, weil es von einem französischen Erziehungsminister gegen die von einem Gewählten des Departement de la Moselle vorgebrachten Sprachforderungen ins Feld geführt wurde. Es ging um das Problem der Interferenzen, also der Vermischung beider Sprachen. In einem Antwortschreiben vom 7. Januar 1969 an den Abgeordneten Etienne Hinsberger sprach sich der damalige Minister Edgar Faure gegen „die Einführung einer frühzeitigen Zweisprachigkeit in den Schulen eines Grenzdepartements" aus, unter dem Hinweis, daß „die in einem derartigen Fall auftretenden Interferenzen beim Erwachsenen dazu führen könnten, zwei Sprachen zu sprechen, aber keine richtig". So ist es nicht erstaunlich, daß sich ein Bericht des Oberschulamts für das Oberelsaß (Inspection académique du Haut-Rhin) an die Generalräte des Departements auf eben diese Argumentation stützte, um die Gewählten von ihrer Forderung nach einem effektiven, frühzeitg einsetzenden Deutschunterricht abzubringen.

Sprachwissenschaftlich gilt als gesichert, daß sich Sprachinterferenzen bei einer richtig durchgeführten zweisprachigen Erziehung nicht häufen, sondern schrittweise abgebaut, ja fast ganz aufgehoben werden. Alle Untersuchungen über frühzeitige Zweisprachigkeit führen zu ein und demselbem Schluß: je mehr sich das Kind in den unterschiedlichsten Situationen beider Sprachen bedient, desto besser kann es die eine wie die andere festigen. Selbst beim zwei- oder dreijährigen Kind entsteht eine Art „bedingter Reflex", der es je nach Situation ganz selbstverständlich die richtige Sprache anwenden läßt. In diesem Alter merkt das Kind übrigens auch, daß es sich auf zweierlei Arten ausdrücken kann. Der Hinweis darauf, daß der Erfolg der zweisprachigen Erziehung von der Bedeutung abhängt, die der Erzieher jeder einzelnen Sprache beimißt, erübrigt sich dann wohl.

Die persönlichen Verdienste eines Georges Holderith sind nicht genug hervorzuheben. Die Reform, die seinen Namen trägt, hat nicht nur dem Deutschunter-

---

* Vrais et faux problèmes du bilinguisme, S. 187.

richt in der Grundschule wieder den Weg geebnet, sie hat bei den Schulbehörden zu einer veränderten Einstellung gegenüber dem elsässischen Sprachenproblem geführt. Man kann das persönliche Engagement Holderiths besser beurteilen, wenn man weiß, daß sich ein ehemaliger Akademieinspektor ihm gegenüber, als bereits 200 „Holderith-Klassen" eingerichtet waren, die Bemerkung erlaubte, diese Klassen seien „illegal", da von offizieller Seite nur 33 genehmigt worden seien! Heute werden die manchmal noch vorgebrachten pseudopädagogischen Argumente gegen eine Berücksichtigung des Dialekts — Gott sei Dank! — auch von den Schulbehörden zurückgewiesen. Laut Holderith-Reform ist in den Grundschulen ab dem vierten Schuljahr für eine „Hinführung zum Deutschen" eine halbe Stunde pro Tag vorgesehen. Obwohl dieser Unterricht für Schüler und Lehrer fakultativ ist, nehmen nahezu 75 Prozent der Schüler daran teil. Die örtlichen Schulbehörden erteilen den Lehrern, die diese Aufgabe wahrnehmen, nun auch eine entsprechende Ausbildung.

Die Wahl François Mitterrands im Mai 1981 zum Präsidenten der französischen Republik brachte eine Wende in der Haltung des Erziehungsministeriums gegenüber den „Regionalsprachen und -kulturen" in Frankreich. Während seines Wahlkampfs hatte Mitterrand in Lorient (Bretagne) erklärt: „Ein Volk ist zutiefst getroffen, wenn es in seiner Kultur und seiner Sprache verletzt wird. Ich bin für das Recht des Menschen, anders zu sein." Seither wurden verschiedene Maßnahmen getroffen, Bretonisch, Baskisch, Katalanisch, Korsisch, Okzitanisch, Flämisch und Elsässisch in Kindergarten und Grundschule zu gestatten. Ferner wurde eine verdienstvolle Aktion eingeleitet, die darauf abzielt, die verschiedenen „regionalen Kulturen" aufzuwerten.

Am 9. Juni 1982 gab der Rektor der Akademie von Straßburg Pierre Deyon in einem Rundschreiben die erforderlichen Richtlinien für die zu ergreifenden Maßnahmen bekannt, damit die kleinen Elsässer im Kindergarten Dialekt sprechen und in der Grundschule unter den günstigsten Bedingungen Deutsch lernen können. Besonders wichtig in diesem Schreiben ist, daß der Rektor den Dialekt und die deutsche Hochsprache als Formen ein und derselben Sprache bezeichnet: „. . . das Elsässische", so heißt es da, „kennt als seinen schriftlichen Ausdruck eine Kultursprache von internationaler Verbreitung: das Deutsche . . ." Dieses beispielhafte Auftreten wird vom Regionalrat des Elsaß wie von den Generalräten beider Departements tatkräftig unterstützt. Auch Lehrer und Schüler fühlen sich moralisch und pädagogisch bestärkt, was für das Gelingen dieses Vorhabens unbedingt erforderlich ist.

Wäre damit die Zukunft des Deutschen — Dialekt wie Hochsprache — im Elsaß gesichert? Die Zahl der dialektsprachigen Schulkinder nimmt von Jahr zu Jahr ab. In den Städten sind es kaum mehr 25 Prozent. Auch gibt es immer weniger Lehrkräfte mit ausreichenden Deutschkenntnissen, um dieser Aufgabe gerecht zu werden. Zu lange hat man dem ständigen Verfall des Dialekts und der deutschen Hochsprache tatenlos zugesehen. Gewiß, eine zweisprachige Erziehung, die diesen Namen verdient, ist immer noch möglich. Doch bei aller Anerkennung der Verdienste derer, die sich nun für die Förderung der deutschen Sprache einsetzen, muß gesagt werden, daß dies nicht ausreicht, um dem Elsaß die zweisprachigen Menschen zu geben, die es benötigt, um elsässisch zu bleiben und seiner europäischen Berufung nachzukommen. Denn nicht alles hängt einzig und allein von der Schule ab.

Sollte ein effektives zweisprachiges Erziehungswesen eines Tages Wirklichkeit werden und jeder im Elsaß gebräuchlichen Sprache ihren Stellenwert zubilligen, wird das Sprachenproblem in der östlichsten Region Frankreichs dadurch noch lange nicht ein für allemal geregelt. Es würde nur den zweifellos notwendigen Rahmen für die rationelle Ausschöpfung aller sprachlichen Reichtümer des Elsaß abgeben. Diese zweisprachige Erziehung muß sich einen Überblick über die Sprachsituation in allen Bereichen des elsässischen Lebens verschaffen und ist gezwungen, ständig ein neues Gleichgewicht zwischen den betreffenden Sprachen auszumachen, bis sich die Lage stabilisiert hat. Ihr Ziel ist nach wie vor die Erhaltung und Entfaltung des gesamten elsässischen Sprachguts. Man darf allerdings nicht erwarten, daß der Schule gelingt, was ihr nicht gelingen kann: die allgemeine Anwendung beider Sprachen außerhalb ihrer Mauern.

Ganz entschieden muß man sich von der Vorstellung freimachen, die zweisprachige Erziehung könnte dem Dialekt und dem Deutschen wieder die Bedeutung verleihen, die diese Sprachen noch vor einer Generation im Elsaß hatten. Man muß *realistischerweise einsehen, daß diese beiden Formen einer Sprache eine Stellung verloren haben, die sie ganz einfach nicht mehr voll zurückerobern können.* Der politisch-soziale Druck des Französischen ist derart groß, daß sowohl Wahl- wie jene gebürtigen Elsässer, die französischsprachig wurden, den Dialekt im privaten und öffentlichen Leben nicht mehr verwenden, selbst wenn sie eine tatsächlich zweisprachige Erziehung genossen haben. Damit wird den Gegnern von Dialekt und Zweisprachigkeit kein Argument in die Hände gespielt, sondern nur Verständnis gezeigt für das, was machbar ist.

Natürlich wird dieses Erziehungswesen keine perfekten Zweisprachigen hervorbringen, doch wer in einer elsässischen Umwelt aufwächst, kann leichter zweisprachig werden. Daß es Unterschiede im Grad der Beherrschung des Französischen, des Deutschen und des Dialekts geben wird, liegt in der Natur der Dinge. Aber alle Betroffenen könnten sich in einem Alter, in dem der Mensch für eine sprachliche und kulturelle Durchdringung besonders empfänglich ist, ungezwungen begegnen, besser kennen- und schätzenlernen. Sie würden in den entscheidenden Jahren ihres Lebens erfahren, was Respekt und Achtung des anderen bedeutet. Dies wäre ein nicht zu verachtender Pluspunkt der zweisprachigen Erziehung.

All dies mag revolutionär erscheinen. Doch sollten sich die Dinge im Elsaß jetzt endlich ändern, müßte die pädagogische Revolution wohl an erster Stelle stehen, da alles übrige von ihr abhängt. Zweifelsohne wird sie zuerst das Sprachenproblem zu lösen haben; nur auf diesem Umweg kann sich die unumgängliche „Kulturrevolution“ vollziehen. Dabei wäre eine überkommene

Geisteshaltung von Grund auf zu ändern. Das gelingt nicht von heut auf morgen; jeder weiß das. Daß man sich solch einer Perspektive nur zögernd nähert und viel Staub ausgerechnet unter denjenigen aufgewirbelt werden wird, die sich bei weniger brisanten Fragen als „Avantgardisten“ erweisen, dürfte kaum überraschen. Aber letzten Endes geht es hier um die Freiheit jedes Einzelnen, vor allem um die Freiheit des Anderen sowie um die Elsässer selbst.

Freiheit für die einen wie für die anderen

Die zweisprachige Erziehung geht zwar die Gesamtheit der elsässischen Bevölkerung an, Hauptbetroffene aber sind Eltern, Kinder und Lehrer. Es ist gewiß beruhigend festzustellen, daß die Wahrung der Freiheit des Einzelnen Hauptanliegen aller ist. Leider wird nur allzu oft die Freiheit der Einen gegen die der Anderen ausgespielt. Bislang blieb der Machtstaat mit seiner sprachlich-kulturellen Politik der Beherrschung alleiniger Sieger.

Der Auftrag an die Lehrkräfte ist enorm. Daß sie von der Vorstellung, wieder einmal fast das gesamte Gewicht einer Neuordnung des Erziehungswesens der elsässischen Jugend tragen zu müssen, nicht gerade begeistert sind, kann man verstehen. Ganz zu Anfang haben sie Deutsch unterrichtet, dann verlangte man von ihnen, Französischunterricht zu erteilen; kaum war ihnen dies gelungen, wurde erneut Deutsch vorgeschrieben, danach wieder Französisch, nochmals Deutsch und heute nun Französisch. Dabei galt es übrigens nie, ausschließlich eine Sprache zu behandeln, sondern mal diese mehr, mal jene weniger.

Schlimmer ist, daß die Politik stets kräftig mitgemischt hat. Die Staatsmacht verlangte eine totale Anerkennung ihrer Sprache. Da sie die Lehrer als ihre besten Propagandisten betrachtete, kam es oft zu Beanstandungen, wenn sie sich je nach politischer Großwetterlage mit zuviel oder zuwenig Eifer für das Französische oder das Deutsche einsetzten. Vor allem auf die Grundschullehrer, als dem letzten Glied in der Kette aller Unterrichtenden, hat der Machtstaat Druck ausgeübt, damit die sprachlich-kulturelle Bemächtigung eine allesumfassende werde.* Trotzdem haben sich die Lehrer insgesamt nie geweigert, ihrer Aufgabe nachzukommen — selbst in Zeiten, da ihre Vorgesetzten die Erfüllung der einen oder anderen nur ungern sahen. (38)

Ein nie erschöpfend zu behandelndes Problem ist die *Lehrerausbildung* im Elsaß. Von der Einstellung neuer, fähiger Lehrkräfte und einer effizienten Weiterbildung des bestehenden Lehrkörpers hängt der Erfolg einer zweisprachigen Erziehung ja zum großen Teil ab. Der bereits zitierte Bericht des Oberschulamts für das Oberelsaß erinnerte die Gewählten des Departements zu Recht daran, daß „man gegenwärtig zu sehr die Tendenz hat, sich wieder auf das Postulat zu berufen, jeder elsässische Lehrer müsse, weil er Lehrer und Elsässer ist, sozusagen aus Berufung und von Natur her fähig sein, seinen Schülern Deutsch beizu-

* Les luttes linguistiques . . ., S. 196/7, 240—245, 368—373.

bringen".* Vielfach verfügen die dialektsprachigen Lehrer nicht mehr über ausreichende Deutschkenntnisse, um ohne entsprechende vorherige Schulung unterrichten zu können.

In diesem Zusammenhang ist es vielleicht nicht unangebracht, jenen, die sich so pedantisch in puncto „Freiheit der Lehrer" zeigen, ins Gedächtnis zu rufen, daß die Schulbehörden es vor nicht allzu langer Zeit als ganz normal betrachteten, von „jedem elsässischen Lehrer" zu verlangen, Französischunterricht zu erteilen, da er ja „Lehrer und Elsässer" sei! Auch gab es eine Zeit, da man sich nicht scheute, die Lehrer direkt dazu anzuhalten — wie aus manchen Anordnungen des königlichen Erlasses vom 29. Februar 1816 und verschiedenen Rundschreiben des Rektors der Akademie von Straßburg zu ersehen ist: die Lehrer, die sich nicht fähig glaubten, Französisch zu unterrichten, wurden gebeten, einen Ersatzlehrer zu engagieren . . . auf eigene Kosten!

Nur äußerst selten dürfte ein elsässischer Lehrer auf einen derartigen „Ersatz" zurückgegriffen haben. Der Lehrer von damals war — auch wenn er kein Französisch konnte — ebenso schlau wie die Verfasser dieses Erlasses. Er unterrichtete weiterhin auf Deutsch und lernte nebenher etwas Französisch, das er dann für den Tag der Inspektion parat hatte. Noch im Jahre 1859 stellte der Akademiedirektor Delcasso nach dem Besuch verschiedener Grundschulen fest, daß „die deutschen Texte fließend gelesen werden, bei den französischen jedoch gestockt und gestottert wird . . . Allzu oft ist das Französische nur an den Tagen, da wir die Schule besuchen, die Schulsprache".**

Den Lehrer dafür bezahlen zu lassen, daß er eine Sprache nicht ausreichend beherrscht, die weder die seine noch die Sprache der damaligen Elsässer war, ist ziemlich unverschämt. Heute sind wir nicht mehr im 19. Jahrhundert und die Frage nach der Beherrschung des Deutschen im Elsaß unserer Tage stellt sich unter anderem Vorzeichen als damals die Frage nach der Beherrschung des Französischen. Auch haben wir heutzutage eine andere Auffassung von der Freiheit. *Die eigentliche Freiheit der Lehrer besteht nicht darin, sich gegen das Recht des elsässischen Volks auf Wahrung seiner Sprache und seiner Kultur richten zu können, sondern darin, freiwillig eine Fähigkeit zu erlangen, mit der sie der Freiheit dieses Volkes dienen können.*

Bei den Vorschriften für die Einstellung aussichtsreicher Lehrkräfte für die zweisprachige Erziehung müssen sicher neue Wege gefunden werden. Für welche Kriterien man sich auch entscheidet, niemand darf in irgendeiner Weise benachteiligt werden. Doch sobald die zweisprachige Erziehung grundsätzlich und durch eine Rechtsgrundlage gebilligt ist, ist es Sache der Schulbehörden, die erforderlichen personellen und materiellen Maßnahmen zu ergreifen, um ihrem Auftrag — wie schon bei früheren Gelegenheiten — nachzukommen.Es ist nicht

---

* Les luttes linguistiques . . ., S. 217.

** Philippe Dollinger, Histoire de l'Alsace, S. 428.

einzusehen, warum dies im Fall des zweisprachigen Erziehungswesens im Elsaß anders sein sollte.

Was nun die *Eltern* anbelangt, ist die Haltung der Staatsorgane höchst undurchsichtig. Einerseits spricht man ständig von der Freiheit, die diese bei der „Wahl“ der für ihre Kinder geeignetsten Sprache haben müssen, andererseits wird die Willensäußerung der Eltern zugunsten des Deutschunterrichts in der Grundschule tunlichst übergangen. Sobald die Eltern eine vernünftige Zweisprachigkeit in der Schule fordern, wird ihrer sogenannten freien Meinungsäußerung keinerlei Bedeutung mehr beigemessen. „Sie sind keine Sachverständigen,“ entgegnen manche Pädagogen, die in puncto Zweisprachigkeit nicht kompetenter als die Eltern sind. Wählen sie aber für ihr Kind Englisch als erste Fremdsprache, um sich damit — wie unterstellt wird — direkt oder indirekt gegen das Deutsche zu entscheiden, muß ihre „freie Willensentscheidung“ selbstverständlich im Namen der Freiheit und der Menschenrechte respektiert werden . . .

Lange haben sich zumindest die Eltern aus den einfachen Schichten dem auf sie ausgeübten sprachlichen Druck widersetzt. Erst als die Schule, die Kirche und der größte Teil der elsässischen Intellektuellen sie praktisch im Stich ließen und auf die französische Einsprachigkeit des Machtstaats setzten, haben sie allmählich aufgegeben. Nur zu gut hatten sie verstanden, daß die wenigen von Zeit zu Zeit eingeräumten Zugeständnisse an die Dialektsprachigen nur vorübergehender Art und nicht Teil einer Gesamtkonzeption waren. Und trotzdem: jedesmal, wenn die Meinung der Eltern zur Sprachenfrage eingeholt wurde — nicht weil dies demokratischer wäre, sondern weil sie in irgendeiner Weise an den Unzulänglichkeiten des Schulsystems beteiligt werden sollten —, äußerten sie sich unzweideutig zugunsten einer Beibehaltung der sprachlichen Identität der Elsässer. Nie haben sie mehr verlangt, als das, was vernünftigerweise vertretbar war: einen gebührenden Platz für das Deutsche in der Grundschule und eine stärkere Berücksichtigung des Dialekts.

Letzten Endes haben die elsässischen Eltern dann resigniert: viele vermitteln ihren Kindern den Dialekt nicht mehr. Ihr Verhalten erklärt sich zum Teil aus Unbekümmertheit, Gleichgültigkeit und Unkenntnis über die wahre Natur des sprachlichen Problems. Trotzdem kann man ihnen nicht die ganze Verantwortung für den drastischen Rückgang des Dialekts in die Schuhe schieben. Die eigentlich Verantwortlichen sind diejenigen, die trotz ihrer Möglichkeit des Rückgriffs auf politische, soziale, intellektuelle, religiöse und andere Mittel der Macht nie wirklich den Mut hatten, offen gegen die Politik der sprachlich-kulturellen Beherrschung dieses Machtstaats Stellung zu beziehen. Dem so oft geäußerten Willen der Eltern nicht stattgeben und sie dann für den Zerfall des Dialekts und somit des Deutschen verantwortlich machen, ist der Gipfel der Unverfrorenheit. (39)

Da die Elsässer für sich selbst das uneingeschränkte Recht auf ihre Sprache und ihre Kultur fordern, waren sie schon immer leidenschaftliche Verfechter desselben Rechts für die Gastarbeiter. Das ist nur logisch und könnte auch nicht anders sein, denn die Beherrschung durch die Staatsgewalt trifft für Gastarbeiter wie für Elsässer gleichermaßen zu. Und doch muß betont werden, daß beides nicht miteinander verglichen werden kann. Oft versucht man, beide Komplexe zu vermengen, um dann keinen zu lösen, vor allem aber, um besser gegen die elsässischen Forderungen gewappnet zu sein. Auch die Punkte, in denen Übereinstimmung zwischen der Situation der einen und der anderen herrscht, können nicht darüber hinwegtäuschen, daß es zwischen den beiden Positionen einen grundsätzlichen Unterschied gibt.

Das Recht der Gastarbeiter auf ihre Sprache und Kultur beruht auf dem Universalrecht jedes Menschen oder jeder Gruppe von Menschen auf Achtung seiner bzw. ihrer Persönlichkeit. Das Recht der Elsässer beruht ferner auf dem, was Pierre Maugué das „Territorialprinzip" einer Sprache genannt hat.* Die Feststellung, daß zwischen der Sprache eines Volkes und dem Boden, auf dem es lebt, ein enges Band besteht, hat nichts mit Rassismus zu tun. Die besondere Sprache des Elsässers — sein Dialekt — wird im Elsaß gesprochen, und — so wie im Elsaß — in keinem anderen Flecken der Erde. Der Dialekt und seine natürliche schriftliche Ausdrucksform — das Hochdeutsche — haben also ein angestammtes Recht in einem Territorium, in dem sie von Anfang an und lange Zeit hindurch die einzigen Sprachen der betreffenden Bewohner waren.

Die Behauptung, man könne die sprachlichen Forderungen der Elsässer nicht erfüllen, weil dann auch die der Gastarbeiter einzulösen wären, ist schon eine merkwürdige Art der Ablehnung. Dieses Argument wird von unverbesserlichen nationalistischen Gleichmachern ebenso angeführt, wie von zahlreichen dialektsprachigen Intellektuellen, die darin ein bequemes Alibi für ihr psychologisches Kapitulieren finden. Ihre eigene kulturelle Entfremdung ist schon so weit fortgeschritten, daß sie nicht mehr das Gespür dafür haben, wie sie ihre eigene Sprache über Bord werfen, indem sie auf Argumente der „ewigen Assimilierer" zurückgreifen.

Der entscheidende Fehler war, das elsässische Problem der Zweisprachigkeit nicht mit dem der elsässischen Kultur zu verknüpfen. Indem man sich auf das rein Sprachliche beschränkte, hat man in den elsässischen Forderungen sowohl die Bedeutung der Sprache selbst beträchtlich reduziert, als auch auf das Wichtigste verzichtet: die Verteidigung des ureigentlichen Wesens der Elsässer. Dies führte zu einer auf reines Nützlichkeitsdenken ausgerichteten Einstellung, die in Bemerkungen wie der folgenden ihren Niederschlag fand: „Wàs brüche mr? — Gescht Ditsch, hit Frànzeesch! Also redde mr numme frànzeesch!" (Was brauchen wir? Gestern Deutsch, heute Französisch! Also reden wir nur französisch!) Dieser erschreckend kurzsichtige „Realismus" war lange Zeit in allen Bevölkerungsschichten anzutreffen. Warum sollte man übrigens nicht ausschließlich französisch reden, wenn man heutzutage im Elsaß doch ganz gut ohne den Dialekt auskommt? Nur wenige erfaßten sämtliche Aspekte des elsässischen Spra-

* Contre l'Etat-Nation, S. 119.

Gestern Deutsch, heute Französisch . . .

(Kollektion Auguste Wackenheim, Zunderschtzewerscht, kappeletz, S.187)

chenproblems und schon garnicht seine durch und durch menschliche Komponente.

Wenn die Elsässer weiterhin nicht nur Alsaciens sondern auch Elsässer sein wollen, ist es nicht damit getan, in der gegenwärtigen sprachlichen, kulturellen und politischen Situation einen modus vivendi anzustreben. Die Elsässer müssen selbst ihre Geschicke in die Hand nehmen, indem sie für sich und ihr Land über die innere Richtung entscheiden, die die sprachliche, kulturelle und politische Entwicklung nehmen soll, damit das genannte Ziel erreicht werden kann. Das ist der Kern des Problems. Somit ist der Zugang zur kulturellen wie zu einer zwar begrenzten aber realen politischen Machtbefugnis Grundvoraussetzung für die Wiederherstellung einer alle zufriedenstellenden Situation. Ohne eine tiefgreifende Veränderung innerhalb des französischen Staats, ohne die Errichtung einer Regionalgewalt im Elsaß, die diese Bezeichnung zurecht trägt, ist dies nicht möglich.

Regionale Machtbefugnisse im Elsaß

Nationaldemokratie

Die Tatsache, daß die Elsässer gleichzeitig „Alsaciens“ und „Elsässer“ sind, erweist sich nicht nur in kulturellen Dingen als ein Problem, sondern ganz offensichtlich auch in politischen; denn die Anfechtung der elsässischen Persönlichkeit führte notgedrungen zur Frage nach der Glaubwürdigkeit der Demokratie im heutigen Frankreich. Sicher gibt es nirgends auf der Welt die perfekte Demokratie und sie ist, um eine nicht ohne Ironie geäußerte Bemerkung Winston Churchills wiederzugeben, „abgesehen von allen übrigen, das schlechteste politische System überhaupt“. Doch auch ohne den Anspruch auf Perfektion muß die Demokratie gewisse Grundrechte des Menschen gewährleisten, will sie nicht ihre eigentliche Bedeutung einbüßen.

Frankreich gehört zu den Ländern moderner Prägung, in denen die Demokratie auf einer langen republikanischen Tradition beruht. Frankreich zählt auch zu den Staaten mit der umfassendsten Garantie für die persönlichen Freiheiten. Angesichts dieser Tatsachen ist nur schwer zu verstehen, warum die ethnischen Minderheiten ausgerechnet in diesem Land ein so schwieriges Dasein fristen müssen. Die französische Geschichte zeigt nämlich, daß die Regierungspolitik einer kulturellen Entfaltung der verschiedenen Volksgruppen stets feindlich gegenüberstand.

Besonders der ausländische Beobachter ist überrascht angesichts der Feindseligkeit des französischen Staats gegenüber seinen Minderheiten. Selbst der Durchschnittsfranzose, der die Politiker über die „grandeur de la France“, die Großartigkeit Frankreichs, und seine „zivilatorische Mission in der Welt“ reden hört, kann sich nur schwer vorstellen, daß kulturelle und sprachliche Minoritäten in Ländern wie Italien, Spanien oder der Deutschen Demokratischen Republik besser geachtet werden als in seinem eigenen Land, und die jeweilige Verfassung ihnen vielfach vorbildliche Rechte zubilligt. Warum geht das in Frankreich nicht, oder noch nicht? Erst nach Beantwortung dieser Schlüsselfrage ist das Konzept „elsässischer Machtbefugnisse“ eingehend zu erörtern. Fest steht jedoch, daß diese nur innerhalb des politischen Rahmens des französischen Staats ausgeübt werden können. Was manchmal als das „elsässische Problem“ bezeichnet wird, ist in erster Linie ein französisches Problem.

Nicht nur in Frankreich stellt sich das Problem des Existenzrechts ethnischer Minderheiten. Es wurde für zahlreiche Staaten akut, als sie bei ihren Expansionsbestrebungen Gruppen von Menschen, oft ganze Völker in einen politisch-juristischen Rahmen einbinden wollten, der nicht auf diese zugeschnitten war. Zeitweise schien der Staat das Problem dadurch lösen zu wollen, daß er sich diese Volksgruppen einfach einzuverleiben suchte, wozu kein Zwang bestand. Die Beispiele aus Kanada, der Schweiz und — jüngeren Datums — aus Italien und Spanien beweisen, daß die Anerkennung der Grundrechte sowie der persönlichen und kollektiven Freiheiten dieser integrierten Volksgruppen mit der Verfassung eines funktionierenden Staats durchaus vereinbar ist, unter einer Bedingung: Der Staat muß sich von seiner nationalistischen Ideologie lossagen, die er, seit er sich zur Staatsnation erklärt hat, unablässig unter die Leute bringt.

Wenn wir von einem Land sprechen, haben wir uns längst angewöhnt, sowohl das Wort Staat wie den Begriff Nation zu verwenden, ohne uns bewußt zu sein, daß die beiden Ausdrücke nicht synonym sind. Durch diesen so unterschiedslosen Gebrauch werden mehr Probleme aufgeworfen als beigelegt. Indem der Staat den Anspruch erhebt, gleichzeitig Staat und Nation zu sein, eignet er sich, um die totale Einflußnahme auf seine Bürger rechtfertigen zu können, eine Bezeichnung widerrechtlich an und somit Rechte, die ihm legitimerweise nicht zustehen. Rühmt sich ein solcher Staat, eine Demokratie zu sein, verstößt er damit gegen deren ureigentliche Prinzipien. Die so zustandekommende Nationaldemokratie ist eine der unwahrscheinlichsten demokratischen Mischformen. Um hier etwas Klarheit zu schaffen, ist es angebracht, ausführlicher auf den Begriff der Nation einzugehen.

Nation

Bezeichnungen wie französische, deutsche, amerikanische oder kanadische Nation, schweizerische, sowjetische oder korsische, schottische oder kurdische Nation beziehen sich auf Realitäten ganz unterschiedlicher Natur. Auch wenn man heute ohne weiteres davon ausgeht, daß Länder wie Frankreich, die Vereinigten Staaten von Amerika, Kanada, die Schweiz oder die Sowjetunion eine „Nation" darstellen, zögert man doch, denselben Ausdruck auch für Südafrika, Korea, Jugoslawien oder gar für Deutschland zu verwenden. Wenn es um Schotten, Kurden, Korsen, Basken oder Bretonen geht, wird ihnen nicht selten das Recht, sich als Nation zu betrachten, verweigert, vor allem weil sich anstelle der Bezeichnung „Nation" heute der Begriff „Staatsnation" selbst dort durchgesetzt hat, wo er ausdrücklich zu vermeiden ist. Aufgrund der von den Mächtigen bewirkten Gleichsetzung von Staat und Nation werden beide Bezeichnungen heute ausgetauscht. Eine genaue Definition beider Begriffe zeigt jedoch, daß jeder eine Reihe ganz bestimmter Rechte beinhaltet. Falsch wäre es anzunehmen, es handle sich lediglich um einen simplen Wortstreit.

In dem Begriff „Nation" steckt das lateinische Wort natus (geboren, entstanden) wie in den Wörtern „Natur" und „natürlich". Als Nation wurde in früheren Zeiten eine Gruppe von Menschen bezeichnet, die sich ihres gemeinsamen Ursprungs sowie der natürlich gewachsenen, sie verbindenden Beziehungen bewußt waren und innerhalb einer Gemeinschaft lebten, deren Wesenszüge sie trugen. Daß sie zusammen lebten, war für sie das natürlichste der Welt. Erst durch den Kontakt mit anderen Gruppen wurden sie sich ihrer Originalität bewußt und jede noch so kleine Gemeinschaft von Menschen erkannte, daß man sich weniger durch das äußere Erscheinungsbild, als durch eine abweichende Lebensart, eine andere Denk- und Sprechweise unterschied. Man verstand sich . . . oder man verstand sich nicht.

Daraus wird ersichtlich, warum die Sprache zwar nicht zum einzigsten, so doch zum hervorstechendsten Merkmal der Originalität einer Menschengruppe wurde, welche im eigentlichen und etymologischen Sinn des Wortes eine Nation bildete. Für die zu einer bestimmten Nation gehörenden Menschen blieb die Vorstellung von der Nation immer eng mit der Sprache, diesem Kommunikationsmittel par excellence, verbunden. Wer heute den Standpunkt vertritt, daß „die Sprache die Nation ausmacht", stellt das Ganze vereinfacht dar, hat aber nicht unrecht. Sobald diese Leute es mit der Sprache anderer zu tun haben, vergessen sie leider, sämtliche Konsequenzen aus dieser ihrer Überzeugung zu ziehen.

Geht man von der ursprünglichen Bedeutung des Wortes Nation aus, so stellt jede menschliche Gruppe mit eigener Sprache eine Nation dar. Also kann man berechtigterweise von einer baskischen, korsischen oder bretonischen Nation sprechen, ebenso wie von der französischen, der deutschen oder der polnischen. Das Gedankenbild einer baskischen, korsischen oder bretonischen „Nation" besitzt unverändert seine volle Bedeutung, auch wenn sich heute nicht mehr alle Angehörigen dieser Völker bewußt sind, eine Nation zu sein. Und wenn sie sich dessen nicht mehr bewußt sind, so deshalb, weil die kulturelle Beherrschung des Machtstaats ihr Ziel voll und ganz erreicht hat: Abschaffung aller Merkmale, die diese Volksgruppen zu Nationen machten. Dazu gehörte in erster Linie die Beseitigung ihrer Sprache! Die Mächtigen wußten, daß sie durch Unterminierung und schließlich Auslöschung der Sprache dieser „nationalen" Minderheiten gleichzeitig deren „Nationalität" unterminierten und auslöschten.

Da der Staat, nicht allein der französische, die vom Nationalgedanken ausgehende Kraft klar erkannte, versuchte er mit allen Mitteln, sich an die Stelle der in Auflösung begriffenen Nationen zu setzen, indem er das Konzept der Nation usurpierte und sich selbst zunutze machte. Nun bedurfte es nur noch einer geschickten Verquickung des neu gefaßten Begriffs der Nation mit dem Staat — ohne Berücksichtigung der naturgegebenen Unterschiedlichkeiten der inzwischen zu dieser Einheit gehörenden sozialen Gruppen. Von diesem Zeitpunkt an war der Begriff der Staatsnation eine politische und damit juristische Realität, auch wenn er in keinem amtlichen Text erscheint. Die Entwicklung vom Staat zur Staatsnation hat die Frage, ob diese oder jene menschliche Gemeinschaft eine Nation bildet oder nicht, in keiner Weise geklärt; sie hat vielmehr das Feuer des Nationalismus entfacht. (40)

Staatsnation

Dem Staat gelang es, sich ohne größere Schwierigkeiten mit der „Nation" zu identifizieren, weil er erstens die entsprechenden Machtmittel zur Verfügung hatte, zweitens sich ein Staatsgefüge zu geben verstand, das den Bürgern einen Ausbau ihrer Tätigkeiten und Beziehungen untereinander ermöglichte, und drittens diese Erweiterung der zwischenmenschlichen Beziehungen die Vorstellung einer „Nation“ nahelegte, die nicht auf die ursprünglichen Nationen beschränkt blieb.

Wenn wir hier den Machtmißbrauch des Staats verurteilen, dürfen wir daneben nicht vergessen, unter welchen Bedingungen die Staaten entstanden waren. Historisch gesehen traten sie sozusagen an die Stelle des ehemaligen Feudalsystems, weil die Schaffung eines Staatsgebildes einem Bedürfnis der damaligen Zeit entsprach. Das Feudalwesen hatte auf einer bäuerlichen, sprich lokal begrenzten Zivilisation beruht. So lange man denken konnte, waren die Feudalherren die Schutzmacht des Volkes gewesen, das am Fuße ihrer Burgen lebte. Plötzlich traten die Staaten als Garanten einer größeren, persönlichen wie kollektiven Freiheit auf. Da sie ein weitreichenderes Territorium als die ehemaligen Lehensgebiete umfaßten, konnten die Bürger ihr Betätigungsfeld deutlich ausweiten; die Staaten wurden zu einem Element des Fortschritts, der Bereicherung . . . und der Macht.

Bei seiner Entstehung hatte das Staatsgebilde lediglich einen Staatskörper; eine Seele hatte es nicht. Es benötigte eine Identität, in deren Spiegel sich all seine Bürger wiedererkennen konnten. Und in der Absicht, sich eine Seele zu verleihen, identifizierte sich der Staat eben mit der Nation. Damit erhielt er eine „nationale“ Identität, die die Bürger insofern und so lange akzeptierten, als sich ihre eigenen wirtschaftlichen und politischen Interessen mit denen des Staats deckten. Neue Spannungen traten erst auf, als der Staat seine Herrscherlogik zum obersten Gebot erhob und die „nationalen“ Probleme in derselben Manier behandelte wie seine übrigen „Staatsangelegenheiten“, bei denen die „Staatsräson“ — wie sollte es anders sein — stets den Sieg davontrug. Von nun an hatte der Staat nur noch ein Ziel: Ausweitung seiner Macht auf die Gesamtheit seiner Bürger. Damit wurde der Staat als Diener seines Volkes ersetzt durch den Staat als Inhaber der Macht. Es entstand der Machtstaat, den wir noch heute kennen. (41)

Nur selten gab es Staaten, die tatsächlich eine Sprach- und Kulturgemeinschaft bildeten. Da sie aber die Bedeutung der Sprache für ihren inneren Zusammenhalt erkannt hatten, waren sie bestrebt, allen Staatsbürgern ein- und dieselbe Sprache aufzuzwingen: ihre eigene, das heißt, die Sprache derer, die die Macht innehatten — wenn nötig, auf Kosten der Sprache der ursprünglichen Nationen. Selbstverständlich vollzog sich diese Entwicklung nicht von heute auf morgen. Im Grunde gelang es keinem Staat, ganz die Nation zu werden, die er vorgab zu sein; vielmehr lief es darauf hinaus, daß der Begriff der Nation auf den des Staats eingegrenzt wurde, obwohl unsere Staats-Männer diese Tatsache mit ihren kühnen Wort- und Sprachkonstruktionen zu vertuschen suchten. Frankreich war da kein Einzelfall! Das Beispiel der beiden deutschen Staaten zeigt, daß die Staatsnation heute wie früher mit denselben Widersprüchen leben muß und die einzige Lösung darin besteht, „dem Staat zu geben, was des Staates ist“, mehr nicht . . .

Eine der schwerwiegendsten Folgen des Zweiten Weltkriegs war und ist die Teilung Deutschlands in zwei Staaten mit der Schaffung der an die westliche

Welt angeschlossenen Bundesrepublik Deutschland im Einflußbereich der Vereinigten Staaten sowie der an den Ostblock angeschlossenen Deutschen Demokratischen Republik im Einflußbereich der UdSSR. Im Jahre 1949 gab sich die Bundesrepublik ohne Illusionen darüber, daß die Wiedervereinigung beider deutscher Staaten auf absehbare Zeit nicht verwirklicht werden könne, eine Verfassung, die die Regierung dazu verpflichtet, auf diese Wiedervereinigung insbesondere unter Wahrung der „Einheit der deutschen Nation" hinzuarbeiten. So kommt es, daß die Bundesregierung dem Bundestag jedes Jahr einen *Bericht zur Lage der Nation* vorlegt. Diese Einheit der deutschen Nation wurde ausdrücklich in der Verfassung verankert und verbietet der Bundesrepublik die Anerkennung zweier deutscher Nationalitäten. Man ging davon aus, daß die Vorstellung *einer* deutschen Nation somit im Gedächtnis aller Deutschen verhaftet bliebe — ob sie nun Bürger der BRD oder der DDR seien. Ist damit das Problem gelöst? Wohl kaum.

Weder West- noch Ostdeutschland kann sich den Widersprüchen entziehen, die sich daraus ergeben, daß jeder Teilstaat die „deutsche Nation" verkörpern will. Die Deutsche Demokratische Republik gibt sich jede erdenkliche Mühe, ihre Bürger davon zu überzeugen, daß sie die Hüterin der jahrhundertealten Traditionen der deutschen Nation ist. Wesentlich ausgeprägter als in Westdeutschland ist hier das Bedürfnis, sich nicht von den weit in die Vergangenheit reichenden Wurzeln zu lösen und an all dem festzuhalten, was „drüben" als das Beste und Authentischste der deutschen Nation gilt. Somit ist die Erziehung der Jugend, das gesamte kulturelle Leben, das wesentlich tiefer in die Schichten des Volkes hineingetragen wird als in der Bundesrepublik oder in Frankreich, das ganze Informationswesen auf den einen Leitgedanken ausgerichtet: Die Kontinuität der deutschen Nation wird durch das SED-Regime gewährleistet. Wohl ist es auch kein Zufall, daß die so preußisch wirkende, disziplinierte Armee dieses Staates sich „nationale" Volksarmee nennt.

Die Deutsche Demokratische Republik scheint sich die ihr streitig gemachte Legitimität verleihen zu wollen, indem sie, ebenso wie die Bundesrepublik, als Erbin der deutschen Nation auftritt. Tatsächlich aber ist die DDR gehalten, mit ihrer Vorstellung von der Nation an ihren eigenen Grenzen halt zu machen. Faktisch tut sie dies nun auch. Die Bundesrepublik Deutschland ihrerseits spricht offensichtlich im Namen der gesamten deutschen Nation, weil sie sich als der einzige deutsche Staat betrachtet, in dem die Bürger frei ihre Meinung äußern können. Aber auch hier bleibt die Auffassung von einer deutschen Nation an den Begriff des Staats gebunden, an einen deutschen Staat, wie er vor der Schaffung zweier Teilstaaten bestand, was nichts zur Klärung des Begriffs „Nation" beiträgt. Warum auch sollte die „deutsche Nation" sich ausgerechnet mit dem deutschen Staat „in den Grenzen von 1937" identifizieren? Warum dieses Staatsgebilde und kein anderes? Was bedeuten schon 18 oder 19 Jahre in der Geschichte einer Nation oder eines Volks? Natürlich könnten hier politische Gründe angeführt werden, die mit der jüngsten deutschen Vergangenheit zusammenhängen; aber eine gültige Antwort auf die Frage, was Staat und Nation, deutscher Staat und deutsche Nation wirklich sind, geben sie nicht, wollen und können sie nicht geben. Solange man aber diesem grundlegenden Thema ausweicht, wird es keine Antwort auf die Frage nach der „Identität der Deutschen“ geben.

Als der moderne Staat sich zur Staatsnation erklärte, entsprach er damit sicherlich den Bedürfnissen unserer heutigen Gesellschaft und — auch das muß gesagt werden — dem Willen seiner Bürger, die ihren Aktionsradius erweitert wissen wollten. Doch dadurch verstieß die Staatsnation gegen ein Grundprinzip der Nation: die so unabdingbare Gemeinsamkeit der Sprache und — nach Möglichkeit auch — der Kultur. Den Staatsbegriff fälschlicherweise auf den Begriff „Nation“ auszuweiten, oder, was auch nicht richtig ist, den Begriff der Nation auf den des Staats einzuschränken, nützt gar nichts: Eindeutigkeit wird trotzdem nicht erzielt. Versucht man, das Leben einer staatlichen oder nationalen Gemeinschaft auf einem Wunschbild aufzubauen, das einer ernsthaften Hinterfragung nicht standhält, muß dies zu Konflikten zwischen den verschiedenen, integrierten Menschengruppen führen. Voraussetzung für jegliche Veränderung innerhalb der Beziehungen zwischen den betreffenden Menschen ist der Verzicht der Machtinhaber auf gleichzeitige Verkörperung von Staat und Nation. (42)

„Eine Nation, eine Sprache?“ Wenn es ein Land gibt, in welchem die Existenz der Staatsnation auf dieser Forderung beruht, so ist es Frankreich. Spricht man aber im Zusammenhang mit der Communauté française* von der französischen „Nation“, würde niemand auf den Gedanken kommen, hierzu auch die Wallonen, die Bewohner des Aostatals, der französischen Schweiz, Quebecs oder die „Franzosen in Louisiana“ zu rechnen, die doch alle erwiesenermaßen französischsprachig und somit der französischen Kultur verbunden sind — und zwar trotz ihrer relativ häufigen Berührung mit dem Flämischen, dem Italienischen oder dem Englischen. Wieviele von ihnen fühlen sich direkt angesprochen, wenn es um Fragen geht, die die französische Nation betreffen?

Es steht zu erwarten, daß sie, wenn sie über ihre Zugehörigkeit zur belgischen, italienischen, kanadischen oder amerikanischen Nation entscheiden müßten, doch gewisse Vorbehalte äußern oder zumindest den Grad dieser Zugehörigkeit präzisieren wollten. Aufgrund der Gleichsetzung von Staat und Nation stehen die Wallonen, die Bewohner des Aostatals, Quebecs und die Franzosen in Louisiana vor denselben Problemen wie die Bretonen, Basken oder die Elsässer — mit dem Unterschied, daß der belgische, italienische, kanadische oder amerikanische Staat seinen jeweiligen Minderheiten die Möglichkeit einräumt, ihre sich hier und da ergebenden Schwierigkeiten auf eine Art und Weise zu lösen, die ihre jeweilige Persönlichkeit nicht in Frage stellt. In Frankreich ist dies nicht so. Heute gilt für die französische Nation und den französischen Staat ein und derselbe geographische Rahmen: das sogenannte Hexagon, sprich das französi-

---

* Gemeinschaft der Französischsprachigen.

sche Mutterland (das auf der Landkarte annähernd die Form eines Sechsecks hat). Den französischen Politikern ist es gelungen, die „Unteilbarkeit“ von französischer Nation und französischem Staat durchzusetzen. In diesem Punkt sind sich übrigens alle Franzosen einig, was man nicht vergessen sollte.

Obwohl die Situation in Frankreich nicht mit der in einem der beiden deutschen Staaten vergleichbar ist, ergeben sich für den französischen Staat trotzdem dieselben Schwierigkeiten, wenn er seine Auffassung von der Nation in die Wirklichkeit umsetzen will. In Frankreich ist der Wille zu Erhaltung und weiterem Ausbau der kulturellen Bande mit der gesamten französischsprachigen Welt mindestens ebenso lebendig wie in Deutschland der Wille zur Aufrechterhaltung der Einheit der „deutschen Nation“ — wenigstens im Bereich der zwischenmenschlichen Beziehungen. Gewiß, die französischsprachige Welt umfaßt nicht nur die „französischen Nationen“, welche nicht in den französischen Staat eingegliedert sind; diese nehmen aber innerhalb der kulturellen Beziehungen Frankreichs mit dieser frankophonen Welt eine bevorzugte Stellung ein. Nicht umsonst hat die neue Regierung unter Jacques Chirac ein Ministerium für die „Frankophonie“ geschaffen.

Diese kulturelle Solidarität zeigt, wie sehr der ursprüngliche Sinn des Begriffs „Nation“, auch in Frankreich und trotz der Schaffung der Staatsnationen, lebendig geblieben ist. Wann immer die Staatsnation als Nation mit ihrem eigentlichen Sinngehalt auftreten will, muß sie sozusagen zu den Ursprüngen zurückkehren; hinzu kommt, daß die Staatsnation aufgrund ihrer eigenen Zielsetzung ständig versucht sein muß, ihre politischen Grenzen zu überschreiten, will sie mit Menschen, die dieselbe Sprache sprechen und teilweise doch dieselbe Kultur besitzen, Beziehungen erneuern, aufrechterhalten und weiter ausbauen. Um dabei allen politischen Unklarheiten aus dem Weg zu gehen, muß die Staatsnation die Persönlichkeit selbstverständlich aller betroffenen Volksgruppen wahren, was leider nicht immer der Fall ist.

Wie alle Staatsnationen hat Frankreich den Nationsbegriff für sich beansprucht; daher ist es sehr wohl angebracht, an den ursprünglichen Sinn der „Nation“ sowie an die Verpflichtungen zu erinnern, die Frankreich gegenüber den ehemaligen, inzwischen integrierten Nationen hat. Soll man demzufolge weiterhin von einer bretonischen, korsischen, okzitanischen Nation sprechen, wo doch für die große Mehrheit der Franzosen, auch jene, die sich zudem als Flamen, Bretonen, Basken, Katalanen, Korsen, Okzitanen oder als Elsässer fühlen, die Nation eben die französische Nation ist? Ich meine nicht.

Gewiß, jedes Wort steht für eine bestimmte Sache; aber speziell in diesem Fall spiegelt das Kräfteverhältnis, das den aktuellen Sinn des Wortes „Nation“ festlegt, lediglich das De-facto-Kräfteverhältnis zwischen denen wider, die mit diesem Begriff zu tun haben. Indem man sich dem Standpunkt des Stärkeren anschließt, den der Machtstaat mit dem Brustton der Überzeugung vertritt, dürfte man nicht auf dem besten Weg zur Anerkennung des Rechts auf die eigene Kultur und die eigene Sprache sein, um so die eigene Existenz zu untermauern; insbesondere deswegen nicht, weil man sich dadurch in die Gefahr begibt, in dieselben Widersprüche verwickelt zu werden wie die Staatsnation — im Elsaß (sowie in Lothringen) sicherlich mehr als anderswo.

Nie habe ich einen französischsprachigen Bewohner des Departement Moselle aus der Generation meiner Eltern von sich selbst als „Alsacien-Lorrain“ reden hören; und wenn sich ein deutschsprachiger Bewohner dieser Gegend als „Elsaß-Lothringer“ bezeichnet, dann um zu verdeutlichen, daß er sich aufgrund seiner Sprache und Kultur, eben als Mensch, mehr zu den Elsässern als zu den Lothringern hingezogen fühlt. Doch hier gilt es, sich zu entscheiden: entweder man will den ursprünglichen Sinn des Begriffs der Nation beibehalten, der dann auch konsequent auf die Situation im Elsaß (und in Lothringen) anzuwenden ist, oder man will dies nicht, muß dann aber mit dieser Zweideutigkeit leben, die es dem Staat ermöglicht hatte, sich die Bezeichnung „Nation“ widerrechtlich anzueignen und die eigentlichen Nationen gedankenloser der Bedeutungslosigkeit zu überlassen.

Eine einwandfreie Antwort auf die Frage, wer oder was heutzutage eine Nation ist und wer oder was dies nicht ist, gibt es im Grunde nicht. Wie immer man es anstellen mag, im offiziellen Sprachgebrauch derer, die an der Macht sind, wird es immer ein Schlupfloch geben. Sie haben die Mittel, ihren Standpunkt durchzusetzen. Lassen wir ihnen also ihre „Nation“. Begnügen wir uns mit dem Wort „Volk“, das mir im Falle der Elsässer sowieso richtiger erscheint. Damit sind die Unklarheiten des Wortes „Volk“ oder des Begriffs „Nation“ zwar nicht aus der Welt geschaffen und das Problem der deutschsprachigen Lothringer ist nicht behoben; aber man ist dem speziell elsässischen Empfinden nähergekommen.

Die Nation als Idol

Der Gemeinschaftssinn des Menschen wurde zunächst in Familie, Sippe oder Stamm, später durch die lokalen Gemeinschaften geweckt und bestärkt. In früheren Zeiten hatte man ein mehr oder weniger starkes Verlangen, einer „Nation“ anzugehören, was jedoch in keiner Weise mit unserem Nationalgefühl zu vergleichen ist. Ein derartiges Gefühl konnte nicht aufkommen, da der Mensch nicht über die entsprechende Information verfügte, um den Wert einer größeren Gemeinschaft für seine eigene Persönlichkeit zu erkennen. Unser heutiges Nationalgefühl entstand, seitdem wir die neuzeitliche Nation kennen.

Dieses Nationalgefühl hat sich in dem Maße weiterentwickelt, wie sich der Einzelne bewußt wurde, daß er mit zahlreichen Menschen neben einem politischen Schicksal auch eine Lebensart, eine Denk- und Ausdrucksweise und eine Art des Umgangs miteinander teilte, innerhalb eines menschlich-geographischen Rahmens, den der Staat geschaffen hat. Grund für das Aufblühen des Nationalbewußtseins waren nicht nur die epochalen, nationalen Ereignisse, obwohl das Kollektivbewußtsein stark von den grandiosen — positiven wie negativen — historischen Augenblicken geprägt wird. Ob Stunden nationaler Größe oder nationaler Erniedrigung, das Nationalbewußtsein wurde immer von dem Gefühl bestärkt, einer Nation anzugehören.

Das Nationalgefühl ist insofern etwas natürlich Gewachsenes, als der Mensch dadurch seine Zugehörigkeit zu einer größeren Gemeinschaft ausdrückt, die er als seine Nation betrachtet; es verleiht dem Menschen einen dem Zusammenhalt des Staats förderlichen Impuls. So gesehen beflügelt das Nationalbewußtsein einen Geist der Solidarität und der Brüderlichkeit, der Garant für die Freiheit jedes Einzelnen ist. Jedes Volk kennt große Persönlichkeiten, die der Nation und der Menschheit mit soviel Herz und Verstand dienten, daß die ganze Nation berechtigten Stolz empfindet. Leider kennen wir aber auch die Kehrseite der Medaille! Es gibt kein Land, in dem der allmächtige Staat dieses stolze Gefühl nicht zur Befriedigung persönlicher Ambitionen einiger weniger mißbraucht hätte und bereit gewesen wäre, tausende, ja Millionen von Männern und Frauen auf dem „Altar der Nation" zu opfern.

Dieser Mißbrauch des Nationalgefühls wurde nur möglich, weil dieses vom Staat, nachdem er an die Stelle der Nation getreten war, zum Selbstzweck erklärt wurde. Die Nation hört auf, eine Gemeinschaft von Menschen zu sein, und wird zu einem Gebilde, das außerhalb der diesen Staat tragenden Menschen existiert. Sie wird zu einem abstrakten Begriff, schließlich sogar zur Gottheit erhoben — mit ihrem Imam, ihrer Priesterschaft, ihren Gläubigen und ihren Ketzern! Keine Epoche, keine Zivilisation, in der der Kult des obersten Anführers, sei er Inka, Häuptling, König, Kaiser oder „Führer", nicht nahezu der Verehrung eines Gottes gleichgekommen wäre. Dieses Ineinanderübergehen von nationalem und religiösem Gefühl ist keine Erscheinung, die der Vergangenheit angehört. Die Nationalisten schüren es noch heute — und nicht nur im Iran oder in Ländern des Islam, wie man im Westen gerne glauben macht, sondern auch in Europa, ungeachtet dessen, ob es die Verbindung zwischen Kirche und Staat gibt oder nicht. Aufgrund dieser Verbindung zwischen Religion und religiösem Empfinden konnten die Inhaber der Macht die Nationen in Abenteuer verstricken, die ganze Völker in Not und Elend stürzten, was zu anhaltenden Spannungen und offenkundigen Ungerechtigkeiten führte.

Obwohl es immer Rechtschaffene gab, die diese entwürdigende Ausbeutung des religiösen Gefühls anprangerten, wurden sie leider oft durch den Fanatismus vieler Gläubigen zum Schweigen gebracht. Im selben Atemzug muß auch zugegeben werden, daß diese bedauerliche Verflechtung des Sakralen mit dem Profanen bei vielen Kirchenvertretern zumindest zur Tolerierung des Kults der Nation und — weiterführend — der Existenz einer gottgleichen Nation geführt hat. So konnte der Anschein entstehen, die Kirche habe in zahlreichen Fällen eine Unterordnung des Volks oder nationaler Minderheiten unter die zum Idol erhobene Nation mitbewirkt. Es steht zu hoffen, daß diese Haltung nur vorübergehender Natur war und die Grundrechte des Menschen von nun an — nötigenfalls auch gegen den Staat — verteidigt werden. Hier geht es um die Glaubwürdigkeit einer

Ethik, die Grundlage aller Religionen ist — insbesondere aber um die der christlichen Ethik.

Die jüngere Generation hat gezeigt, daß eine nationalistisch geprägte Staatspolitik schlimmste Auswirkungen haben kann. Nimmt diese Politik radikale Formen an, ist ihr kein Mittel zu gering, die niederen Instinkte der nach Belieben manipulierbaren Masse für ihre eigenen Zwecke einzusetzen. Dies führt zu Fanatismus und Haß auf den Anderen. Da der Nationalstolz keinerlei Niederlage duldet, muß er ständig die Flucht nach vorn antreten. Erweisen sich die angetroffenen Schwierigkeiten als unüberwindlich, zögern die Mächtigen nicht, irgendwelche Sündenböcke der Bestrafung „durch die Nation“ auszuliefern. Das ist der Beginn einer systematisch aufgebauten Willkürherrschaft, die gelegentlich zur Katastrophe eben dieser Nation führt. Heute noch stützen sich zahlreiche Politiker auf den Nationalismus, um ihre Politik der Beherrschung innerhalb wie außerhalb des eigenen Landes durchzusetzen. Nationalismus war schon immer eine der schlimmsten Geißeln der Menschheit. (43)

Der Personenkult, diese moderne Version des Häuptlingskults, ist hohen Persönlichkeiten vor allem des politischen Lebens nur zu vertraut, so daß sie bei ihren Kontakten mit dem Volk um nichts in der Welt darauf verzichten möchten. Denken wir nur an die Imagepflege speziell vor den Fernsehkameras. Besonders merkwürdig aber ist, wieviel Glaubhaftigkeit die politische Prominenz nicht nur bei den einfachen Leuten genießt, sondern auch bei jenen, die sich gewöhnlich sehr skeptisch zeigen.

Ist es nicht seltsam, daß es heute nur wenige gläubige Menschen gibt, die bereit wären, dem Oberhaupt ihrer Kirche — und sei es der Papst — ebenso blind zu folgen, wie einem Staats- oder Parteichef, wenn dieser anstatt Glaubenswahrheiten „Staatswahrheiten“ oder auch nur politisch-ökonomische Lehrsätze verkündet. Gleichermaßen gibt es unter den Nichtgläubigen auch nur wenige, die die von ihnen fröhlich verbreiteten „nationalen Wahrheiten“ einer ebenso kritischen Prüfung unterziehen, wie sie es bei Glaubenssätzen oder Wissenschaftsthesen zu tun pflegen. (44)

Um die erwartete Wirkung zu erzielen, muß die zur Gottheit erhobene Nation ihre Vorzüge zur Geltung bringen können. Im allgemeinen sucht sie sich dafür irgendeinen bösen Geist (die soll es ja überall geben) oder eine gegnerische gottgleiche Nation, die als Rivale, besser als Feind auftritt und den Oberpriestern des Nationalismus einen Vorwand zur Denunzierung dieses schändlichen Feindes liefert, dem man dann sämtliche Sünden dieser Welt zur Last legen kann.

Um fortbestehen zu können, benötigt jede „Gott-Nation“ eine „Teufel-Nation“, sprich: die zum Gott erhobene Nation eines gegnerischen Volkes. Im Verlauf ihrer Geschichte hatte es die französische „Gott-Nation“ im wesentlichen mit zwei „Teufel-Nationen“ zu tun: zunächst mit England, dann mit Deutschland.

Im Falle Deutschlands wird die Existenz einer „Gott-Nation“ ohne weiteres angenommen, der sich die Deutschen immer mit Leib und Seele verschrieben hätten. Der Pangermanismus, der zunächst alle Deutschsprachigen in einem einzigen Staat zusammenfassen wollte, nahm rasch ultranationalistische Züge an. Durch die von den deutschen Nationalisten verkündete „Überlegenheit des deutschen Menschen“ wurde dem Rassismus der Boden bereitet, den sich der Nationalsozialismus in verbrecherischer Weise zunutze machte. Die Nation wurde als das höchste Gut von absolutem Wert dargestellt. Der aus dieser Irreleitung des Nationalgefühls entstandene Kult der Nation unterschied sich kaum noch vom Gotteskult.

Hitler und die Nationalsozialisten haben die deutsche Nation nicht nur wie kein anderer verherrlicht, ihre Gott-Nation sollte darüber hinaus mit Gott identisch sein. Wie man das „Gott mit uns!“ oder „Deutschland über alles . . .“ auch auslegen mag, fest steht, daß „gottgläubig“ während der Nazizeit bedeutete: an einen Gott glauben, der auf Erden unmittelbar durch die Nation vertreten war. Wozu dies führte, ist hinlänglich bekannt: systematische Ermordung der „Ketzer“ und Teilung der deutschen Nation als Konsequenz und Schlußstrich unter einen Nationalbegriff, wie er noch bei Kriegsausgang denkbar gewesen wäre.

Deutschland, nun gut, aber Frankreich? „Frankreich“, hört man unsere Nationalisten sagen, „das ist etwas anderes!“ Denn was sie in anderen Ländern als unglaubliche Vergötterung des Staates oder der Nation ansehen, gilt ihnen in Frankreich als patriotische Tugend. Eine Anspielung auf eine als Gottheit verherrlichte französische Nation oder auf die Existenz eines französischen Nationalismus ist für sie gleichbedeutend mit einer Staatsbeleidigung Frankreichs. Ein Hinweis auf Ludwig XIV., Napoleon oder gar die Männer der Französischen Revolution? Das gehört doch alles der Vergangenheit an! Angesichts so zahlreicher, in die Geschichte Frankreichs eingegangener Ruhmestaten dieser Männer, klingt der Vorwurf, sie hätten Deutschland, Italien, Österreich, die Niederlande, die Schweiz ja sogar Rußland unterworfen oder unterwerfen wollen, wirklich hohl. Heute ist all das nicht mehr von Belang. Was bleibt, ist die Erinnerung an eine Reihe von Heldenepen, die den Völkern der Welt die Freiheit gebracht haben. Frankreich, eine der großartigsten Demokratien der Welt, gilt auch als das Land der Freiheit schlechthin. Dies anzweifeln zu wollen wäre schon recht klein kariert. Nationalismus in Frankreich? Das dürfte wohl eine Legende sein, oder?

Nationalismus hat nicht überall dasselbe Gesicht. In Frankreich hatte und hat er nicht dasselbe Gepräge wie der Nationalismus in England, Rußland, Amerika oder Deutschland. Obwohl seine Ideologie immer dieselbe ist, wurde er von der Geschichte und der Situation des jeweiligen Staats geformt. Und wenn die französische Demokratie weitgehend noch eine „Nationaldemokratie“ ist (war?), also eine Demokratie, die sich nur mit Mühe gegen den latenten Nationalismus der Machthabenden zur Wehr setzt, so ist dies aus den Umständen zu erklären, unter denen die französische Staatsnation entstand, sowie aus der Stellung, die Frankreich in Europa innehat.

In allen Ländern kann der Nationalismus auf eine lange Tradition zurückblicken. Er wurde immer dann offenkundiger, wenn sich das betreffende Land in seiner Existenz wirklich oder angeblich bedroht fühlte. In Frankreich vollzog sich der Wandel vom Staat zur Staatsnation auf besonders rasche und schonungslose Weise. Folge davon war eine Anhäufung der aus der Gründung jeder Staatsnation resultierenden Widersprüche. Die Umstände, unter denen die Revolution zum Ausbruch kam, und der Verlauf der Ereignisse danach, spielten bei der Entwicklung der Demokratie in Frankreich und deren Verlagerung hin zur Nationaldemokratie eine wesentliche Rolle.

Zwar wurde der Identifikationsprozeß des Staats mit der Nation nicht durch die Revolution ausgelöst, wurde aber durch diese plötzlich beschleunigt, was zunächst überraschen mag. Auf die Feststellung „l'Etat, c'est moi" und den Ausruf „Vive le Roi" antworteten die Revolutionäre mit „la Nation, c'est nous" und „Vive la Nation". Sie machten Schluß mit dem staatlichen Absolutismus; sie proklamierten die Republik, die nationale Souveränität sowie die Menschen- und Bürgerrechte — alles innerhalb des politischen Rahmens, den die Monarchie und die Herrschergewalt des Königs hinterlassen hatten.

Da die Revolution nahezu allen Herrschaftshäusern Europas als eine Gefahr galt, mußte sie zu einem Zeitpunkt, da sie im eigenen Land größten Angriffen ausgesetzt war, zusätzlich der Gefahr von außen entgegentreten. Um den eigenen Untergang zu vermeiden, trachtete sie danach, ihre Auffassung von der Nation zu „exportieren". Dies, so die berechtigte Einschätzung, würde den Thron der europäischen Monarchien ins Wanken bringen und entsprechend die auf Frankreich lastende Bedrohung verringern. Deutschland wurde zur wichtigsten Zielscheibe der Revolutionäre; von dort gingen die schärfsten politischen Offensiven aus. Die „Rheinarmeen" brachten den Krieg nach Deutschland; seine größten Erfolge erzielte der französische Nationalismus diesseits des Rheins, wobei er den deutschen Nationalismus beflügelte. Da der deutsche Nationalismus als Reaktion auf den französischen entstanden war, sollte er lange Zeit hindurch einen antifranzösischen Anstrich haben, ebenso wie der französische Nationalismus seine antideutsche Ausrichtung beibehielt. Für die französischen Nationalisten bedeutete Franzose, „echter" Franzose und von einer „bestimmten Vorstellung von Frankreich" beseelt sein, sich für die „Grandeur de la France", die Großartigkeit dieses Landes einzusetzen. Vor allem hieß dies, sich Deutschland und „seinen alten Dämonen" entgegenzustellen, übrigens dieselben Dämonen, die Frankreich die Vollendung seines Hexagons ermöglichten und seine Armeen bis nach Berlin, Wien, ja fast nach Moskau vorstoßen ließen. Aber wen kümmert dies schon?

Diese antideutsche Tendenz des französischen Nationalismus erhielt durch den Nationalsozialismus erneut Auftrieb. Doch muß gesagt werden, daß man lange vor der Hitlerzeit ein guter Franzose und gleichzeitig ein Freund der Engländer sein konnte, aber guter Franzose *und* deutschfreundlich, das war nicht denkbar. Durch zwei Kriege, in denen Franzosen und Engländer Seite an Seite gegen Deutschland gekämpft hatten, wurde der französisch-britische Antagonimus aufgehoben. Zwischen Frankreich und Deutschland besteht noch heute ein latenter Antagonismus; innerhalb weniger Jahrzehnte kann man die tiefen Wunden an Leib und Seele, die zwei mörderische Kriege so kurz nacheinander geschlagen haben, nicht vergessen.

Jetzt ist der Nationalismus in Frankreich auf dem Rückzug. Selbst im Elsaß, und vor allem bei der nachrückenden Generation, kommt die Propaganda der französischen Nationalisten immer weniger an, es sei denn, sie zielt auf den Antagonismus zwischen Deutschen und Franzosen ab. Natürlich glaubt man auch im Elsaß immer weniger an den Teufel, auch nicht an den Teufel in Gestalt einer Nation. Doch ist die tiefsitzende Deutschfeindlichkeit der französischen Nationalisten noch immer so fest verwurzelt, daß diese nur mit dem deutschen, besser dem Nazi-Schreckgespenst drohen müssen, und schon zögert der Durchschnittselsässer, sich zu der Eigentümlichkeit seiner Persönlichkeit zu bekennen. Stets fürchtet er, der Untreue bezichtigt oder zu den schlimmsten Scheusalen gerechnet zu werden.

Vielleicht hat die als Gottheit verherrlichte Nation unserer Nationalisten jetzt ausgedient, tot aber ist sie noch nicht und wer gegen sie ist, gilt ihnen heute noch als Ketzer. Und genau an diesem Punkt beginnt die Existenz der Elsässer als menschliche Gruppe mit besonderer Eigenart problematisch zu werden, da diese Eigentümlichkeit auf einen Ursprung und eine Geschichte zurückgeht, die die Elsässer zumindest zum Teil mit zahlreichen Deutschstämmigen gemein haben. Für die Elsässer ist die Verteidigung ihrer Daseinsberechtigung gegen die Angriffe des französischen Nationalismus identisch mit der Verteidigung dessen, was ihre Wesensart — ihre Kultur — dem deutschen oder jedenfalls dem Erbteil zu verdanken hat, das nicht französisch ist.

Wie alle nationalistischen Bestrebungen ist auch der französische Nationalismus nicht nur nach außen gerichtet; er funktioniert gleichwohl im Innern des Landes. Beruht er doch auf einer Ideologie, die voraussetzt, daß sich der Einzelne der Nation unterstellt. Damit ist die Freiheit des Menschen wie des Bürgers gleichermaßen eingeschränkt. Seit der Großen Revolution haben sie die französischen Bürger zwar von der Bevormundung durch den König, der sich als Halbgott verstand, befreit, die dadurch erlangte Freiheit kam jedoch bei den einzelnen, die Republik bildenden „Nationen“ nicht spürbar zum Tragen.

Diese „Nationen“, die korsische, bretonische, baskische, okzitanische oder die deutsche (als solche wurden die Elsässer damals bezeichnet), konnten während der Monarchie nötigenfalls als solche toleriert werden, sofern sie die Souveränität des Königs anerkannten. Die Anerkennung der „nationalen“ Souveränität durch die Revolution aber, führte dazu, daß die früheren Nationen zunächst verwischt und schließlich ausgelöscht wurden. Für die „eine und unteilbare“ Republik gab es nur eine einzige Nation: die französische.

Dieser Monopolanspruch des republikanischen Staats auf die Nation wurde nicht von allen Franzosen akzeptiert. Da die Erste Republik das Vorhandensein ursprünglicher Nationen in Frankreich bewußt ignorierte, leugnete sie etwas, das klar auf der Hand lag und schuf sich selbst in den Reihen derer Feinde, die die Ausrufung der Republik begrüßt hatten. Somit überrascht es nicht, wenn die Revolution — sollte sie zum Erfolg führen — auf Gewalt zurückgreifen mußte. Dabei kam der Sprache eine Bedeutung zu, die sie zuvor nicht hatte. Es war unausweichlich, daß der Staat, der sich die Bezeichnung „Nation" angeeignet hatte, mit der Frage nach der Sprache, genauer gesagt, mit der Einführung einer der gesamten Staatsnation gemeinsamen Sprache konfrontiert wurde. Dieses Problem gab es sicher auch anderswo, aber Frankreich kannte verhältnismäßig viele nichtfranzösische Sprachen. Noch gravierender war, daß die Sprache der Mächtigen, derer, die die Gebiete der späteren Staatsnation zusammentrugen, lange nur von einer Minderheit gesprochen wurde.

Alle unsere modernen Sprachen haben sich aus ehemaligen Dialekten entwickelt, die ursprünglich die Ausdrucksweise nur eines Teils der Bevölkerung waren. In allen Staaten mußten sich die Mächtigen zunächst auf den Dialekt der Region stützen, in der die „Hauptstadt", das heißt der Sitz der Regierungsmacht lag. In den meisten Fällen genügte es, daß diese „Sprache der Mächtigen" Amtssprache wurde, um sich allmählich bei der Gesamtheit der Bürger durchzusetzen. Solange es der zur Amtssprache gewordene Dialekt ausschließlich mit anderen Dialekten zu tun hatte, die auch nur Varianten ein und derselben Sprache waren, gab es bei der Ausweitung der „Sprache der Mächtigen" auf das gesamte Land keine größeren Hindernisse.

Das heutige Französisch hat sich aus dem Franzischen, dem Dialekt der Ile-de-France, entwickelt. Es wurde Amtssprache, als Franz I. es 1539 durch den Erlaß von Villers-Cotterêts zur Gerichtssprache erklärte. Noch 1789 sprach nur eine Minderheit der Franzosen französisch. Die Männer der Revolution, die davon ausgingen, daß es keine „eine und unteilbare" französische Nation ohne die „eine und unteilbare" Sprache geben könne, machten die französische Sprache zu ihrem Paradepferd. „Eine Nation, eine Sprache" hieß es und war weit mehr als ein gängiges Schlagwort. Es wurde zum Schlachtruf all derer, die dem Nationalismus zum Sieg verhelfen wollten und sich dabei gegen die ursprünglichen Nationen im Innern sowie die Konterrevolutionäre außerhalb des Landes stellten. Dies war der Ausgangspunkt für die sogenannte Politik der Jakobiner, die Richtschnur aller französischen Ministerien für das staatliche Schul- oder das nationale Unterrichtswesen wurde.

*Das Jakobinertum**

Persönlich habe ich schon Beamte aus dem Unterrichtswesen scherzhaft sagen hören: „Wissen Sie, ich bin Jakobiner.“ Demgegenüber ist mir noch nie jemand begegnet, der zugegeben hätte, Nationalist zu sein. Dennoch ist das Jakobinertum nur eine andere Spielart des französischen Nationalismus. Daß ein Nationalist gleichzeitig nicht auch Jakobiner wäre und umgekehrt — und zwar in seinem Handeln, kommt im Grunde nicht vor. So war es nicht von ungefähr, daß die Jakobiner, um akzeptiert zu werden, auf ein „nationales“ Schlagwort zurückgegriffen haben.

Dieses Schlagwort „eine Nation, eine Sprache“ ist in einem ganz konkreten Zusammenhang zu sehen. Eine inner- wie außerhalb in verzweifelter Lage befindliche Republik konnte davon ausgehen, daß eine Einschränkung der naturgegebenen sprachlichen Vielfalt im Lande ausschließlich zugunsten des Französischen, das beste, wenn nicht einzigste Mittel zur Schaffung der politischen Einheit Frankreichs war. Wenn man weiß, wie wichtig eine gemeinsame Sprache für den Zusammenhalt einer Gemeinschaft ist, wird einem klar, daß die Jakobiner im 18. Jahrhundert unter allen Umständen eine sprachliche Einheit herbeiführen wollten. (45)

Besonders folgenschwer war die Tatsache, daß die sprachlichen Zielsetzungen der Jakobiner den Nationalisten genau die richtige Waffe für deren Einflußnahme an die Hand gaben, die einerseits auf dem Umweg über die „nationale“ Sprache, andererseits über die von dieser Sprache getragene Kultur erfolgte. Nachdem die Nationalisten die Macht errungen hatten, konnten sie die Anerkennung des Französischen als der dominierenden Landessprache zum zentralen Merkmal des französischen Patriotismus machen. Wer die dominierende Stellung des Französischen in Frage stellte, galt als schlechter Franzose. Wer daneben seiner eigenen Sprache verhaftet blieb, galt als antirepublikanischer Reaktionär. Man sprach zwar noch lange Zeit weiterhin korsisch, baskisch, bretonisch, flämisch, okzitanisch, katalanisch und elsässisch, aber die Lage dieser Sprachen wurde immer bedenklicher. Der Staat fand Mittel und Wege, dem Jakobinertum zum Sieg zu verhelfen, das noch heute einen starken Einfluß auf die Denkweise der Franzosen ausübt.

Den Franzosen ist es fast zur zweiten Natur geworden, hauptsächlich aufgrund der Rolle, die die Staatsgewalt im gesamten Bildungswesen von Kindergarten bis Universität letztendlich spielen konnte. Als der seit der Restauration latent vorhandene Konflikt Anfang des 19. Jahrhunderts zur offenen Konfrontation und zur Trennung von Kirche und Staat führte, konnte das Jakobinertum, um auch der letzten Widerstandsnester Herr zu werden, auf den militanten

* Die Jakobiner waren die radikalsten Revolutionäre und eifrigsten Verfechter eines starken zentralistischen Frankreich; später entwickelten sie sich zu den radikalsten Nationalisten. (Anm. d. Ü.)

Laizismus* nahezu der gesamten Lehrerschaft der Dritten Republik zurückgreifen. Das Dogma der Jakobiner nahm fast religiöse Züge an, wenn es darum ging, gleichzeitig gegen die Kirche, die katholische, und eine vom Französischen abweichende Sprache vorzugehen — speziell in der Bretagne, im Baskenland und nach dem Ersten Weltkrieg im Elsaß.

Der Kampf für die konfessionslose Schule wurde zu einem „nationalen" Ringen. Die starke Nationale Lehrergewerkschaft (SNI) trat entschlossen als Verteidiger der „nationalen Einheit" gegen die „Anhänger eines feodalen, klerikalen Frankreich" und den „verwerflichen Partikularismus der Autonomisten und Separatisten" auf. Der Streit um die Einführung der „Laiengesetzgebung" ging Hand in Hand mit der Bekämpfung jeglicher Art von Regionalismus. Als das Unerträglichste am elsässischen „Partikularismus" galt die starke Stellung, die das Deutsche damals im Elsaß hatte. Als nach 1945 kein Deutsch mehr in den Grundschulen unterrichtet wurde, setzte die SNI alle Hebel in Bewegung, damit es nicht wieder eingeführt werde. Neben der vollen Unterstützung durch das Erziehungsministerium und die Mehrzahl der höheren Beamten im Elsaß konnte die Gewerkschaft dabei auch auf bestimmte Linksparteien, insbesondere die Französische Sektion der Arbeiterinternationale (SFIO) zählen. Von nun an sollten diejenigen, die sich für das Unterrichtsfach Deutsch an der Grundschule einsetzten, als „Reaktionäre" abgestempelt werden.

Die sprachlichen Forderungen der Jakobiner haben heute einiges an Härte verloren; der früher vom französischen Staat vertretene Dogmatismus ist gemäßigter. Im Hinblick auf verschiedene Regionalsprachen wurden gewisse Konzessionen gemacht, jedoch erst, nachdem die jakobinische Politik der Regierung im wesentlichen ihr Ziel erreicht hatte: Auflösung der Sprachen der Minoritäten und somit Zerstörung der Persönlichkeit von Millionen Männern und Frauen. Durch diese Konzessionen wurde das De-facto-Monopol des Französischen in der Schule oder den Massenmedien, Institutionen, in denen letztlich über das Schicksal einer Sprache entschieden wird, kaum angetastet.

In diesem Zusammenhang ist nun auf den erfreulichen Gesinnungswandel in den politischen Parteien mit weit zurückreichender jakobinischer Tradition hinzuweisen. Es hat in der Tat den Anschein, als ob mit der Regierungsübernahme durch eine personell erneuerte sozialistische Partei die Regionalsprachen nicht mehr unterdrückt werden sollten und eine Kulturpolitik einsetzte, die den Kulturen der einzelnen Volksgruppen in Frankreich eine echte Chance einräumt. Gewiß, es ist niemals zu spät, das große, seit Jahrhunderten zugefügte Unrecht wieder gutzumachen und die erforderlichen Maßnahmen für ein kulturelles Wiederaufblühen zu ergreifen, von dem das ganze Land profitieren könnte. Aber die Zeit drängt — vor allem im Elsaß. Lange, allzu lange hat man ver-

* Nicht nur strikte Trennung von Kirche und Staat, sondern auch Förderung einer nichtreligiösen Weltanschauung. (Anm. d. Ü.)

Aufruf der Dichter, Schriftsteller, Liedermacher und Kulturschaffenden an die elsässischen Gewählten.

Wir stehen heute am Scheideweg unserer Kulturgeschichte. Das Elsass wird sich entfalten oder im Banalen ersticken. Das hängt ganz davon ab, ob die für das Elsass Verantwortlichen heute den Mut haben, ihrem Land eine würdige kulturelle Zukunft vorzuschlagen. Sie wissen, dass die sprachliche Lage im Elsass durch den Besorgnis erregenden Rückgang des Dialekts gekennzeichnet wird. Wenn das so weitergeht, wird die elsässische Jugend des Jahres 2000 kein Elsässerditsch mehr sprechen.

Das Verschwinden des Dialekts würde das Auslöschen unseres kulturellen Erinnerungsvermögens bedeuten sowie den Zusammenbruch eines der beiden Stützpfeiler der elsässischen Zweisprachigkeit und somit unserer Fähigkeit, uns im europäischen Raum zurechtzufinden.

Es geht deshalb darum, so schnell wie möglich eine Sprache zu retten, nicht um ihrer selbst willen, sondern wegen der Entfaltungs- und Aufstiegsmöglichkeiten, die sie in sich birgt, und zur Erhaltung der Menschenwürde all derer, die sie sprechen.

Noch nie wurde das elsässische Sprachproblem so tiefgründig untersucht wie in den letzten Jahren. Es geht hier nicht um die Auseinandersetzung oder die Abgrenzung der Sprachen und Kulturen, sondern um die Möglichkeiten für ihre Konvivialität, das heisst die elsässische Art und Weise, Franzosen und Europäer zu sein. Diese Reflexion muss unfruchtbar bleiben, solange die Gewählten sich weigern, die sprachliche und kulturelle Besonderheit des Elsass in ihre Erwägungen miteinzubeziehen.

Wir fordern Sie deshalb auf, eine öffentliche Verpflichtung einzugehen und als ersten Schritt **einen offiziellen Status für unsere Regionalsprache in ihren beiden Komponenten zu erwirken**: für den Dialekt, die gesprochene Sprache, und für das Hochdeutsche, seine Schriftsprache.

Lassen Sie es nicht mehr zu, dass über den Dialekt nur in "Kommissionen" verhandelt wird, wo er durch Verschleppungsmanöver erstickt wird. Schenken Sie den "kulturellen Einrichtungen" kein blindes Vertrauen mehr, denn sie könnten letzten Endes zu Museen einer toten Sprache werden. Und machen Sie vor allem nicht mehr das Volk für seinen kulturellen Selbstmord verantwortlich: denn das Volk folgte nur dem verderblichen Beispiel seiner Elite.

Die kulturelle Bewegung im Elsass ist bereit, Ihnen konkrete Vorschläge zu unterbreiten, damit die Kulturkatastrophe und ihre schwerwiegenden Auswirkungen im sozial-wirtschaftlichen Bereich vermieden werden können.

Wenn diese Stimmen nicht rechtzeitig Gehör finden, müssen wir damit rechnen, dass sich der elsässische Regionalismus radikalisiert: wenn die Dichter verstummen, weil die Enttäuschung sie zum Schweigen gebracht hat, kommt die Zeit der Gewalt.

3. Januar 1980

François Brumbt - Christiane Baumert - René Bauerle - Paul Bernhardt - Paul-Martin Buhr - Jean Christian - Angèle Claus - Camille Claus - Alice Dammert - Anna-Maria Hecklen-Obernesser - Patrick Hecklen-Obernesser - René Egles - Roland Engel - Adrien Finck - Folk de la Rue des Dentelles - Lucien Fonné - Anne Franck-Neumann - Michel Gruner - Marguerite Haeusser - Gaston Jung - D'Jung Elsasser Buehn - Alain Kauss - Nathan Katz - Dr. Léon Kieffer - Micheline Kieffer-Adam - Pierre Klein - Pierre Kuentz - Gérard Leser - La Manivelle - Eugène Mann - Pierre Merg - Henri Mertz - Astrid Meyer - Joseph Meyer - Patrick Meyer - Armand Peter - Eugène Philipps - Raymond Piela - Sylvie Reff - Joseph Reithler - Freddy Sarg - Jean-Jacques Schaettel - François Schaffner - Louis Schittly - Charles Schlosser - Jean-Pierre Schmidtlin - Fernand Schmitt-Abry - Jean-Pierre Scholler - Gérard Siegwalt - Roger Siffer - Charles Stauffer - Groupe Torpédo - Guy Trendel - Simone Villanueva-Kautzmann - Gilbert Vincent - Jean-Paul Sorg - André Weckmann - Antoine Wicker - Conrad Winter - Dr. Jean-Paul Wurtz - Etienne Zeller - Jean-Daniel Zeter - Georges Zink - Paul Dietrich - Jean-Louis Hoffet - François Holterbach.

sucht, die für die sprachliche Eigentümlichkeit der Elsässer bedrohliche Situation zu leugnen oder zu bagatellisieren.(46)

Noch im Januar 1980 hat das Nationale Institut für Statistik und Wirtschaftsstudien im Auftrag des Präfekten für das Unterelsaß und sozusagen als Antwort auf den „Aufruf der Dichter, Schriftsteller, Liedermacher und Kulturschaffenden an die elsässischen Gewählten“ sowie auf die Stellungnahme der Generalräte zugunsten der „elsässischen Zweisprachigkeit“ in aller Eile beruhigende Zahlen über die Situation des elsässischen Idioms veröffentlicht, ohne diese zuvor einer fundierten Analyse zu unterziehen. Dementsprechend konnte man in einem der ersten Kommentare in der Presse lesen, dem Dialekt ginge es „besser, als allgemein angenommen“.* Keine zwölf Monate später sah sich dieselbe Zeitung aufgrund einer eingehenderen Untersuchung der Ergebnisse der genannten Studie veranlaßt zu schreiben, daß „jeder Einzelne von uns so häufig auf das Französische zurückgreift, daß dem Dialekt, der von innen her untergraben, ja buchstäblich von Fremdkörpern ausgehöhlt wird, keine Überlebenschance mehr bleibt“.**

Diese Einstellung gegenüber den Regionalsprachen und den Völkern, die diese sprechen, ist typisch für das französische Jakobinertum und enthüllt seinen durch und durch nationalistischen Charakter. Solange der elsässische Dialekt „gesund und munter“ war, hat man ihn auf unwürdigste Weise bekämpft und seine Befürworter als zweifelhafte Patrioten bezeichnet. Warum sollte man etwas zur Rettung des Dialekts unternehmen, wenn es ihm doch gut ging? Jetzt aber, da „die Statistiken zeigen, daß unsere Sprache total kaputt ist“ (D'Statistike düen s bewiese, sie isch archifüti unsri Sproch), wie Germain Muller schon vor 20 Jahren in einem berühmt gewordenen Chanson feststellte, ist die Reaktion der Jakobiner immer noch dieselbe: da der Dialekt nun einmal dazu verurteilt ist, zu verschwinden, lohnt es sich auch nicht mehr, ihn zu retten . . . Was nützt es, einem Sterbenden eine Sauerstoffmaske überzuziehen!

Daß es in Frankreich Regionalsprachen gibt, ist eindeutig ein politisches Problem, das zunächst nur bestimmte Regionen, im Grunde aber das gesamte französische Volk angeht. Wenn die Glaubwürdigkeit der französischen Demokratie von der Lösung dieses Problems abhängig gemacht wird, ist damit nicht unterstellt, Frankreich hätte ein antidemokratisches Regime. Ein Land aber, das sich zu den großen Demokratien dieser Welt zählen will, kann Menschen und Völkern mit einer Geschichte, einer Sprache, einer Kultur, einer Wesensart also, die von der der „Nation“ als Ganzes abweicht, nicht länger die Daseinsberechtigung und alle sich daraus ergebenden Rechte verweigern.

---

* Dernières Nouvelles d'Alsace, 19. 1. 80.

** ibid., 2. 8. 81.

Eine demokratische Demokratie!

In jedem Land hat die Demokratie ihre eigene Geschichte; überall hat sie ein anderes Gesicht. Manchem mag es wichtig erscheinen, den französischen Charakter der Demokratie in Frankreich zu betonen, je nachdem welche Bedeutung er den beiden Begriffen beimessen möchte. Handelt es sich aber um die Bezeichnung „national", ist diese in den meisten Fällen und speziell in Frankreich mit politischen Hintergedanken befrachtet. Wie dem auch sei, eine authentische Demokratie hat keine besondere Kennzeichnung zu ihrer Selbstbestätigung nötig — sollte dies nicht nötig haben. Fundament der französischen Demokratie ist eine liberale Auffassung der Politik sowie das Postulat, daß die Demokratie im Dienst der gesamten Nation stehen muß. Es genügt aber nicht, in sämtlichen Tonarten ein Lied über Freiheit und nationale Einheit anzustimmen, und schon ist diese garantiert. Oberstes Gebot ist es, diesen Begriffen Sinn und Inhalt zu verleihen, damit der Mensch wie der Bürger diese voll erfassen und sich selbst frei entfalten kann.

Freiheit und Freiheiten

„Sie betreten jetzt das Land der Freiheit", konnte der Fremde während der Revolution bei seiner Einreise nach Frankreich lesen. Frankreich war das erste unter den europäischen Ländern gewesen, das gegen jede Art der Unterdrückung einen „Freiheitsbaum" an seinen Grenzen aufstellte. Tausende von Franzosen haben in den Augenblicken, in denen es um die Zukunft der Freiheit in unserer Gesellschaft ging, alles, selbst ihr Leben hingegeben, um dem Menschen die Freiheit zu erhalten. Die Freiheit des Einzelnen wird in Frankreich — um dies noch einmal zu betonen — ebenso wie, manchmal sogar überzeugender garantiert als in vielen westlichen Demokratien. Doch kann man nicht ewig von den Errungenschaften aus der Vergangenheit leben, sich dem Konservatismus verschreiben und mit dem Wort Freiheit in einer Welt jonglieren, die ganz andere Anforderungen kennt.

Will man sein Leben nicht als Einsiedler verbringen oder warten bis die anderen kollektive Verantwortlichkeit zeigen, muß der Einzelne seinen eigenen Freiheitsanspruch stets nach dem der Gruppe ausrichten, mit der er das Schicksal teilt. Die Freiheit des Einzelnen ist nicht von der der Gemeinschaft — im engeren wie im weiteren Sinn des Wortes — zu trennen. Zwar ist es nicht einfach, jedem seine individuelle Freiheit zu gewährleisten, ohne dabei gegen die Freiheit der Gemeinschaft zu verstoßen; aber gerade in der Ausgewogenheit zwischen diesen beiden Forderungen liegt die Daseinsberechtigung der von uns Menschen geschaffenen Institutionen, deren wichtigste der Staat ist. Er muß dafür sorgen, daß die Freiheit des „Menschen und Bürgers" nicht mit der Freiheit der Nation kollidiert und umgekehrt. Eine Demokratie muß sich dadurch von anderen politischen Systemen unterscheiden, daß sie dem Einzelnen wie den verschiedenen

Gruppen des Sozialgefüges angesichts der Tendenz des Staats, im Sinne seiner Machtausübung die Rechte seiner Bürger zu schmälern, eine größere Freiheit garantiert.

Die Demokratie wird jedoch gröblich mißachtet, wenn die Wahrnehmung eines Grundrechts des Menschen durch die Staatsräson behindert wird. Wenn die Freiheit des Einzelnen und die seiner naturgegebenen Gemeinschaft gegenüber Staat und Nation nicht höher bewertet werden als zur Zeit der Monarchie, hat das politische System eines solchen Staats nichts mit einer Demokratie zu tun. Eine Demokratie, die ein sie qualifizierendes Attribut benötigt, um in künstlichem Glanz zu erscheinen, verdient diese Bezeichnung nicht. Schließlich ist es nicht normal, daß Bretonen, Korsen oder Basken in Frankreich die Waffen sprechen lassen müssen, um das Wertvollste, das es für den Menschen und seine Gemeinschaft gibt, zu retten: die eigene Sprache und die eigene Kultur.

Gewaltanwendung ist ein derart ernstes Problem, daß man sich mit einigen oberflächlichen Bemerkungen nicht zufrieden geben kann. Auch gibt es Gewalt und Gewalt. Wird sie auf Kosten eines Individuums, einer Gruppe oder einer Gemeinschaft ausgeübt, gefährdet sie die Freiheit jedes Einzelnen. Der Gewaltakt ist durch nichts zu rechtfertigen. Gewisse Tatsachenbestände können jedoch Situationen anhaltenden Gewaltzustands hervorrufen, wobei sich diese Form der Gewalt nicht unbedingt auf spektakuläre Weise äußern muß. Dies erklärt, warum sich ein Staat, der das Wesen eines eingegliederten Volks unter Hinweis auf das Nationalinteresse langsam aber sicher zerstört, der Gewaltanwendung schuldig macht. Unter Mißachtung eines Grundrechts des Menschen wendet er Gewalt an gegen Körper, Seele und Geist von Menschen, die ihrem Wesen nach zu eben diesem Volk gehören.

In einer Erklärung der französischen Regierung vor der Menschenrechtskommission der Vereinten Nationen hieß es, Frankreich „könne die Existenz ethnischer Gruppen, seien es Minderheiten oder nicht, nicht anerkennen. Hinsichtlich der Religion und der Sprache (ausgenommen die Nationalsprache) verweist die französische Regierung darauf, daß es sich dabei um zwei Bereiche handelt, in denen es nicht um öffentliches Recht geht, sondern um die private Ausübung öffentlicher Rechte durch Staatsbürger." Auf die in diesem Zusammenhang sonderbare Verbindung zwischen Sprache und Religion soll hier nicht eingegangen werden! In einem Punkt aber könnte die Erklärung der französischen Regierung gar nicht präziser sein: Die französische Demokratie ist und war nie darauf bedacht, die Identität der Minderheiten in ihrem Staat zu wahren. Sie anerkennt nicht einmal deren juristische Existenz. Sicher, der Staat toleriert sie — „privat" sozusagen. Dies ist der einzige positive Aspekt der Freiheit, die Frankreich seinen zu den verschiedenen Volksgruppen gehörenden „Bürgern" zuerkennt. Was aber ist eine Freiheit ohne verfassungsmäßige Garantien in einer Staatsnation überhaupt wert? Für Sprachen und Kulturen, die jahrhundertelang dem Druck, ja der Unterdrückung durch die Staatssprache und die Staatskultur ausgesetzt waren, bedeutet Toleranz lediglich Freiheit auf Abruf.

Weil die Menschenrechtskommission die Auffassung vertritt, daß das Recht der Minderheiten auf die eigene Sprache und die eigene Kultur fraglos zu den Menschenrechten zählt, haben die Vereinten Nationen einen „Unterausschuß für den Kampf gegen diskriminierende Maßnahmen und den Schutz der Minderheiten“ eingesetzt. Der dort am 30. März 1977 vorgelegte Bericht über die Rechte der ethnischen, religiösen und sprachlichen Minderheiten angehörenden Personen ist Beweis dafür, daß sich die höchste politische Instanz der Welt sehr wohl für das Schicksal der Minoritäten interessiert. Hier gilt es festzuhalten, daß die Staatsnationen, um ihr Gesicht zu wahren — wie die Reaktion der damaligen französischen Regierung zeigte —, diese Frage durch alle nur erdenklichen Ausflüchte zu umgehen suchen. Da prangern sie schon eher die Verletzung der Menschenrechte in anderen Staaten an, vorausgesetzt, die betreffenden Staatsmänner sind vom Schlage eines Pinochet und verfügen nicht über große Erdölfelder!

Bei nur wenigen Themenkomplexen legen die Staaten so viel Scheinheiligkeit an den Tag wie bei der „Wahrung der Menschenrechte“. Natürlich, Recht und Recht ist zweierlei. Es ist allgemein bekannt, daß die Regierungen zahlreicher Staaten weder die Meinungsfreiheit, noch das Recht auf Kritik oder Erziehung respektieren, und daß in manchen Fällen mit meisterhafter Perfektion eine Politik der Ausgrenzung und der Unterdrückung verfolgt wird, die vor Folter und physischer wie psychischer Ausschaltung nicht zurückschreckt. Natürlich ist die schlichte Liquidierung der politischen Gegner oder ganzer Völker mit der schrittweisen, fast „friedlichen“ Zerstörung von Sprache und Kultur der Minderheiten nicht im geringsten zu vergleichen; diese beruht aber ebenso auf der Ablehnung des Anderen, des Andersgearteten, und zeugt von Mißachtung des Menschen, den man zu einem Dasein als Unterworfener oder am Rande einer von der Staatsnation geschaffenen Gesellschaft zwingt.

„In bezug auf die Wahrung der Menschenrechte hat uns niemand eine Lektion zu erteilen“, so hören wir es von unseren Staatsmännern. Und damit haben sie recht. Doch sollte man sie daran erinnern, daß auch sie keine solche zu erteilen haben. Die Separatisten in Quebec werden offen von den französischen Nationalisten unterstützt, während diese den Autonomisten in Frankreich vorwerfen, Wegbereiter des Separatismus zu sein. Aufgrund der Menschenrechte haben die Einwohner von Quebec das Recht, ihre Sprache und Kultur gegen den Monopolanspruch des Englischen zu verteidigen. Dasselbe Recht sprechen die französischen Nationalisten den Korsen, Bretonen, Elsässern usw. ab. Heißt das nun, daß sie nicht logisch handeln? Ganz und gar nicht. In Frankreich, wie in verschiedenen anderen Ländern, sind die Menschenrechte auf diejenigen Rechte beschränkt, die dem Interesse der Nation dienen, wobei diese nicht unbedingt mit den Interessen der Menschengruppen, die die Nation am Leben erhalten, identisch sind. Und die Moral von der Geschicht'? Deckt sie sich mit der Staatsräson, ist ja alles in Ordnung; wenn nicht, dann eben nicht. Der Bürger vergißt ja so rasch . . .

Wer das Thema Wahrung der Identität des elsässischen Volkes zur Sprache bringt, stellt fest, daß sich die Liga für Menschenrechte hierin bislang äußerst zurückhaltend gezeigt hat. Da sie das Problem als solches aber nicht gänzlich umgehen kann, ist sie bemüht, es in Verbindung mit dem der türkischen, spanischen, portugiesischen, arabischen und sonstiger Gastarbeiter zu sehen. Dies ist zweifellos richtig, zufriedengeben kann man sich damit aber nicht. Die Zurückhaltung angesichts der Rechte der Elsässer auf ihre Sprache und ihre Kultur rührt daher, daß die Elsässer selbst auf die Mißachtung dieser Rechte nur sehr zaghaft reagieren.

Im Elsaß ist nichts unmöglich. So wird ausgerechnet im Namen der Menschenrechte, und zwar der Rechte der ausschließlich französischsprachigen Menschen dieser Region, dem eigentlichen Elsässer das Recht verweigert, der zu sein und zu bleiben, der er ist und immer war! Daß dadurch das allgemeine Prinzip der Menschenrechte gegen das Recht des Alsacien auf eine gleichzeitige Existenz als Elsässer verwendet wird, zeigt, daß diejenigen, die sich der Unterstützung des allmächtigen Staats sicher sind, den Begriff „Menschenrechte" ganz nach ihrem Belieben interpretieren. Dies scheint mir äußerst bedenklich.

Die Elsässer verstehen sich nicht als „nationale Minderheit", sofern damit unterstellt werden sollte, daß sie sich nicht als Teil der heutigen französischen Nation betrachten. Tatsache ist, daß sie dasselbe Nationalgefühl haben wie alle übrigen Franzosen. Nur wird das grundsätzliche Recht der Elsässer auf Wahrung ihrer sprachlichen und kulturellen Eigenart davon nicht berührt. Hier handelt es sich um ein Menschenrecht wie das jeder anderen Gruppe von Menschen, die sich in Sprache und Kultur von der Nation als Ganzes unterscheidet. Insofern hat die Erklärung in der Schlußakte der Konferenz über Sicherheit und Zusammenarbeit in Europa (KSZE) vom 1. August 1975 auch im Elsaß ihre volle Gültigkeit.

Diese Erklärung von Helsinki anerkennt das Recht der einer nationalen Minderheit angehörenden „Personen" auf Gleichheit vor dem Gesetz und vollständige Wahrnehmung der Menschenrechte und Grundfreiheiten. Aber auch in diesem Text ist nur von „Personen" die Rede, also vom Menschen als Einzelperson. Auf das Recht von Menschengruppen — auf das Kollektivrecht — wird nicht eingegangen, was aber gerade für die Minderheiten das Entscheidende ist. Es wird sich auch solange nichts ändern, wie das Terrain der Menschenrechte die ausschließliche Domäne des Staats bleibt, wo dieser tun und lassen kann, was er will. Daß das hier aufgeworfene Problem nicht nur osteuropäische Länder angeht, ist wohl nicht ausdrücklich hervorzuheben. (47)

Einheit und Unitarismus

Das Streben nach nationaler Einheit hat in unseren modernen Staaten einen hohen Stellenwert; es ist vollkommen legitim. Doch die Verwirklichung dieser Einheit muß hart errungen werden. Je größer die Ausdehnung eines Staates und je größer die Zahl der Bevölkerungsgruppen unterschiedlicher Herkunft, desto größer die Schwierigkeiten. In der Praxis kann der Staat sein Staatsgebiet und seine Politik nur höchst selten so gestalten, daß die gemeinsam erarbeiteten Reichtümer allen Bürgern gleichermaßen zuteil werden. In allen Ländern kennen wir Interessengruppen und soziale Schichten, die verschiedene moralische und materielle Ziele verfolgen. Konfliktsituationen sind da fast unumgänglich. Der Staat ist natürlich bestrebt, die Einheit der Nation mit allen Mitteln zu erhalten — selbst wenn er sich dabei über soziale Mißstände oder menschliche Probleme der Minderheiten hinwegsetzt.

In einer so vielschichtigen Welt, die sämtlichen Einflüssen und Ideen gegenüber offen und mit unterschiedlichsten Meinungen und Spannungen konfrontiert ist, wäre es absurd anzunehmen, eine Gemeinschaft könne in allen Fragen, die den Menschen beschäftigen, geeint auftreten. Niemals wird es vollkommene Übereinstimmung unter den Bürgern eines Staats geben. Nur der sogenannte Pluralismus kann zwischen der Freiheit des Einzelnen und der der Gesamtheit vermitteln; er ist der beste Garant für die Einheit der Gemeinschaft oder der Nation. Soll einerseits die nationale Einheit nicht durch die Wahrung der Freiheit des Einzelnen und seiner Gruppe angetastet werden, darf die Sicherstellung der Einheit der Nation andererseits nicht als Vorwand für die Zerstörung der individuellen und kollektiven Freiheit der nationalen Minderheiten herhalten. Die Minderheiten wenden sich nicht gegen die nationale Einheit, sondern gegen die Mittel, mit denen der Staat seine Auffassung über diese Einheit durchsetzt.

Die Demokratie unterscheidet sich also von jedem anderen Regierungssystem durch die Art und Weise, wie sie die Lebensbedürfnisse einer nationalen Gemeinschaft mit der Ausübung der individuellen und kollektiven Rechte unterschiedlicher menschlicher Gruppen in Einklang bringt. Nationale Einheit wird nicht ein für allemal errungen; sie erfordert den anhaltenden Dialog mit sämtlichen Bestandteilen der Nation. Bürger sind nicht nur Einzelpersonen, sondern Männer und Frauen, die sich mit ihrer Gruppe, ihrem Arbeitsmilieu und einem oft sehr komplexen System verschiedenartigster Beziehungen solidarisch fühlen. Dies muß der Staat berücksichtigen. Alle demokratischen Regierungsformen haben sich Institutionen geschaffen, die verschiedenen sozialen Gruppen ein Eingreifen in die Regierungsentscheidungen ermöglichen. Auf diesem Gebiet bleibt aber, besonders in Frankreich und hier speziell für die sprachlichen und kulturellen Minderheiten, noch viel zu tun.

Ist es nicht seltsam, daß der Staat die nationalen Minderheiten ausgerechnet unter dem Deckmantel der Demokratie (unter Anwendung des Mehrheitsprinzips) bekämpft? Es ist doch eine Herausforderung an die Demokratie, wenn im Namen des „Willens der Nation“ die Persönlichkeit von Millionen von Männern und Frauen dieser Nation geopfert werden soll. Nicht sie müssen sich der Auffassung des Staats über die nationale Einheit anschließen, sondern der Staat muß die Existenz ursprünglicher Nationen auf seinem Staatsgebiet anerkennen und seinen Nationsbegriff dementsprechend ändern. Die Verwirklichung der nationalen Einheit kann unter keinen Umständen einer offensichtlich antidemokratischen Politik des Unitarismus als Vorwand dienen. (48)

Sollte der Staat nicht in der Lage sein, angemessene Lösungen für die Probleme seiner Minderheiten zu finden, muß er die entsprechende Konsequenz ziehen und den betroffenen Regionen die erforderlichen Entscheidungen selbst überlassen. Dazu müßten allerdings die Beziehungen zwischen dem Staat und den einzelnen Regionen von Grund auf erneuert werden. Die Staatsnation müßte einer Teilung der Macht mit den Regionen zustimmen; dadurch wird ein einträchtiges Zusammenleben der Menschen einer Nation am besten gewährleistet.

Region und Regionalismus

In einem demokratischen Regierungssystem ist Gewaltenteilung nichts besonderes; auf ihr beruht das gute Funktionieren jeder Demokratie seit langem. Die drei Gewalten — die ausübende, die gesetzgebende und die richterliche Gewalt — sind, theoretisch zumindest, deutlich voneinander getrennt. Doch bedenkt man, daß in Frankreich zahlreiche Abgeordnete und Senatoren — also die Gesetzgeber — außerdem ein Bürgermeisteramt bekleiden und somit der Exekutive unterstellt sind, und sei es auch nur aufgrund der finanziellen Abhängigkeit ihrer Gemeinde, wird einem klar, daß diese Exekutive direkten Einfluß auf die staatlichen Institutionen nehmen kann. Dies trifft für die an die einzelnen Regionen übertragenen Befugnisse in noch größerem Maße zu.

Aus der Sicht der Region und des Regionalismus wird Paris fast immer „der Provinz" gegenübergestellt. Da die Zentralgewalt von Paris ausgeht, greifen die Regionalisten meistens Paris an, das in ihren Augen den französischen Unitarismus symbolisiert. Ein Aufsprengen dieser unitaristischen Umklammerung bedeutet in erster Linie: Aufhebung der Vorherrschaft von Paris über den Rest des Landes. Es wäre jedoch leichtsinnig, sich dabei auf eine Debatte einzulassen, die weder dem Regionalismus dient, noch die eigentlichen Probleme der Franzosen löst. Nicht Paris gilt es den Prozeß zu machen, sondern einem Staat, der Paris dazu benutzt hat, die weitere Entwicklung der französischen Demokratie zu blockieren.

Seit Jahrhunderten ist Paris die Hauptstadt von Frankreich und seit langem ist die Macht in Paris zu Hause. Es wäre ein Mangel an Realismus, wollte man einer Stadt wie Paris im historischen Bewußtsein aller Franzosen nicht den gebührenden Platz einräumen. Die Schwierigkeit für Frankreich liegt darin, daß der in Paris entstandene Nationalismus der Jakobiner nicht nur die politische Macht — die zu den am stärksten zentralisierten Mächten in der ganzen Welt zählt — in Paris ansiedelte, sondern nahezu alle Entscheidungsinstanzen für Wirtschaft, Technologie, Kultur, Information, Verbreitung von Gedankengut und so weiter.

Nicht gegen den Zentralismus als solchen ist vorzugehen, sondern gegen seine Auswüchse. Heute, im Zeitalter des Überschallflugs und der Raumfahrt, haben wir es mit Problemen zu tun, die über Rahmen und Kompetenz der Region, ja über die Zuständigkeit der Nation hinausgehen. Zahlreiche wirtschaftliche, wissenschaftliche, soziale und pädagogische Probleme können nicht von jeder Region separat gelöst werden, ganz zu schweigen von den internationalen Beziehungen oder den komplexen Problemen der Rohstoffversorgung, des Energieverbrauchs, der Sicherheit des Einzelnen wie der Gemeinschaft oder des Handelsaustauschs. Das Problem der Region dagegen muß genau auf dieser Ebene erörtert werden.

Fragen, die das gesamte Land betreffen, führen oft zu einer Konkurrenz zwischen Nation und Region. Doch jedem das Seine! Der Vorwand, die Kompetenzaufteilung sei nicht durchführbar, ohne an den Rechten des Staats zu rütteln, ist nicht stichhaltig. Die Region stellt sich nicht gegen das, was in einer modernen Demokratie als Nation bezeichnet wird, sie ist sogar deren notwendiger Bestandteil. Der Dialog zwischen den lebendigen Kräften der Region und der nationalen Regierung kann für beide nur positiv sein. Das in der Region gezeigte Verantwortungsbewußtsein steht in nichts hinter dem unserer nationalen Verantwortlichen zurück. Auch dürfte die Qualität des Dialogs nicht unter den Leistungen führender nationaler Politiker liegen. Durch eine Neuverteilung der Macht zwischen Staatsnation und Region wird der Demokratie in Frankreich ein belebender Impuls gegeben.

In vieler Hinsicht ist der Mythos des Unitarismus Ursache dessen, was das „französische Übel“, le mal français, genannt wurde. Diese „unitaristische Klammer“ behindert die harmonische Entwicklung Frankreichs in einer Welt voller Umwälzungen. Französische Politiker aller Couleur geben dies offen zu; zahlreiche Bücher und Artikel wurden über diese französische Krankheit verfaßt. Doch hat sich vor der Wahl Mitterrands zum Präsidenten der Republik niemand wirklich an die Wurzel dieses Übels herangemacht. Nun überträgt der Staat seit einigen Jahren gewisse Machtbefugnisse auf die Departements und Regionen; doch im allgemeinen handelt es sich um Dezentralisierungsmaßnahmen in Bereichen, die die Regierung in Paris selbst nicht mehr unter Kontrolle hat.

Eine verstärkte Beteiligung der Bürger an den politischen Entscheidungen ist erstens notwendig, damit Frankreich aus den Wirren einer Staatsgewalt herausfindet, die — weil sie am Mythos des Unitarismus festhält — oft gezwungen ist, gegen die einfachsten Regeln der Demokratie zu verstoßen, zweitens unumgänglich, damit das Land wieder seine Dynamik erhält, die nur aus der Revitalisierung der einzelnen Regionen erwachsen kann. Frankreich bedarf einer Regionalisierung, die sich mit einer bloßen Aufforderung zur „Partizipation“ nicht zufriedengeben darf.

Der Begriff „Regionalismus“ ist in Frankreich verhältnismäßig neu und beunruhigt viele Franzosen, die sich — ohne besondere Vorliebe für die Nationalisten — doch nicht ganz von ihrem „Jakobinerreflex“ freimachen können. Der französische Regionalismus entstand als Reaktion auf den jakobinischen Nationalismus des Staats. Dies erklärt zum einen die Haltung der Staatsgewalt, zum anderen das Verhalten der Regionalisten angesichts der problematischen Beziehungen zwischen Staat und Regionen.

In den Augen der französischen Minderheiten bedeutet Regionalist sein, für die staatliche Anerkennung des „Rechts auf das Anderssein" zu kämpfen, nicht um dadurch Privilegien erhalten, sondern um die eigenen Wesenszüge beibehalten und weiterentwickeln zu können. Regionalismus befaßt sich in erster Linie mit dem Menschen. Da sich jede Minderheit in Sprache und Kultur, Geschichte und Geographie unterscheidet, wirkt der Begriff sehr uneinheitlich, ist eine vollständige Übereinstimmung der Regionalisten über Inhalt und Zielsetzung nicht möglich. Trotzdem besteht Konsens über den Kern des Problems: Anpassung der staatlichen Strukturen an die Gegebenheiten der Region.

Die seit langem in der Defensive verharrenden und manchmal auf das Äußerste in die Enge getriebenen Regionalisten mußten sich gegen den Substanzverlust ihrer Persönlichkeit wehren, den die unerbittliche nationale Macht gefordert hatte. So entstand das Bild einer „Verweigerungsfront", der Weigerung, sich in die Nation zu integrieren. Da der Regionalismus als Spaltungsfaktor zwischen den Franzosen galt und gilt, erweckte er ausschließlich negative Assoziationen. Aber haben nicht Verfechter dieser einen und unteilbaren Nation alles daran gesetzt, einen konstruktiven Dialog zwischen Staat und Regionalisten zu verhindern? In Frankreich wird man sofort zur „Partei des Auslands" gezählt, wenn man die Assimilierungspolitik des Staats in Frage stellt.

Die Idee der Staatsnation war in diesem Land immer stark genug, um von vornherein ein psychologisch abträgliches Klima gegen jede regionalistische Regung zu schaffen. Professor Emile Baas bemerkte dazu ganz treffend: „Das Problem des Regionalismus ist in direktem Zusammenhang mit einer bestimmten politischen Psychologie zu sehen." Diese, so fährt er fort, vertritt „eine Doktrin, die den natürlich und historisch gewachsenen Regionen unseres Landes neues Leben verleihen will".* Um es ganz offen zu sagen: Regionalismus setzt voraus, daß es in den Regionen bestimmte, der Zentralgewalt gegenüber autonome Sektoren wie insbesondere den kulturellen Bereich gibt.

Unter diese autonome Entscheidungsgewalt der Region sollen nur die Bereiche fallen, die das Leben der Bewohner der Region oder ihr Dasein als eine Gemeinschaft mit eigenen Wesenszügen direkt betreffen. Innerhalb ihrer Region müssen die Bürger über eine Reihe von Befugnissen verfügen, die die natürlichen Gegebenheiten und Fähigkeiten der Menschen sowie die Ressourcen dieses Gebiets bei der Ausrichtung des Lebens in der Region berücksichtigen. Nicht zuletzt geht es darum, der Allmacht des Staats ein Gewicht entgegenzusetzen. (49)

* Réflexions sur le régionalisme, S. 6.

Regionale Machtausübung

Aufgabe der nationalen Gewalt ist es, den Rahmen für die regionalen Befugnisse abzustecken. Wesen und Merkmale dieser Befugnisse können dagegen nicht von oben verordnet werden — auch nicht von einer Nationalversammlung. Diese ergeben sich aus den Zielen, die die Region anstrebt, um mehr als nur eine zusätzliche Verwaltungseinheit zu werden. Die Region muß für die regionale Gemeinschaft als der Rahmen ihres Daseins erfahrbar sein. Sollte die regionale Machtausübung eine Revitalisierung Frankreichs gewährleisten, muß sie den Franzosen bewußt machen, daß der sachkundige Einsatz der menschlichen und materiellen Ressourcen ihrer Region dem Interesse der gesamten Nation dient.

Zunächst müssen die Geschicke der Region gemeistert werden, um dann verstärkt auf das Schicksal der Nation einwirken zu können. Die regionalen Geschicke meistern heißt, das eigene kulturelle Schicksal in die Hand nehmen; daher die Wichtigkeit einer Machtbefugnis im kulturellen Sektor. Nur sie kann der Region das geben, was sie am meisten braucht: eine Seele. Die elsässische Kulturszene ist zwar seit geraumer Zeit sehr lebendig, dieses rege kulturelle Leben hat aber nur Sinn, wenn dadurch sämtliche Facetten der elsässischen Persönlichkeit wachgerüttelt und weiterentwickelt werden.

Die elsässische Persönlichkeit wachrütteln heißt, den Elsässern die Augen für die früheren und heutigen Realitäten ihres Landes öffnen, es heißt ferner, den elsässischen Geist, also ihre Fähigkeit wecken, diese Realitäten durch eine elsässische Brille zu betrachten. Den elsässischen Geist wachrütteln heißt, dem elsässischen Volk die geistige Geschlossenheit vermitteln, die es in der Welt von heute zum Leben und Überleben braucht. Denn ohne elsässischen Geist gibt es keine elsässische Kultur — und umgekehrt. Doch so wichtig die Kultur auch sein mag, sie allein reicht nicht aus, die kulturellen Geschicke zu bestimmen. Ohne ein Minimum an politischer Macht kann es keine eigenständige elsässische Kultur geben.

Grundsätzlich muß die Ausübung der Macht auf kulturellem Gebiet dem Menschen erlauben, sich mit der Region, in der er lebt, zu identifizieren, da die Region die menschliche Gemeinschaft ist, die ihm am nächsten liegt. Um aus und mit der Region zu leben, muß man mit allen Menschen seiner „Heimat“ in Verbindung treten können, in allen Tätigkeitsbereichen schöpferisch bleiben, auf alle die regionale Gemeinschaft direkt betreffenden Entscheidungen Einfluß nehmen.* Vom Staat müssen die Bewohner der Region die erforderlichen Freiheiten erhalten, um „in der Heimat“ und mit dem Herzschlag ihres Landes leben zu können. Ein altes, oft gehörtes Lippenbekenntnis? Allerdings; das Neue daran ist, daß man nun vom Reden zur Tat schreiten muß. Der Zu-

---

* Chambert de Lauwe, La culture et le pouvoir, S. 92.

gang zu kultureller Macht ist für die nationalen Minderheiten der einzige Ausweg angesichts des drohenden Tods durch Erstickung.

Alle französischen Regionen würden übrigens von einer eigenen Machtbefugnis im Kultursektor profitieren. Durch ein ausgeprägtes regionales Kulturleben wird die Dimension des Menschen nicht beeinträchtigt, im Gegenteil, er gewinnt an Bedeutung; in seiner Region zählt der Einzelne mehr als auf nationaler Ebene. Dem Kulturmonopol des Staats würde ein Ende gesetzt, die in Paris ausgeübte Macht würde etwas an Glanz verlieren. Das Streben der Region nach kultureller Macht ist aber nicht gegen Paris gerichtet, denn das Gebiet um die französische Hauptstadt ist selbst eine Region mit eigenen kulturellen Ressourcen, die nicht verschüttet, sondern wieder ans Licht gebracht und entsprechend genutzt werden sollten.

Nur wenn der Region auch ein Mitspracherecht in Sachen Information zuerkannt wird, kann sich deren kulturelle Machtausübung als wirksam erweisen. *Voraussetzung für eine sinnvolle kulturelle Macht ist die unmittelbare Verfügungsgewalt der Region über die Information.* Diese ist nicht auf die täglich von den Medien verbreiteten „Nachrichten" beschränkt, sie umfaßt das gesamte Wissen, aus dem der Geist des Menschen schöpfen soll.

Nicht Radio, Fernsehen oder Zeitung sind die entscheidenden Informationsinstanzen, sondern die Schule. Journalisten, Zuhörer, Zuschauer und Leser erhalten alle ihre Ausbildung in der Schule; sie ist es, die uns unser Weltbild vermittelt — oder auch nicht. Aufgabe der Schule ist es, der Jugend die Rolle des Staats in einer Demokratie verständlich zu machen. Sie darf nicht länger eine simple Relaisstation des machtausübenden Staates sein. Nach wie vor gilt, daß die Schule den Menschen wie den Bürger formen soll! Dies kann gelingen, wenn sie der Jugend beibringt, sich von den Zwängen einer allzuoft einseitigen Information frei zu machen.

Wo immer es um Macht geht, kommt der kulturellen Macht die größte Bedeutung zu; sie hat die anhaltendste, tiefgreifendste Wirkung. So wie die Dinge in Frankreich liegen, wird nur ein wirklich demokratischer Staat die Teilung seiner kulturellen Macht mit den Regionen akzeptieren. Die Flauheit, um nicht zu sagen das Desinteresse des breiten Publikums, seit Jahrhunderten an die kulturelle Bevormundung des Staats gewöhnt, erweist sich hier als eines der größten Hindernisse. Und doch ist das Volk der eigentliche Nutznießer einer Übertragung kultureller Macht an die Region und somit des Zugangs zur Regionalmacht.

Besonders die elsässischen Intellektuellen müssen begreifen, daß „Volk" mehr ist als eine Aneinanderreihung von vier Buchstaben, Volk, das ist die lebendige Wirklichkeit der Region, die Gemeinschaft von Männern und Frauen mit eigener Sprache und Kultur, deren Zerfall ohne den Zugang zur kulturellen Macht nicht aufzuhalten ist. Doch ohne politische Macht ist selbst die kulturelle Macht illusorisch.

Durch die politische Macht sollen die Menschen innerhalb ihres natürlichen, historisch-geographischen Rahmens Herr ihres Schicksals werden. Trotz gegenteiliger Behauptungen der Nationalisten haben sich die Franzosen stets auch mit einer Region, und sei es die Umgebung von Paris, identifiziert. Selbst für den Franzosen der 80er Jahre behält die naturgegebene Region, in der die Beziehungen zu seinen Mitmenschen aus „seinem eigenen Flecken Erde" entstanden und gewachsen sind, noch ihre Bedeutung. Nur weil die Politik der Jakobiner allmählich in radikalen Nationalismus umschlug, schien es den Franzosen schließlich, daß es einen nicht zu überbrückenden Widerspruch zwischen Nation und Region gäbe. Doch dieser ist unbegründet. Nationale Gewalt ist für die Interessen der Nation, regionale Gewalt für die Interessen der Region zuständig; nationale Befugnis reicht bis an die politischen Grenzen des Staates, regionale Befugnis bis an die natürlichen Grenzen der Region. Die Rechte des Staats und der Region hören dort auf, wo die Rechte anderer Nationen und Regionen beginnen. Niemand behauptet, daß die Aufteilung der Kompetenzen eine leichte Aufgabe ist. Das kann aber nicht der Grund sein, überhaupt nichts zu tun.

Mit der regionalen Macht verfügt die Region innerhalb des Staats über eine gewisse innere Autonomie. Werden damit nicht bestimmte Autonomiebestrebungen verschleiert, indem nun von Region und regionaler Macht anstatt von Land und autonomer Gewalt gesprochen wird? Gewiß nicht. Autonomiebestrebungen widersetzen sich ebenso wie der Regionalismus der vom Staat gegen die Volksgruppen gerichteten Politik der Unterdrückung. Sie sind weder vom Zufall abhängig, noch lehnen sie den Staat rundum ab. Man kommt nicht als Autonomist zur Welt, weder in Korsika, noch in der Bretagne oder im Elsaß. Man kann es aber werden, wenn weder Staat noch Demokratie ihren Auftrag erfüllen und nicht für eine Politik eintreten, die dem Bürger mehr Mitspracherecht sichert. Das Streben nach Autonomie soll den Volksgruppen, die sich zum Staat bekennen, mehr politische und kulturelle Machtbefugnisse geben; sein Ziel ist ein föderalistisches Staatssystem.

Natürlich wäre ein solches politisches System auch für Frankreich denkbar. Es besteht kein Zweifel, daß ein autonomes Elsaß besser in der Lage wäre, seine kulturellen und politischen Probleme zu lösen, als im zentralistischen Frankreich (dasselbe gilt für das Baskenland, die Bretagne, Katalonien, Korsika, Flandern und Okzitanien). Eine Autonomiegewährung für die französischen Minderheiten ist eine durchaus gangbare Lösung . . . und Frankreich hätte weiterhin Bestand.

Die verschiedenen Autonomiebewegungen sehen in der „nationalen" Selbständigkeit die einzige Rettung für die Volksgruppen. Sie verdienen damit die Achtung der Regionalisten, die den Begriff „Regionalismus" in der gegenwärtigen Situation Frankreichs für angemessener halten. Die Autonomisten kämpfen für eine Aufteilung des Staats in einzelne Länder und vertreten die Rechte der „Völker Frankreichs" auf radikalere Weise als die Regionalisten. Wer aber wollte diesen das nötige Einfühlungsvermögen ihre Nation so zu gestalten, damit sich die Persönlichkeit des betreffenden Volks frei entfalten kann, absprechen? (50)

Der Grund, warum die Autonomiebestrebungen den Franzosen als die schrecklichste Form des Regionalismus erscheinen, liegt in der Informationspolitik des französischen Staats. Gewiß, Parolen sind und bleiben Parolen. Doch sollte man deren Wirkung nicht unterschätzen, wenn bekannte Politiker sie ständig im Munde führen. Der Franzose horcht auf, wenn von Autonomiebestrebungen die Rede ist, die angeblich einen Keil durch Frankreich treiben oder „Wegbereiter des Separatismus“ sind. Dieses verleumderische Gerede verfehlt seine Wirkung nicht, da es nicht an Beispielen fehlt, wo Autonomisten sich in entscheidenden Momenten der französischen Geschichte auf die Seite der Separatisten geschlagen haben.

Doch da sich die Mehrzahl der französischen Bürger nicht betroffen fühlt, bringt sie für das Problem der Minderheiten kein Interesse auf. Verständlicherweise gehen ihnen, die sich in aller Regel in ihrem Staat wohlfühlen, diese Autonomieforderungen auf die Nerven. Trotzdem ist an ihre demokratische Gesinnung und an die Menschenrechte zu appellieren, schließlich ist ein Zuwachs an politischer Macht der Regionen für alle von Interesse, da es um eine neue Art des Zusammenlebens geht!

Hier könnte die „neue Staatsbürgerschaft“ der Franzosen unter Beweis gestellt werden, von der der frühere sozialistische Premierminister Pierre Mauroy in seiner Einführungsrede vor der Nationalversammlung gesprochen hatte. Mehr Macht für die Region würde mehr Verantwortung für *alle* Franzosen, ein intensiveres Leben für *alle* Regionen und eine bessere Nutzung der Ressourcen des *gesamten* Landes bedeuten.(51)

Elsässische Machtbefugnisse

Macht . . . welch konträre Vorstellungen dieses so geliebte und zugleich so gehaßte Wort in uns hervorruft! *Macht* bedeutet Freiheit, Gleichheit, Brüderlichkeit, Sieg, Ruhm, Beherrschung, Vorteil für die einen, Unterdrückung, Ungerechtigkeit, Feindschaft, Demütigung, Unterjochung und Knechtschaft für die anderen. *Macht* . . . welches Mißtrauen dieses Wort doch bei Mächtigen weckt, sobald das Wort von einem anderen gebraucht wird!

Macht ist eine manchmal erdrückende, oft undankbare Last, an der die Machthabenden fieberhaft festhalten und dabei lieber ihr Gesicht als ihre Stellung verlieren. Seltsam auch dieser abwertende Beigeschmack, der sich diesem Wort im Lauf der Jahrhunderte angeheftet hat.

Sollte es denkbar sein, daß der moderne Mensch jegliche Macht von sich weist, sich auf dem bewegten Meer des Lebens einfach dem Wind preisgibt? Sollte er gar anarchische Züge haben? Oder sollte der Begriff „Macht“ entartet sein, weil sich gezeigt hat, daß all diejenigen, die während der langen Geschichte der Menschheit mit und ohne Krone an der Macht waren, sich besser auf Heuchelei nicht Offenheit, List nicht Redlichkeit, Lügen nicht Wahrheit, den

Knüppel nicht das Zepter, den Krieg und eben nicht auf den Frieden verstanden?

. . . und dann noch elsässisch? Welch frevelhafter Gedanke! Aber warum eigentlich? Hân mr nit àlles, wàs mr welle? Eine elsässische Macht? Unter keinen Umständen! Es sei denn, sie würde uns aufgezwungen, ja, dann vielleicht! Aber nur unter der Bedingung, daß der Ausdruck „elsässisch" seines Sinngehalts völlig entleert und nicht mehr mit irgendeiner Eigenart in Verbindung gebracht würde.

Elsässische Macht? Eventuell schon, wenn es da keinen politischen Hintergedanken gibt und die Ordnung nicht gestört wird, denn: *Ordnung müess sin!* Ordnung, dieses höchste Gut des Elsässers, die ihm erlaubt, in Frieden zu leben und — mehr noch — in Frieden zu sterben. Dieser elsässische Friede, der von allem befreit, in dem man ruhig einschläft und dabei alles mitnimmt: das eigene Erbgut, die eigene Kultur, die Sprache, die Vergangenheit, Gegenwart und Zukunft, auch die der Übriggebliebenen, ohne jemandem etwas zu hinterlassen. Niemandem. Ganz egoistisch . . .

Es sei denn, man zeigt sich nun endlich entschlossen, bäumt sich auf, nimmt seinen ganzen Mut zusammen und fordert, was einem rechtmäßig zusteht: den Teil der Macht, den die Menschen dieser Region brauchen, um endlich die gebührende Achtung ihres „Ich" durchzusetzen. Ist dies nach jahrhundertelanger Bedrohung der elsässischen Persönlichkeit, nach Mißachtung ihrer Art zu denken, zu leben, zu sein und miteinander umzugehen, nach einer Ewigkeit der Ohn-Macht zuviel verlangt?

Denn wohlgemerkt: ohne Macht, ohne echte Entscheidungsgewalt wird der Elsässer von gestern und heute in seinem eigenen Lande nur *Alsacien* sein und zwar nur noch in dem Maße, wie man Bretone in Paris oder Korse in New York sein kann. Kein anderer als der Elsässer selbst kann unsere Persönlichkeit retten. Eine elsässische Macht fordern und dafür kämpfen, hat weder mit Provokation noch mit Subversion zu tun, sondern mit einem Mehr an Freiheit, Gerechtigkeit, Brüderlichkeit und der Weigerung, „sich immer nur fügen zu müssen". Wer dafür eintritt, stellt sich voll und ganz seinem Schicksal und seiner Verantwortung als Elsässer vor der Geschichte.

Welcher Elsässer würde schon zugeben, daß er sein Schicksal „erduldet"? Warum also dieser Angstschauer bei der bloßen Vorstellung einer elsässischen Macht? Diese sprichwörtliche „elsässische Angst", die bei vielen unserer Landsleute eine ware psychologische wie politische Blockade auslöst, wurde bereits erschöpfend behandelt.* Die eigentliche Barriere ist jedoch anderweitig zu suchen.

Alles, was mit dem Elsaß und den Elsässern zu tun hat, wird in Frankreich mit einer besonderen Empfindsamkeit betrachtet, die sich unvermeidlich auf die Gesinnung der Elsässer auswirkt. Im Falle Lothringens scheint es diese Sensibili-

* Fréderic Hoffet, Psychoanalyse de l'Alsace, S. 91.

(Kollegtion Auguste Wackenheim, Zunderschtwerscht, kappeletz, S. 111)

tät nicht zu geben, obwohl „Elsaß-Lothringen" so etwas wie ein nationales Symbol für alle Franzosen war.

Der Vorstandsvorsitzende einer Bank, ehemaliger Generalrat von Straßburg, Regionalrat und CFTC-Gewerkschaftsführer Théo Braun hatte auf der ersten Seite einer bankinternen Publikation in großen Lettern geschrieben: Lothringen den Lothringern! Diese „Provokation" fiel niemandem auf, kein Hahn hat danach gekräht. Was wäre gewesen, wenn es gelautet hätte: Das Elsaß den Elsässern! — und sei es nur in wirtschaftlichen Belangen. Ein derartiger „Aufruf an das Volk" hätte alle Nationalisten auf den Plan gerufen. Wahrscheinlich hätte der Artikel im Elsaß einen anderen Titel erhalten. Ob es sich um das elsässische oder um das Problem Lothringens, der Bretagne oder Okzitaniens handelt, ist eben *nicht* dasselbe. Denn die Forderung nach einer „elsässischen Macht" wurde in Frankreich immer schon als eine direkte Infragestellung der Macht des französischen Staats empfunden, anders ausgedrückt, als Infragestellung der Zugehörigkeit der Elsässer zur Gemeinschaft der Franzosen.

Mit dem Schlagwort „das Elsaß den Elsässern" wird immer noch — auch wenn damit nur die regionale Eigenständigkeit gemeint ist — das Gespenst des Separatismus und folglich des Deutschtums heraufbeschwört. Dessen ungeachtet muß der Kampf für die Schaffung elsässischer Machtbefugnisse weitergeführt werden, auch wenn die Verknüpfung der Worte „Elsaß" und „Macht" unter den Franzosen zum Teil leidenschaftliche, überspannte Reaktionen hervorruft, da die geographische Lage dieses Landes und die Geschichte seiner Bewohner sie gar nicht gleichgültig lassen kann. Um also keine Zweifel und Verunsicherung aufkommen zu lassen, ist das Ausmaß dieser Macht, die eine regionale, kulturelle und politische sein muß, zu präzisieren, was angesichts der vielen Vorurteile nicht ganz einfach sein dürfte.

Regionale Macht

Zur Erhaltung und Entfaltung der elsässischen Identität sind Maßnahmen zu ergreifen, die unsere Geographie, unsere Geschichte, unsere Kultur berücksichtigen. Einerseits muß die deutsche Vergangenheit und die Verbindung mit der deutschen Politik und Kultur zur Sprache kommen, andererseits müssen die Elsässer Deutschland davon überzeugen, daß diese Macht sich im Rahmen des französischen Staats entfalten soll. Aufgrund der Geschichte der deutsch-französischen Beziehungen ist man verpflichtet, peinlichst jegliche Zweideutigkeit zu vermeiden.

Wir können und wollen uns nicht länger hinter dieser Ängstlichkeit verschanzen, die so viele Elsässer zu ewigen Zauderern macht und uns fast reflexartig beteuern läßt, Franzosen zu sein. Als französische Staatsbürger müssen wir gegenüber Deutschen und Franzosen ein elsässisches Verhalten an den Tag legen. Dies erfordert viel diplomatisches Geschick, das der Elsässer nicht immer hatte.

Dazu ist eine genaue Kenntnis der Entwicklung des elsässischen Regionalismus von großer Wichtigkeit. Erstmals wurde den Elsässern im Jahre 1911 unter dem Zweiten Deutschen Reich eine regionale Macht zugebilligt. Es handelte sich nur um eine Teilautonomie, die aber einen bedeutenden Schritt auf dem Weg zur Entscheidungsfreiheit in vielen Bereichen des politischen und sozialen Lebens darstellte. Der Höhepunkt der elsässischen Autonomiebewegung fiel in die Zeit zwischen den beiden Weltkriegen, nicht weil die Dritte Republik in Frankreich entschlossen gewesen wäre, es besser zu machen als der deutsche Kaiser, sondern weil viele Elsässer damals von der Idee eines Elsaß beseelt waren, das zahlreiche, von der Zentralgewalt vernachlässigte Probleme selbständig lösen sollte und konnte.

Über diese so uneinheitliche Bewegung ist nur eines mit Sicherheit zu sagen: die große Mehrheit der Elsässer wollte weder vor 1918 ihre Zugehörigkeit zu Deutschland, noch nach 1918 ihre Zugehörigkeit zu Frankreich in Frage stellen. Die Autonomiebewegung *französischer Prägung* bestand bis Ende des 1. Weltkriegs darauf, auch in einem deutschen Elsaß das zu bewahren, was das Land seiner zweihundertjährigen Vergangenheit verdankte, vor allem die französische Sprache und Kultur. Professor Jean-Marie Mayeur bemerkt jedoch: „Gelegentlich geben Léon Boll (ein Führer dieser Autonomisten) und seine Mitstreiter andeutungsweise zu erkennen, daß es ihnen im Grunde um etwas anderes geht." Und in einem Artikel der Zeitung „Journal d'Alsace-Lorraine" unterstrich Léon Boll, daß „die wahre Autonomie das Prinzip der Sezession beinhalte".* Diese von Kreisen der elsässischen Bourgeoisie getragene Bewegung strebte die Rückkehr des Elsaß zu Frankreich an, was vor 1918 unter deutscher Herrschaft nicht offen einzugestehen war. Es ist also nur logisch, wenn sich diese angeblichen Autonomisten nach 1918 in der vordersten Reihe der nationalistischen Jakobiner fanden.

Demgegenüber wurden die Autonomiebestrebungen in den zwanziger und dreißiger Jahren wesentlich stärker vom Volk mitgetragen, das sich jedoch nicht gegen die Integration des Elsaß in den französischen Staat wehrte, die es als Fait accompli betrachtete. Unter den Führern gab es entschiedene Autonomisten, die dies auch 1940 und 1945 blieben. Ferner bestand in jenen Jahren eine Autonomiebewegung *deutscher Prägung,* die sich ihrerseits unter einer französischen Regierung nicht offen für eine Rückkehr des Elsaß zu Deutschland einsetzen konnte. Ihnen diente ihre Bewegung als Vorwand zum Separatismus, ihrem eigentlichen Ziel. So war es nicht von ungefähr, daß man einige unter ihnen im Jahre 1940 im vordersten Glied der Nazianhänger wiederfand.**

Die Autonomisten französischer Prägung, die die Loslösung von Deutschland wollten, hatten im Grunde keine rechte Handhabe, die Autonomisten deutscher Prägung des Verrats zu bezichtigen, die später die Loslösung von Frankreich

* Autonomie et politique, S. 62.
** François G. Dreyfus, La vie politique en Alsace 1919—1936, S. 270.

ELSASS-LOTHRINGEN DEN ELSASS-LOTHRINGERN
dem elsässischen Karikaturisten
Zeichnung von Henri Zislin, die am Vortag seiner Festnahme entstand.
Er wurde am 25. April 1908 zu acht Jahren Gefängnis verurteilt.

(Untertitel:) Autonomismus französischer Prägung
(Kollektion Auguste Wackenheim, Zunderschtzewerscht, Keppeletz, S. 157)

forderten. Erstere wollten vor allem Franzosen sein und — wenn möglich — auch Alsaciens, wobei sie nötigenfalls die Wesenszüge geopfert hätten, die den Alsacien gleichzeitig zum Elsässer machen; zweitere wollten in erster Linie Deutsche sein und — sofern möglich — auch Elsässer, wobei sie nötigenfalls die Wesenzüge aufgegeben hätten, aufgrund derer der Elsässer auch Alsacien ist. Keinem von beiden kam es in den Sinn, gegen das nationalistische Bild, das in Frankreich wie in Deutschland von ihnen entstanden war, anzugehen. So trugen beide dazu bei, daß der Autonomiegedanke im Elsaß in Mißkredit geriet, was durch die sekundäre Rolle des Autonomismus im heutigen politischen Leben des Landes bestätigt wird.

Es ist im übrigen absurd, jemanden in jeder Hinsicht „zu em Elsässer" machen zu wollen, für den das „Elsässer sin" nur zweitrangig und ein vorübergehendes Stadium war, um endgültig Deutscher zu werden; ebenso absurd ist der Fall mit umgekehrtem Vorzeichen. Will man derartigen Zwiespältigkeiten kein Ende bereiten, ist es zwecklos, von Persönlichkeit, Identität, Autonomiestreben oder gar Machtausübung durch die Elsässer zu sprechen.

Der elsässische Autonomismus muß aus den gemachten Erfahrungen seine Lehren ziehen, damit sich bestimmte Situationen, die der elsässischen Sache geschadet haben, nicht wiederholen können. Immer wieder muß gezeigt werden, daß eine elsässische Macht nichts mit einer nationalistischen Weltanschauung zu tun hat, daß es zuerst um den Menschen, dann um den Bürger geht. Dadurch werden Spannungen, Uneinigkeit und Meinungsverschiedenheiten zwischen Menschen und Staatsbürgern nicht beseitigt, aber auf ein vertretbares Maß herabgeschraubt. Dies setzt einen geistigen Umbruch voraus eine für die Elsässer dringende Notwendigkeit. Nur so werden sie begreifen, daß sie nicht irgendwo leben, nicht irgendwer sind und eben nicht irgendeine Geschichte haben. Durch die kulturelle Macht werden ihnen die erforderlichen Handlungsspielräume für eine „Kulturrevolution im Kleinen" eröffnet.

Kulturelle Macht

Die Elsässer verfügen insofern über kulturelle Macht, als sie selbst über die in ihrer Region zu verfolgende Kulturpolitik entscheiden können. Wird jedem Elsässer das Recht zugestanden, seine beachtlichen kulturellen Ressourcen zu nutzen, sich ein eigenes Bild von der Welt zu machen, als Elsässer und Alsacien zu fühlen und zu leben, dann wären die Ziele der kulturellen Machtausübung erreicht. Doch zunächst ist damit die Frage nach Inhalt und Form der Erziehung der elsässischen Jugend angeschnitten. Einige Befürchtungen sind da von vornherein auszuräumen: Die elsässische Jugend wird weiterhin im Zeichen der französischen Kultur aufwachsen, die französische Sprache wird weiterhin eine Vorrangstellung einnehmen. Aufgrund der gesellschaftlichen, wirtschaftlichen und politischen Veränderungen der vergangenen Jahrzehnte ist dies gar nicht anders denkbar. Allerdings müssen die deutschen und speziell die elsässischen Komponenten wie Geschichte, Brauchtum, Künste, Literatur, Sprache von nun an den ihnen gebührenden Platz einnehmen.

Falsch wäre es, die deutsche Kultur und das spezifisch Elsässische zur französischen Kultur hinzuzufügen. Durch einfaches Addieren wird die Kultur im Elsaß nicht elsässisch. Sie ist vielmehr die Zusammensetzung französischer, deutscher und elsässischer Kulturelemente, die sich auf das heutige Leben im Elsaß nur auswirken können, wenn man sich zur Vergangenheit und zur Gegenwart des Landes bekennt. Folglich muß die elsässische Jugend in ihrer nationalen und regionalen Gemeinschaft eine Erziehung als Elsässer erhalten. Dies gilt sowohl für den Geschichtsunterricht wie für das Erlernen der deutschen Sprache. Das Problem einer elsässischen Kultur kann eine dauerhafte Lösung nur finden, wenn das Schulsystem entsprechend geändert wird. Dies ist ein kühnes Reformvorhaben, rechtfertigt aber die Befürchtungen vieler Lehrer nicht.

Kulturelle Macht bedeutet für die Elsässer auch, neue Bande mit der französischen Kultur zu knüpfen. Sie haben keine genaue Vorstellung vom kulturellen Reichtum und der kulturellen Verschiedenartigkeit der Franzosen . . . und die französischen Landsleute von jenseits der Vogesen kennen die kulturelle Eigenart der Elsässer nur schlecht. Auf Folklore- und Partnerschaftstreffen können sich die Teilnehmer selten ein klares Bild von der kulturellen Wirklichkeit des anderen machen. Zu oft wird da nur „aus Höflichkeit“ oder Verlegenheit gehandelt. Mit der von der französischen sozialistischen Partei 1981 veröffentlichten Broschüre „La France au pluriel“, etwa: „Die Verschiedenartigkeit Frankreichs“, sind vor allem die unterschiedlichen Kulturen des Landes gemeint, die alle Franzosen richtig kennenlernen sollten. Dieser Ausbau der kulturellen Beziehungen mit den übrigen Regionen Frankreichs wirft keine besonderen Schwierigkeiten auf; anders ist es mit engeren, offeneren Kontakten zur deutschen und deutschsprachigen Kultur.

Die frühere Rivalität zwischen Frankreich und Deutschland wirft noch immer deutliche Schatten auf die Beziehungen zwischen Deutschen und Elsässern. Wird jetzt jeder Gedanke an Beherrschung und Nationalismus endgültig begraben, ergeben sich aufgrund der gemeinsamen Kultur die Voraussetzungen für eine Annäherung unter den Menschen, selbst wenn diese an einer bislang so hart umstrittenen politischen Grenze wie der deutsch-französischen leben.

Nicht allen Deutschen ist es gleichgültig, ob das ehemals deutschsprachige Elsaß nun ein ausschließlich französischsprachiges Land wird. Doch im Vergleich zu den Problemen, mit denen Deutschland seit dem Zweiten Weltkrieg konfrontiert ist, scheint das elsässische Problem einschließlich der kulturellen Fragen für die meisten Deutschen unbedeutend.

Noch heute sind in Deutschland Klischeevorstellungen über das Elsaß anzutreffen, die unserer Wirklichkeit nicht mehr entsprechen. Manchem Deutschen fällt es schwer, Verständnis dafür aufzubringen, daß sich die Elsässer heute als Franzosen fühlen und entsprechend handeln. Doch unsere kulturellen Forderungen und die Proteste gegen die französische Assimilierungspolitik sind weder antifranzösisch noch prodeutsch auszulegen. Allerdings haben sich noch nicht alle Elsässer von dem Dilemma freigemacht, das da heißt: entweder Frankreich oder Deutschland.

Diejenigen, die jetzt für eine spezifisch elsässische Kultur kämpfen, kennen ein solches Dilemma nicht mehr; sie wollen die volle Anerkennung ihrer kulturellen Originalität. Eine neue Generation von Elsässern ist herangewachsen, die ihre Vergangenheit nicht verkennt und Gegenwart wie Zukunft verantwortungsbewußt und ohne Komplexe angehen will. Aufgrund ihrer politischen Reife kann diese Generation allen Menschen offen die Hand reichen, sofern man sie als aufrichtige Menschen betrachtet, die wissen, was sie mit der deutschen Kultur verbindet und was sie trennt.

Trotz der freundschaftlichen Beziehungen zwischen den beiden Nachbarländern gibt es in Frankreich immer noch Kreise, die diese Beziehungen auf Staatsebene oder doch auf vom Staat kontrollierte Organisationen beschränkt wissen möchten. Auf den angeblich noch lodernden deutschen Nationalismus wird verwiesen und jeder von deutschen Rechtsextremisten hervorgerufene Zwischenfall genau beleuchtet, obwohl jeder weiß, daß diesen kleinen Randgruppen besonders auf kulturellem Gebiet keine Bedeutung zukommt. Schließlich gibt es auch im Elsaß Leute, die über das alte nationale Staatsdenken nicht hinausgekommen sind. Weder die einen noch die anderen haben auf die kulturellen und menschlichen Beziehungen zwischen jungen Deutschen und Elsässern keinen Einfluß.

Die Ausübung kultureller Macht durch die Elsässer ist eine Form der kulturellen Selbstverwaltung und als solche muß sie auch eigenständig sein. Sie beschränkt sich nicht auf das Recht, das Elsaß zu kennen; sie will das Elsaß darstellen — anders als durch Folklore, Gastronomie und das naive Elsaßbild, das mit den Bilderbogenblättern der „Imagerie d'Epinal" verbreitet wurde. Wenn der Staat gezwungen wird, seine Informationsgewalt mit der Region zu teilen, wird diese kulturelle Macht zum Tragen kommen. Eine effektive regionale Informationsgewalt hat nichts mit der gegenwärtigen Praxis der „Regionalnachrichten" zu tun. Das Betätigungsfeld der regionalen Rundfunk- und Fernsehanstalten muß weiterhin ausgebaut werden.

Das Elsaß liegt im Herzen Europas und befindet sich — wie oft wurde dies schon betont! — an der Nahtstelle zwischen Frankreich und Deutschland. Diese Tatsache muß sich im Themenkatalog unserer Sendeanstalten niederschlagen. Der Blick der Elsässer soll nicht an den französischen Nachbarregionen haltmachen, sondern weitergelenkt werden auf Gebiete in ganz Frankreich.

Da Straßburg als eine „Hauptstadt Europas" immer ein wichtiges Zentrum dieses Kontinents sein wird, sind die Regionalsender dafür prädestiniert, die Verbreitungsorgane für geistige und politische Strömungen dieses Europa zu werden. Rundfunk und Fernsehen des Elsaß könnten einen erweiterten Hörer- und Zuschauerkreis erreichen, und damit der eigentlichen Berufung dieses Landes entsprechen. Dafür bedarf es Mitarbeiter mit perfekter Kenntnis der Sprachen: Deutsch und Elsässerdeutsch, sowie die übrigen in Europa angewandten

(Photo: Michel Frison)

Sprachen. Seit dem Regierungswechsel im Jahre 1981 bringt FR 3 Alsace häufiger Regionalsendungen, in denen der Dialekt und die deutsche Hochsprache auch ihren Platz haben. Jeden Abend wird eine 15 Minuten dauernde Sendung auf Elsässisch ausgestrahlt; die Schulverwaltung ist an mehreren Dialektsendungen für Kinder direkt beteiligt. (52)

Nicht zuletzt müssen die Elsässer — wenn sie über kulturelle Macht verfügen — Franzosen wie Deutsche auf das kulturelle Schaffen elsässischer Schriftsteller, Dichter und Künstler aufmerksam machen, die im oder außerhalb des Elsaß arbeiten. Die vorherrschende Meinung in Frankreich lautet ja immer noch: Nur was aus Paris kommt, zählt! Sollte der Franzose eine chronische Abneigung gegen alles künstlerische Schaffen haben, das nicht mit dem Pariser Nymbus umgeben ist und womöglich noch aus dem Elsaß stammt? Der elsässische Schriftsteller Jean Egen, der schon seit dem letzten Weltkrieg in Paris lebt, zeigt seine Bitterkeit, wenn er sagt: „Die Franzosen interessiert das weniger . . . Ich meine, es gilt, die elsässische Literatur zu rehabilitieren, auch wenn es — abgesehen von einem Vigée, einem Kern, einem Dadelsen, einem Weckmann, einem Ehni — nicht so viele bekannte Autoren aus dem Elsaß gibt." Ich meine, hier geht es nicht nur um eine Rehabilitierung, eine Grundhaltung muß verändert werden. (53)

Albert Schweitzer, dieser Mann von herausragender geistiger Größe, fand zuerst in Amerika Anerkennung. Erst später erinnerte sich Frankreich daran, daß er Elsässer ist. Ein Künstler wie Tomi Ungerer wurde in Deutschland, in der Schweiz, in Amerika berühmt, bevor er schließlich in Paris den Durchbruch erleben konnte. Gewiß, keiner ist Prophet im eigenen Lande. Aber diese besonders eklatanten Fälle führen das „französische Übel" gut vor Augen. Speziell in Frankreich brüstet man sich mit Worten wie „universal" und „weltoffen", doch entdeckt man diese Eigenschaften bei den eigenen Größen erst, wenn sie die gesamte Welt bereits kennt. (54)

Politische Macht

Die elsässische Macht wird eine politische Macht sein, da das Elsaß — wie alle anderen Regionen Frankreichs — eine aus allgemeiner Wahl hervorgegangene Regionalversammlung sowei einen von den Regionalräten gewählten Präsidenten erhalten soll und nun auch erhalten hat. Juristisch soll sie sich in nichts von der Macht der Franzosen in anderen Regionen unterscheiden und nicht stärker als diese auf die Staatsgewalt übergreifen. Somit wird es im Elsaß keinen ausgeprägteren politischen Partikularismus geben als in anderen Teilen des Landes.

Doch die besondere Situation als Verbindungsglied zur deutschen Kultur und Politik machen das Elsaß in einem „Frankreich der Pluralitäten" zu einem wunden Punkt. Also eine Gefahr für Frankreich? Nein, eine Chance! Eine eigenständige politische Macht der Region macht die Elsässer in ihren Beziehungen zu den übrigen französischen Regionen freier und ändert den Kontext für die Beziehungen mit den deutschen und schweizerischen Nachbarregionen.

Der Hahn und Adler amüsieren sich . . .

(Tomi Ungerer, Elsässisch reda. Petite Anthologie de la Poesie Alsacienne. VIII/133)

Die weitergehende Öffnung der nationalen Grenzen ist Anliegen aller Politiker, für die Europa eines Tages Wirklichkeit werden soll. Dafür aber ist der Staat zuständig, nicht die Region. Doch an der Lösung von Problemen, die das Elsaß und die angrenzenden ausländischen Regionen betreffen, werden elsässische Politiker mit eigener Entscheidungsgewalt beteiligt sein. Das Elsaß gehört wirtschaftlich und in gewissem Sinn auch kulturell zum oberrheinischen Lebensraum; die Möglichkeiten, die sich dadurch bieten, sollten auch politisch genutzt werden.

Utopie oder Nostalgie?

Der französische Regionalismus ist gewiß alles andere als eine Rückkehr zum Provinzialismus. Durch die Umgestaltung der Nationaldemokratie in eine moderne Demokratie würden in unserem Land schöpferische Kräfte freigesetzt. Sie machen unseren eigentlichen Reichtum aus. Nun geht es darum, einen allen Franzosen offenen Regionalismus zu fördern, damit eine nationale Gemeinschaft entsteht, in der die Brüderlichkeit — die so wenig beachtete republikanische Losung — an die Stelle des Geistes der Beherrschung tritt. Schließlich muß dem inneren Verfall der eigenständigen Persönlichkeit von Millionen von Menschen Einhalt geboten werden. Letztendlich muß die kulturelle Bevormundung durch einige wenige Menschen, die die übrigen Franzosen von Paris aus zu Randfiguren degradieren, ein Ende finden.

Auch ist es keine Rückkehr zur Romantik. Das Elsaß wird weder Zaungast der Entwicklung in unserer Welt sein, noch wird es sich von dieser Entwicklung erdrücken oder verfälschen lassen. Das Hauptanliegen ist eine neue Verwurzelung in einer Zeit, in der die Entwurzelung verheerende Schäden angerichtet hat. Menschliche Gemeinschaften müssen entstehen, deren Beziehungen untereinander wieder von Natürlichkeit geprägt sind. Der Mensch muß einen Rahmen erhalten, in dem das Leben wieder menschliche Dimensionen hat. Er darf nicht dieses anonyme Individuum bleiben, zu dem er in den großen Wohnsiedlungen und Trabantenstädten gemacht wird. Eine lebendige Region kann seinem Dasein neuen Sinn verleihen.

Regionale Macht überträgt dem Menschen eine neue Verantwortung und gibt ihm innerhalb der Gesellschaft wieder seinen eigentlichen Platz. Sollte sie das Ende der Staatsnation herbeiführen, wäre dies nur zu begrüßen. Der Mensch könnte dabei nur gewinnen. Zwar gäbe es nicht weniger Probleme, aber das Verhandlungsklima wäre ein anderes. Regionale Macht bedeutet Wiederherstellung der Würde der Persönlichkeit eines jeden Menschen gegenüber dem allmächtigen Staat.

Ist das alles eine Utopie? Utopie ist etwas anderes als Mythos: es ist die zeitliche (und räumliche) Vorwegnahme eines Traums, der Wirklichkeit wird, wenn er Ausdruck eines tiefen Verlangens des Menschen ist. Der Mensch träumt, solange er lebt und lebt, solange er träumt. Wenn er von der Freiheit träumt, ist dies bestimmt kein Hirngespinst. Sind wir nicht allzu rasch geneigt, jede schwierige Veränderung, jede noch nicht bestehende Ordnung als Utopie zu bezeichnen? Weil sie uns zwingt, uns selbst in Frage zu stellen? Müssen nicht zahlreiche Elsässer der Auflösung ihrer eigenen Persönlichkeit fassungslos zusehen, weil sie aufgehört haben, den elsässischen Traum zu träumen?

Wer vermag zu sagen, ob die verlorene Utopie bei der Mehrzahl der Elsässer nicht zu Ersatzphänomenen geführt hat, um ihr Kapitulieren angesichts des so lange ausgeübten Drucks auf ihre Persönlichkeit vergessen zu können? Ob sich der Elsässer wirklich klar ist, wie lächerlich er manchmal erscheint? Gefällt er sich denn in der Rolle des Bonvivant, als der er in so vielen Touristenpublikationen und bei so mancher fragwürdigen folkloristischen Veranstaltung in Erscheinung tritt? Dieser Elsässer mit dem hochroten Gesicht und den verquollenen Augen, wie er in seiner elsässischen Tracht ganz elsässisch vor einem Berg von Sauerkraut „Elsässer Art", einer Flasche Riesling oder einem Bierfäßchen steht! Dieser Elsässer, der gut genug ist, ein paar Witze von sich zu geben, über die niemand mehr lacht — abgesehen von denen, die auf Kommando lachen. Wovon kann ein Elsässer noch träumen, der allmählich zu einer Sehenswürdigkeit für die Fremden wird und kaum mehr Achtung erfährt, als der Indianer in seinen angeblich natürlichen Reservaten?

Ist die Schaffung einer authentischen elsässischen Kultur jetzt gegen Ende dieses 20. Jahrhunderts und nach drei Jahrhunderten einer nahezu totalen kulturellen Bevormundung nicht die größte aller Utopien? Sind die elsässischen Regionalisten nicht eine Minderheit innerhalb der Minderheit dieses elsässischen Volkes in der Französischen Nation? Aber hieße dies nicht, den Kräften der Beherrschung freien Lauf lassen? Wo würde Frankreich heute stehen, wenn es unter den Franzosen keine Minderheit gegeben hätte, die entschlossen war, den Kampf im Jahre 1940 weiterzuführen, wo doch schon alles verloren schien?

Im Grunde ist die elsässische Utopie die Hoffnung all derer, die vor den Kräften, welche unseren Untergang in der Anonymität wollen, nicht kapitulieren. Im Leben des Menschen spielt die Utopie eine entscheidende Rolle. Die Marxisten hatten die soziale Realität der Utopie am eindeutigsten erkannt. Henri Desroches, Studiendirektor an der Hochschule für Sozialwissenschaften in Paris bemerkte in einem vielbeachteten Artikel vom 10. Mai 1981 in der Zeitung „Le Monde": „Eine Gesellschaft ohne Utopie ist eine Gesellschaft ohne Phantasie."

Es mag utopisch erscheinen, heute von elsässischer Kultur und elsässischer Macht zu sprechen. Doch warum sollte diese Utopie nicht die Realität von morgen sein? Wer kennt schon Lauf und Sinn unserer Geschichte? In der Technologie werden heute so riesige Fortschritte gemacht, daß uns die Welt immer kleiner und ein Gebiet wie das Elsaß gänzlich unbedeutend erscheint. Der Mensch ist im Begriff, das ganze Universum zu erobern. Universalismus nicht Regionalismus scheint das Losungswort von morgen.

Universalismus sucht einen Ersatz in irgendwelchen entfernten Gebieten unseres Universums zu finden, in Ländern, die uns weniger anfechtbar und „glorreicher“ als das Elsaß erscheinen. Das Universelle ist aber nicht irgendwo im Unendlichen anzusiedeln, wir finden es vielmehr in der Seele des Menschen. In dem Maße, in dem der Mensch sich selbst wiederfindet, wird er vom Geist des Universellen beseelt. Lassen wir uns nichts von denen vormachen, die uns aus der Ferne an der Nase herumführen wollen, weil sie in ihrem eigenen Land nicht zurechtkommen. Wenn die elsässische Jugend zu den Quellen der Kultur ihres eigenen Landes zurückgeführt wird, hat sie die besten Voraussetzungen, einen universellen Geist zu erlangen. Wer das Universelle dem Regionalen, die Nation der Region gegenüberstellt, hat nicht verstanden, wonach der Mensch heute strebt und was das Wesen des Menschen ist.

Wir werden den Lauf der Welt nicht aufhalten. Auch wird die Lage des Elsaß auf der Weltkarte nicht durch den Lauf der Geschichte verändert werden. Solange es das Elsaß geben wird, solange „Elsässer sein“ unverändert seinen Sinn behält, solange wird es eine elsässische Problematik geben. Immer wird der Elsässer, wie es der Dichter Claude Vigée formulierte, ein „rôdeur de frontières“ sein, einer, der sich immer irgendwo an einer Grenze befindet.* Solange es Elsässer geben wird, welche die Herausforderung derer entschlossen annehmen, die nicht die Originalität ihrer Persönlichkeit anerkennen wollen, werden die Elsässer auf Grenzen stoßen. Mit und an Grenzen zu leben, stellte schon immer ein Risiko dar — aber auch eine Hoffnung, eine große Hoffnung.

---

* Henri Schwamm, Alsace, S. 42.

Grenzgänger

Der Elsässer ist ein Grenzlandbewohner, war es immer gewesen. Seine Persönlichkeit ist davon tief geprägt. Lange Zeit war ihm dies nicht bewußt; jahrhundertelang hat sich die Tatsache, an einer Grenze zu leben, kaum auf seinen Alltag ausgewirkt. Heute ist dies anders; heute handelt es sich nicht mehr um dieselbe Grenze.

In früheren Zeiten war Grenze für den Elsässer all das, was eine Ausweitung seiner Anbaufläche oder der Tätigkeit, mit welcher er sein Auskommen bestritt, verhinderte. Seine eigentliche Grenze bestand damals in den natürlichen Hindernissen — Wälder, Berge —, die wegen ihrer Undurchdringlichkeit und Unüberwindlichkeit seine „Freizügigkeit“ einschränkten. Derartige Schranken gab es in Frankreich, in Deutschland, überall. Sie gaben Schwaben, Tirolern, Savoyern oder Provenzalen ebensoviele Probleme auf wie den Elsässern.

Gewiß waren die Vogesen nicht total unüberwindlich, aber zur Zeit der Völkerwanderung stellten sie für Alemannen und Franken ein so großes Hindernis dar, daß diese sich in der Ebene niederlassen mußten. Im Süden des Elsaß war die Barriere der Vogesen leicht zu umgehen; trotzdem verging viel Zeit, bis Kontakte zwischen Elsässern und den Nachbarn im Westen hergestellt waren. Die Elsässer wurden sich bewußt, daß sie eine andere Sprache sprachen und einer anderen Kultur angehörten. Durch den Beitritt zum Christentum erhielten beide Nachbarvölker einen gemeinsamen Bezugsrahmen und Lebensinhalt. Dies genügte jedoch nicht, das Weltbild der einen wie der anderen grundlegend zu verändern.

Vor allem der Unterschied in der Sprache zeigte den Elsässern, daß sie in einem Land zwischen zwei kulturell sehr verschiedenen Welten lebten: einem romanischen Einflußbereich, der französisch und französischsprachig werden sollte, und einem germanischen, der deutsch und deutschsprachig wurde. Aufgrund ihrer Sprache und ihrer Kultur waren die Elsässer zweifellos Bestandteil der „Welt der Deutschen“, lebten allerdings an deren Grenze, die im Süden und im Westen verlief. Zunächst war dies nicht mehr als eine geographische Tatsache; im Lauf der Jahrhunderte wurde daraus eine historische Realität, die nicht mehr zu ignorieren war. Der Elsässer wurde zum echten Grenzlandbewohner.

Grenzlandbewohner sein, scheint à priori weniger Vor- als Nachteile zu beinhalten. Man befindet sich sozusagen „am Ende der Welt“. Eine zentralere Lage wirkt sicherer, bequemer. Hier ist man eher gewillt, nach allen Seiten zu agieren, während der Tätigkeitsbereich des Grenzlandbewohners halbiert zu sein scheint, was natürlich eine sehr oberflächliche Betrachtungsweise ist. Es kommt auf die Beschaffenheit, die Qualität dieser Grenze und auf den Geist derer an, die dort wohnen. Jahrhundertelang hat das Dasein als Grenzlandbewohner den Elsässer nicht gehindert, entsprechend den Möglichkeiten in Mittelalter und Renaissance voll am Leben des gesamten deutschen Sprachraums teilzunehmen. Die Glanzleistungen des Humanismus im Elsaß zeugen davon, daß „ein Mann der Grenze“ zu sein für den damaligen Elsässer nicht das geringste Hindernis darstellte. Außerdem war der Rhein eine natürliche Durchgangsstraße in einer der betriebsamsten Gegenden des damaligen Deutschland.

Nachdem es der elsässischen Oberschicht gelungen war, sich die Kulturwelt der Franzosen zu erschließen, eröffneten sich ihr diese neuen kulturellen Möglichkeiten ganz anders, als wenn das Elsaß nicht am Rande des deutschen Einflußbereichs gelegen hätte. Einerseits förderte der Rheinische Korridor die Kontakte mit den deutschen und holländischen Rheinländern, andererseits führte die unmittelbare Nachbarschaft mit der französischen Kulturwelt zu engen Beziehungen mit den Franzosen. Diese Grenzlage hat das Elsaß jahrhundertelang zu einem bevorzugten Raum für den Austausch von Ideen und Erfahrungen gemacht, was für seine Bewohner sehr vorteilhaft war. Abgesehen davon lebten die Elsässer nicht an irgendeiner Grenze: zwei der großartigsten Kulturen der Welt hatten genau hier ihren Schnittpunkt; allerdings auch zwei der ehrgeizigsten Staaten! (55)

Wie zu zeigen war, befanden sich die Elsässer von dem Zeitpunkt an, da die Expansionspolitik der französischen Könige zur Eroberung des Elsaß geführt hatte, im Räderwerk der fatalen Auseinandersetzungen zwischen Frankreich und Deutschland. Ohne sich in irgendeiner Weise widersetzen zu können, mußten sie zahlreiche Grenzwechsel hinnehmen. Ständig änderte sich die Grenze, mal lag sie im Osten, mal im Westen, blieb aber immer vorhanden, ständig gegenwärtig. Diese dauernden Grenzverschiebungen konnten für Leben und Wesen der Elsässer nicht ohne Auswirkungen bleiben. Die Geschichte verändert nicht nur die Welt, sie verändert auch die Menschen, die entweder Akteure oder Zuschauer der Weltgeschichte sind.

Die gesamte Existenz der Elsässer wird von dieser allzeit gegenwärtigen Grenze beherrscht. Was immer das von der Geschichte für die elsässische Persönlichkeit vorherbestimmte Schicksal sein mag, der Elsässer wird sich — solange er auf elsässischem Boden lebt — mit dieser Grenze auseinandersetzen müssen und immer ein Mann der Grenze sein. Stets wird er vorn in der ersten Linie stehen; dieses Leben „an der Front", selbst an der friedlichen, birgt besondere Risiken, die der Elsässer voll auf sich nehmen muß, will er weiterhin bestehen. Für elsässische Verhältnisse bedeutet leben an und mit der Grenze, nicht nur den Gefahren standhalten, sondern sich neuen Horizonten öffnen und diese frei erforschen können. Und genau da liegt ein wunder Punkt.

Es gilt festzuhalten, daß der Machtstaat eine umfassende Auswertung der Fähigkeiten und Vorteile des Elsässers als Mann der Grenze bisher entschieden behinderte. Zuzeiten hatte es sogar den Anschein, als sollte der Elsässer dafür bestraft werden, dort zu leben, wo er lebt, insbesondere wenn er auf seinem Recht auf sprachlicher und kultureller Existenz beharrte — wie aus einem Briefwechsel zwischen dem früheren Minister für das Erziehungswesen, Edgar Faure, und dem ehemaligen Abgeordneten des Departement Moselle, Etienne Hinsberger, über die Einführung bzw. Wiedereinführung des Deutschen in den Kindergärten seines Departements hervorgeht.

In bester Absicht hatte der Abgeordnete auf die Grenzsituation seines Departements hingewiesen und gefordert, daß die Sprachfähigkeiten der deutschsprachigen Schüler genutzt werden. Doch das sollte ihm übel bekommen. Seine eigene Argumentation wurde zum Bumerang: Der Minister hatte eine ganz andere Auffassung von der Grenze als der Abgeordnete. Nach Ansicht des Volksvertreters bot sich diese ständig gegenwärtige Grenze direkt dazu an, von den Bewohnern dieses Grenzgebiets auf einfachste Weise überwunden zu werden, insbesondere durch eine entsprechende Spracherziehung. Für den Minister dagegen sollte und mußte diese Grenze gerade in sprachlicher Hinsicht eine Mauer bleiben, die nur unter bestimmten, vom Staat festzulegenden Bedingungen, zu überschreiten war. Und diese Bedingungen schienen ihm *an dieser Grenze* nicht gegeben. Seine Antwort war somit ein unzweideutiges „Nein"! Sollte das ganze nur ein ministerieller Lapsus gewesen sein? Ich glaube nicht. Während der an einen meiner Vorträge anschließenden Diskussion bemerkte ein jugendlicher Teilnehmer, es erscheine ihm nicht ratsam, für eine elsässische Kultur und ein Elsässertum zu plädieren, da dies „gefährlich" sei. (56)

Weder der französische noch der deutsche Staat haben sich, da sie stur am Konzept der Staatsnation und an der nationalistischen Ideologie festhielten, je dazu durchgerungen, die Existenz eines Volkes, das durch die Rivalität stark geformt wurde und seine spezifischen Züge erhielt, an ihrer Grenze faktisch und juristisch anzuerkennen. Beiden Mächten war eine solche Politik der Anerkennung zu riskant, da dieses Volk ihnen entweder „zu" deutsch oder „zu" französisch erschien. Anstatt die Elsässer darin zu bestärken, den größtmöglichen Vorteil aus ihrer Situation als Grenzlandbewohner zu ziehen, suchten beide Staaten abwechselnd, diese „gefährliche" Situation durch Auslöschung der Züge zu beenden, die die Elsässer zu Grenzlandbewohnern machen.

Ziel und zumindest klare Folge der sprachlich-kulturellen Assimilierungspolitik beider Länder war eine dauerhafte Unterbindung der direkten menschlichen Beziehungen zwischen den Elsässern und ihren französisch- bzw. deutschsprachigen Nachbarn — wenn schon nicht innerhalb der Oberschicht, so doch auf der Ebene des Volks. Einem Staat, der sich nur als Machtstaat betrachtet, mag diese Grenze, die eine politische und keine Sprachgrenze ist, als eine „Gefahr" gelten. Die Elsässer sehen in einer Politik, die die politische Grenze nach der Sprachgrenze ausrichten will, eine echte Herausforderung für ihre Existenz, was ja viel bedrohlicher ist!

Als Grenzlandbewohner können die Elsässer keine Beschränkung ihres Lebensraums auf die Welt der Franzosen akzeptieren. Damit würde man von ihnen verlangen, einer Welt, der sie ebenfalls angehören, den Rücken zu kehren. Sie werden nicht zusehen, wie aus dem Elsaß ein „Schaufenster Frankreichs mit Blick auf Europa" wird, das die Berufs- und Gelegenheitstouristen in aller Ruhe betrachten und in dem sie alles mögliche nur nicht das eigentliche Elsaß finden könnten. Für die Elsässer ist die Grenzsituation keine Vitrine, die mit ihrem Flitter Schaulustige anziehen soll, sondern die permanente Auseinandersetzung mit ihren geographischen, historischen, wirtschaftlichen, politischen und kulturellen Gegebenheiten. Ein Leben an dieser Grenze ist nicht ein Dasein am Rande;

D'r Hans im Schnokeloch. Von Theophil Schuler.

(Kollegtion Auguste Wackenheim)

an einer Grenze leben ist nicht Anlaß zu Passivität, sondern Aufruf zu innerer Beweglichkeit.

Die Herausforderung an die Elsässer ergibt sich ja gerade aus dieser Situation als Mann der Grenze. Diese Herausforderung anzunehmen ist für den Elsässer lebensnotwendig. Er kann sich mit der Rolle eines von der Geschichte ganz betäubten Zuschauers, die er weiterhin nur hinnehmen, nicht aber selbst in die Hand nehmen könnte, nicht zufriedengeben. Als Mann der Grenze muß er diese auf direktem Wege, ohne Beschränkungen, ohne Komplexe, aus freiem Antrieb und mit seinen eigenen Mitteln überschreiten können wann immer es seine Lebensumstände und seine Existenz erfordern. Er muß seine Bestimmung als Mann der Grenze mit der Selbstverständlichkeit eines selbstbewußten Menschen wahrnehmen können. Dies kann er nur, wenn er sich als bewußter Grenzgänger fühlt und entsprechend handelt. Nur so wird ihn der „Geist der Grenze" beseelen.

Dieser Geist der Grenze beseelt aber nicht den Elsässer, der sich ängstlich hinter einer Maginot-Linie des sozialen, kulturellen und politischen Konformismus verschanzt, sich damit abfindet, lediglich die Gaben aufzulesen, die die „Götter der Armeen" herabregnen lassen, und als richtiger Hans-im-Schnokeloch auf der Grenze thronend, an der Grenze wohnend, darauf wartet, daß der Rhein aufhört zu fließen und nicht mehr Grenze ist. Der bewußte Grenzgänger ist offen für die Realitäten der Gegenwart und blickt entschlossen in die Zukunft. Er verkörpert den Dynamismus, den der Elsässer braucht, um der elsässischen Persönlichkeit ihre Vitalität zurückzugewinnen.

Dieser bewußte elsässische Grenzgänger will die Grenze weder aufheben noch leugnen; im Gegenteil, er will über sie hinauswachsen. Er läßt sich keiner Ideologie unterstellen, läßt sich in kein Getto sperren — sei es national oder regional. Der bewußte elsässische Grenzgänger läßt die Herausforderung, die die Geschichte an ihn richtet, nicht auf eine Sprachenfrage reduzieren; doch wird er keine Preisgabe einer Sprache zulassen, die er zur Öffnung der versperrten Grenzen und als Schlüssel zum Kulturkreis, aus dem dieser Geist hervorging, benötigt. Dabei geht es natürlich zunächst um die Sprache, die der Elsässer *spricht,* das heißt um seinen Dialekt und entsprechend um die deutsche Standardsprache. Aber schließlich geht es vor allem um die Sprache, die er *führt,* das heißt um die Art und Weise, wie er sich als Elsässer sowohl den einen wie den anderen gegenüber zu behaupten vermag.

Der Geist der Grenze ist der erforderliche Lebensfunke für eine elsässische regionale Gesinnung. Die Neubelebung einer Region Elsaß in dieser geographischen Lage, mit dieser Geschichte und diesem Potential an Menschen wäre sinn- und aussichtslos, könnte sie die Elsässer nicht befähigen, die von Männern „des Staats" mit so wenig Gespür für menschliche Realitäten künstlich errichteten Grenzen zu überwinden. Aufgerufen um über das Schicksal anderer zu entscheiden, zeigten diese Staats-Männer selten großen Einfallsreichtum und blieben immer nur Männer *ihres* Staats. Was interessierte sie das Leben in einer elsässischen Region? Allein der Geist der Grenze der Elsässer selbst kann die Region wieder aufleben lassen und dem Volk, mit der Sprache des Volkes, wieder zu seiner Sprache verhelfen.

Die politische Grenze des Elsaß fällt zwar mit der geographischen des Rheins zusammen, aber die eigentliche Grenze des Elsässers richtet sich nach seinem geistigen Horizont und verläuft nicht entlang eines Flusses. Der Geist der Grenze kennt weder Zeit noch Raum, er ist an keinen Zeitpunkt, keinen Ort gebunden. Dieser Geist weht frei wo, wie und wann immer er will; er fordert jeden von uns auf, über die Grenze zwischen dem, was wir erreicht haben und noch erreichen müssen, hinauszugehen. (57)

Das Errungene kann nur ein Zwischenziel, eine vorläufige Grenzstation auf dem Lebensweg sein. Der Geist der Grenze gibt sich mit dem Erreichten nicht zufrieden, er strebt nach Höherem, damit der Mensch in einer ständig sich wandelnden Welt bestehen kann und sich den neuen Aufgaben gewachsen fühlt; er erlaubt dem Menschen weder ein Leben in Selbstgefälligkeit noch in Gleichgültigkeit. Hierbei geht es um unsere Existenz als Menschen. Für die Elsässer ist dieser Geist der Grenze von vitaler Bedeutung. Besitzen sie ihn nicht, haben sie keine Aussicht, sich in Zukunft zu behaupten und *ihr Sein* zu gewährleisten.

Aufgrund der Geschichte bedeutet „Sein“ im Elsaß, „gleichzeitig Alsacien und Elsässer sein“ können. Alsacien sein und dabei Elsässer bleiben, so lautet die unveränderliche Herausforderung, die der Elsässer der Geschichte und sich selbst stellen muß. Er hat ständig um sein Leben und sein Überleben zu kämpfen und fühlt sich immer aufgefordert, die Grenze, die er in sich spürt und die ihm das Leben vorgezeichnet hat, zu überwinden. Der eingangs zitierte Dichter aus dem Elsaß, Claude Vigée, ruft uns ins Gedächtnis: „Uns wird nichts geschenkt, alles muß gepflegt und erhalten und mit großem Einsatz von einem anscheinend feindseligen Schicksal abgerungen werden.“*

Die Geschichte kennt kein Erbarmen: für sie zählen nur die Völker, die den Willen und den Mut haben, zu sein. Die Elsässer sind da keine Ausnahme. *Sie werden aufhören, ein Volk zu sein, wenn sie nicht mehr Elsässer sind.* Und sie werden nicht mehr Elsässer sein, wenn sie nicht weiterkämpfen, um es zu bleiben. Mögen sie dies nie vergessen!

* Petite Anthologie de la Poésie Alsacienne, VI, Vorwort S. 16.

Anmerkungen

1 Das Elsaß mit seiner deutschen Sprache und Kultur wurde noch lange als eine „fremdländische" Provinz angesehen, die zwar zum Königreich Frankreich gehörte, aber „außerhalb" des Landes gelegen war. Bis zur Französischen Revolution galten die Vogesen als die Begrenzung des französischen Wirtschafts- und Handelsraums; so war das Elsaß von der Aufhebung des Edikts von Nantes (1685, Glaubenseinheit) auch nicht betroffen.

2 Zum Thema **Kriegspsychose,** das die französischen Nationalisten vor 1914 im Lande ständig wachhalten konnten, schreibt François de Closets folgendes: „Es soll hier nur auf eines der Motive hingewiesen werden: die Tabuisierung. Die Politiker der Dritten Republik ließen in Frankreich ein regelrechtes Tabu über Elsaß-Lothringen aufkommen. Nahezu fünf Jahrzehnte lang herrschte ein intellektueller Terrorismus. Stets daran denken, nie darüber reden, hieß es. Hierzu gab es allerdings keinerlei offizielle Verlautbarung. Nie wurde den Franzosen gesagt, was es bedeuten würde, diese beiden, durch den Unverstand des Zweiten Kaiserreichs verlorengegangenen Provinzen zurückzuerobern, nie wurde eine Anerkennung der neuen Grenzen in Erwägung gezogen, um so ein Blutbad in Europa zu vermeiden. Jeder französische Politiker, der in diesem Punkt Tatsachen und Vernunft hätte zu Wort kommen lassen, wäre sogleich des Verrats bezichtigt und vom gesamten Volk als nicht tragbar abgelehnt worden.
In anderen europäischen Ländern griff der Nationalismus bei ähnlich gelagerten Themen auf dieselben Mechanismen zurück, so daß es den Scharfmachern gelang, den Vertretern der Vernunft schließlich das Tabu aufzuzwingen. So wurde das Gemetzel von 1914—1918 unumgänglich." (La France et ses mensonges, S. 14 — deutsch: Frankreich und seine Lügen)

3 In Lothar Kettenackers Buch „Nationalsozialistische Volkstumspolitik im Elsaß" finden sich zahlreiche Beispiele für Hitlers Doppelzüngigkeit bei seinen Äußerungen über Elsaß-Lothringen (S. 32—44). Es ist allgemein bekannt, daß nur wenige westliche Staatsmänner, die von **Hitler** in „Mein Kampf" dargelegten Auffassungen über die Grundlage seiner Außenpolitik wirklich ernst genommen hätten. (Die allermeisten hatten diesen Aussagen so gut wie keine Beachtung geschenkt.) Betrachtete Hitler den Rhein endgültig als die Grenze zwischen Deutschland und Frankreich? Offensichtlich nicht. „Staatsgrenzen werden durch Menschen geschaffen und durch Menschen geändert", so ist es in „Mein Kampf" nachzulesen. Damit war ganz klar . . . (S. 740).

4 Hellmut Diwald vermerkt: „Also schloß Hitler seine Schilderung der ersten Massenversammlung mit der Feststellung, daß er ein Feuer entfacht hätte, aus dessen Glut einmal das Schwert kommen müsse, das ‚der deutschen Nation das Leben wieder gewinnen soll. Und neben der kommenden Erhebung fühle ich die Göttin der unerbittlichen Rache schreiten für die Meineidstat des 9. November 1918'." (Geschichte der Deutschen, S. 230)
Das 1921 gegen den Führer der Zentrumspartei, **Matthias Erzberger,** verübte Attentat zeigt die einschlägige Denkart in den deutschen nationalistischen Kreisen. Er, der auf deutscher Seite den Waffenstillstand von Rethondes unterzeichnet hatte, wurde zum Befürwortet einer korrekten Erfüllung des Versailler Vertrags und zog sich dadurch den

Haß der Nationalisten seines Landes zu, eine Feindseligkeit, die sich als sehr hartnäckig erweisen sollte. Noch als ich im Jahre 1942 in einer Unterredung den Namen Erzberger aussprach, zeigte sich mein Gesprächspartner, ein ehemaliger Nazi, voller Unmut, denn für ihn war Erzberger der typische deutsche Defaitist von 1918, der überall und zu jeder Gelegenheit betonte: „Mir miesse halt nachgäwe"! Er wurde einer „nicht tragbaren Schwäche", besser noch „des Verrats am deutschen Volk" für schuldig befunden, und diese angeblichen „Patrioten" setzten ihn auf die Abschußliste. Nun galt es nur noch, die Mörder zu dingen, die seinen Weg an entsprechender Stelle zum letzten Mal kreuzen sollten.

5 Der Begriff „Volk" ist mit der Vorstellung einer Gruppe von Menschen verbunden, die in einer gegebenen Region lebt. Diese Region, dieses Gebiet, dieser Boden ist ihre **Heimat.** Entgegen allen Beteuerungen stellt Heimat eine wesentlich tiefergehende Realität dar, als es aus den kitschigen Liedern und Gedichten aus vergangenen Zeiten nachklingt. Es war richtig, daß der Heimatbegriff seiner romantischen Ausschmückungen entledigt wurde und seinen eigentlichen Sinngehalt wieder erhalten hat, der da lautet: Heimat ist der Boden, auf dem der Mensch und sein Volk existieren, das heißt so sein können, wie sie sind. Eine Heimat haben, bedeutet in erster Linie ein Sein in der Heimat.
Dies ist eine so markante Grundwahrheit, daß es zu allen Zeiten Menschen gab, die nicht zögerten auszuwandern, das Land ihrer Väter — ihre Heimat — zu verlassen, wenn sie aus politischen, kulturellen, religiösen oder anderen Gründen nicht mehr das sein konnten, was sie waren. Alles aufzugeben, was einen mit der Heimat verbindet, um weiterhin sein zu können, wäre wohl nicht denkbar, wären die geistigen Bande nicht stärker als die Blutsbande.
Sich des Bodens, der Heimat eines Volkes zu bemächtigen, galt schon immer als verbrecherische Handlung. Es gibt zwei Arten, von der Heimat eines anderen Besitz zu ergreifen: indem entweder das Volk außer Landes gejagt oder aber „assimiliert" wird, will heißen, seine spezifischen Züge zerstört werden, die von den engen Banden zwischen den Menschen und ihrer Heimat zeugen. Der Mensch kann also seine Heimat verlieren, ohne sie zu verlassen: man bemächtigt sich seines Geistes und schon ist der Mensch nicht mehr der, der er in seiner Heimat war.
Daraus wird ersichtlich, daß es äußerst bedenklich, wenn nicht illusorisch wäre, ein auf unterschiedlichen Ethnien beruhendes und auf dem Konzept von „Blut und Boden" aufbauendes Europa zu errichten. Im Grunde wäre es wünschenswert, daß alle Staaten auf ihrem Boden Blut ihrer Nachbarn hätten; so würde vielleicht die Identität der einen wie der anderen mehr geachtet. Gäbe es in Deutschland ein bis zwei Millionen Französischsprachige, müßte der französische Staat im Elsaß und im östlichen Teil Lothringens seine Sprach- und Kulturpolitik ändern. Doch ist dies sowieso ein hohles Gedankengebäude, da kein Franzose einen derartigen Zustand akzeptieren würde!

6 60 Jahre nach der Veröffentlichung eines Werks des in Frankreich berühmt gewordenen Louis Battifol bringt Paul Arnold seine „Histoire secrète de l'Alsace", eine Geheime Geschichte des Elsaß heraus. Hierin wird die Annexion von Straßburg durch Ludwig XIV. im Jahre 1681 als „Rückübertragung" bezeichnet (S. 129), obwohl jedermann bekannt gewesen sein mußte, daß diese Stadt bis dato zum deutschen Herrschaftsbereich gehört hatte. Und weiter: „Die Alemannen sind nicht der Ausgangspunkt der elsässischen Ethnie: sie haben sich lediglich mit ihnen vermischt, sind darin aufgegangen, denn sie waren eine nicht in Zahlen auszudrückende Minderheit, die sich wohl kaum stärker bemerkbar gemacht haben dürfte, als der fränkische, der burgundische oder der westgotische Einfluß in anderen Teilen Galliens. Das Blut und der Geist der romanisierten Gallier hatten bald wieder die Oberhand gewonnen, woraus sich die nicht zurückzudrängende instinktive Feindschaft des Elsässers allem Deutschen gegenüber erklärt." (S. 50) Also „Blut und Boden" von der anderen Seite des Rheins oder aber die Keltenversion der Nazitheorie!

Louis Battifol sah zwischen den Schädeln der Elsässer des Mittelalters und denen der Menschen aus der Auvergne und der Unteren Bretagne gewisse Zusammenhänge . . . Das Elsaß, so Battifol, ist — aus der Sicht des Anthropologen — seit den Anfängen von einer keltischen Rasse besiedelt, also eng verwandt mit den primitiven Bevölkerungen des benachbarten Gallien, aus dem die Franzosen hervorgingen.

Und Hansi meint dazu: „Sie (die Elsässer) waren Teil des großen gallischen oder keltischen Volks, das auf dem Gebiet des heutigen Frankreich lebte; es waren große, schlanke und sehr mutige Menschen . . .

Die Germanen auf der anderen Rheinseite waren dagegen Wilde . . . Sie trugen Tierhäute, die sie mit Nadeln zusammenhielten: wenn sie in Scharen auftraten, glaubte man, eine Familie von Bären oder ein Rudel Wölfe vor sich zu haben." (Zitiert von David André Lang in „Quand l'Alsace s'èveillait entre chien et loup) Und all diese angeblichen „Wissenschaftler" betrachteten sich dabei beileibe nicht als Humoristen!

7 Zum Ruhm aller Beherrschten hat *René Schickele* in einem Text, dem es weder an philosophischem noch an literarischem Format mangelt, einen Lobgesang gewidmet. Dieses Lobgedicht enthält vier Seligpreisungen, über die alle Beherrscher eingehend nachdenken sollten:

Gloria victis!

Selig, die unterworfen werden, denn sie entdecken in sich das Himmelreich des freien Willens und der Unbeugsamkeit. Eher geht ein Kamel durch ein Nadelöhr, als ein Sieger in den Himmel.

Selig sind, die geknechtet werden, denn sie wachsen, mit ihrem alleinigen Herzen, über ihre Herren und sind unerreichbar für jede Gewalt.

Selig sind, die ohnmächtig zurückbleiben hinter dem Triumph der Gewalt, denn sie haben das Dasein ergründet. Auftauchend vom Grund brennen sie mit ihrem Blick das Gespenst ihres Todes in die Seele des Siegers, daß er daran leidet bis ins dritte und vierte Glied. So hält die Netzhaut des Mörders das Bild seines Opfers. Es ist wie eine furchtbare Empfängnis. Das Bild wächst in ihm, es nährt sich von seiner Kraft, und er stirbt daran. Dann ist das Opfer wieder geboren, es steht auf und wandelt.

Selig sind die Sklaven, denn niemand kann sie mehr versklaven. Mit ihren ruhenden Händen werden sie ihre Herren zu sich niederziehen, ans Herz oder unter ihre Knie, wie die Herren wollen.

Gloria victis!

8 Der **Prozeß der Beherrschung** eines Volkes besteht aus drei Phasen: physische Beherrschung (Eroberung des Bodens und physische Trennung von der ursprünglichen Gemeinschaft); geistige Beherrschung (kulturelle Vereinnahmung, die zur sprachlich-kulturellen Loslösung aus der Volksgemeinschaft führt); schließlich die Eigen-Beherrschung (auf dieser letzten Stufe findet sich der Beherrschte, der den physischen und geistigen Zwängen durch den Beherrschten erlegen ist, schließlich in einer Situation, in der er selbst das vom Beherrschenden Auferlegte in die Tat umsetzt).

9 Es ist nicht einsichtig, warum die Nazis ebenso maßlos wie die französischen Nationalisten gegen den **Partikularismus** der Elsässer vorgingen. Ist dies aber wirklich so erstaunlich? Hierzu ein bedeutungsträchtiger Abschnitt aus einer Rede des Gauleiters Robert Wagner aus dem Jahre 1942 in Gebweiler (Guebwiller): „Es soll niemand glauben, daß er in einer Zeit der Neugestaltung der ganzen Welt auf einer verträumten Insel weiterleben kann.“ Der damalige berühmt-berüchtigte Leitartikler der „Straßburger Neuesten Nachrichten“, Franz Moraller, machte dafür die „Restbestände eines musealen Partikularismus“ verantwortlich. (Aus Lothar Kettenacker, S. 215)

10 Vom 1. bis 24. Mai 1928 fand in Colmar der **Prozeß gegen 15 elsässische Autonomisten** statt, dessen herausragendste Persönlichkeiten Eugène Ricklin (ehemals Präsident des von der Verfassung 1911 geschaffenen elsässischen Landtags), René Hauss (Sohn von Charles Hauss, einem ehemaligen Staatssekretär), Paul Schall (Journalist des Blatts „Zukunft“) und Joseph Rossé (Unterzeichner des Heimatbundmanifests aus dem Jahre 1926 und deswegen seines Amtes enthobener Professor) waren. Während des Prozesses kam es zu aufsehenerregenden und zum Teil tragikomischen Zwischenfällen. „Das Elsaß wird angesichts der aufzudeckenden Schändlichkeiten vor Empörung erzittern und nicht länger zusehen, daß verdächtige Elemente unter dem Deckmantel der Autonomie auf die Neutralität des Elsaß hinarbeiten,“ hatte der Präsident der Republik, Raymond Poincaré, einige Monate vor Prozeßbeginn anläßlich eines Banketts in Straßburg erklärt. (Jean Claude Streicher, Histoire des Alsaciens II, S. 154)
Tatsache aber ist, daß die Anklageschrift jeglicher Rechtsgrundlage entbehrte und niemand im Elsaß erzitterte, sondern daß die elsässische öffentliche Meinung im großen und ganzen zugunsten der Angeklagten Stellung bezog. Bei den Parlamentswahlen wenige Tage nach Eröffnung des Prozesses wurden der im Gefängnis einsitzende Eugène Ricklin (Altkirch) sowie Joseph Rossé (Colmar) gewählt. Nur vier der 15 Angeklagten (Ricklin, Rossé, Schall und Fashauer) wurden zu einem Jahr Gefängnis und fünf Jahren Landesverweis verurteilt.

11 Selbstredend wurde die **Autonomiebewegung französischer Prägung** vor 1914 von Paris mit Wohlwollen betrachtet, da sie ganz auf der Linie der französischen Regierung lag. Aber aus demselben Grund erregte die von den Deutschen 1911 gewährte Teilautonomie in Paris Mißfallen. Die Anhänger der Autonomiebestrebungen galten bei Kriegsausgang 1914 als Verräter und die Verfechter der „französischen“ Autonomie wurden zu „Patrioten“ . . . So einfach ist das — zumindest im Elsaß.

12 Am 26. Mai 1911 wurde mit 212 gegen 94 Stimmen im Berliner Reichstag über die **Verfassung für Elsaß-Lothringen** abgestimmt. Das Elsaß erhielt einen Landtag mit zwei Kammern; allerdings blieb die Exekutive in den Händen des vom Kaiser ernannten Statthalters. (Siehe hierzu Jean-Marie Mayeur, Autonomie et politique en Alsace, La Constitution de 1911)

13 Das französische „culture“ und das deutsche „Kultur“ haben nicht immer dieselbe Bedeutung. „Kultur“ entspricht nicht selten dem französischen „civilisation“, „culture“ dagegen dem deutschen Begriff „Bildung“. Der jeweilige Sinn ergibt sich aus dem Zusammenhang. Nichtsdestoweniger gilt, daß das Wort „Kultur“ — die Art des Mensch-Seins — weder etwas mit der französischen noch mit der deutschen Kulturauffassung zu tun hat, sondern für jeden Menschen gleich welcher „natürlichen“ oder „politischen“ Nationalität Gültigkeit hat.

14 Für eine beherrschende Gruppe (oder den Machtstaat) ist Sprache immer „alles". Problematisch wird es erst dadurch, daß den beherrschten Gruppen (den nationalen Minderheiten) beigebracht werden muß, daß *ihre* Sprache eben *nicht* alles ist, und daß ihnen — indem sie auf ihre Sprache verzichten — immer noch die Sprache der Beherrscher bleibt. Dies muß jedoch geschehen, *bevor* den Beherrschten klar wird, daß ihnen mit Aufgabe ihrer Sprache nichts mehr von ihrer eigentlichen Originalität bleibt. Dies entspricht auch dem klassischen Verlauf der Kolonisierung.

15 „Das Elsass müsse an die Reihe kommen, müsse ein wichtiger Kulturfaktor werden, weil es Brachland sei, über das nur ein Sommerstürmer zu gehen brauche, um Wunder zu wirken: Unverbrauchte Kraft! Unverbrauchte Kraft aber ist Jugend, unverbrauchte Kraft sehnet in den Morgen, ringt mit einem neuen Gott um neue grössere Thaten, unverbrauchte Kraft hebt sich glühend aus Götzendämmerungen in die Sonne. Uralt ist die Sonne wie die That aber jeder neue Morgen ist eine neue Schöpferthat, die über Trümmer emporbaut — hinauf." (*René Schickele. Der Fremde,* zitiert von *Charles Fichter,* S. 42)

16 „Und wenn wir dann sagen, erst ‚Elsässer', dann Deutsche, so wird das nichts anders heissen, als erst Menschen, dann deutschen Menschen. ‚Elsässer' wird kein politischer Begriff mehr sein, denn was wollen die paar Leutchen anfangen — es wird für sie das Bewusstsein einer Tradition sein, einer kulturellen Aufgabe . . ." (*René Schickele, Der Stürmer,* zitiert von *Charles Fichter,* S. 49)
Nationalbewußtsein schon, aber . . .
„Denn Nationalbewusstsein ist die bewusste kulturelle Kraft eines Volkes, das Bewusstsein einer Mission für die Menschheit". (*René Schickele,* zitiert von *Charles Fichter,* S. 50)
Im Grunde warf René Schickele die Frage nach dem Elsässer-Sein innerhalb eines deutschen Umfelds auf. Auch wenn der Zusammenhang heute ein anderer ist, die Frage ist unverändert die gleiche geblieben. Die Art und Weise wie André Weckmanns Roman „Wie die Würfel fallen" von bestimmten Elsässern aufgenommen wurde, zeigt, wie schwierig es ist, Elsässer zu sein . . . und zwar im Elsaß selbst. Dazu ein Beispiel:
„Ist es nicht ein Widerspruch, einerseits für die Erhaltung der deutschen Sprache einzutreten, andererseits von Deutschland fast ausschliesslich das Zerrbild der Nazizeit zu zeichnen? Wenn die sanfte Bérengère es ablehnt, auch nur ein Wort Deutsch zu lernen, obwohl sie zwanzig Jahre im Lande lebt, wird mit milder Nachsicht darüber hinweg gegangen, den Deutschen hingegen wird alles angekreidet, das Anschnauzen, der schnarrende Ton. Hochdeutsch ist eben die „Marschmarschsprache". Das Trauma der Nazizeit steht im Mittelpunkt, das Trauma der Epuration und der Angstpsychose sind gerade am Rande erwähnt. Von der Verwurzelung gerade der besten Vertreter der elsässischen Kultur im deutschen Geistesleben ist nicht die Rede." (*Rot un Wiss,* n° 66, Januar 1982).
In diesem Roman zeigt Weckmann — so der Kritiker — zu viel milde Nachsicht gegenüber Frankreich und den Franzosen und geht zu streng mit Deutschland und den Deutschen um (den Deutschen wird alles angekreidet).
Unter den Kritikern wurde aber noch eine andere Version laut: (Saisons d'Alsace, Nr. 77/1982, S. 122) „Man verspürt hier noch ein anderes Unbehagen . . . ein gefühlsmäßiges. Endlich also doch! Nicht ein einziges Mal wird da von Vaterlandsliebe gesprochen, was anscheinend altmodisch klingen könnte, aber auch nicht von einer bewußten Entscheidung darüber, das zu sein, was wir sind. Vielleicht hätte uns der Protagonist, Lehrer Héribert Grahn, doch gerade in seiner komischen Sprache diesen Gefallen tun können! Was werden sie („die Deutschen") sich jetzt wieder denken? Und selbst wenn Irrtümer began-

gen worden sind, ist denn die Zeit nicht reif, diese — insbesondere wenn es um die Erhaltung des Dialekts geht — wiedergutzumachen, ohne deswegen ins andere Extrem zu verfallen? Will man denn jemandem, der den Dialekt nicht beherrscht, ab morgen verbieten, sich als Elsässer zu fühlen? Sollte man vielmehr nicht auf der Hut sein, zu den bestehenden Abspaltungen einen neuen Zwiespalt hinzuzufügen?“ (Auszug aus dem Bericht vom 7. 1. 1982 anläßlich der Versammlung der Société des Écrivains d'Alsace et de Lorraine)
In seinem Roman — so der Kritiker — erweist sich Weckmann als zu nachsichtig gegenüber „Deutschland und den Deutschen“ (Er unterläßt es, „sie“ daran zu erinnern, daß wir uns „entschieden“ haben, das zu sein, was wir sind; und darüber hinaus artikuliert er sich auf deutsch, in „dieser komischen Sprache da“!) und zeigt sich zu wenig nachsichtig in der Beurteilung „Frankreichs“ und „der Franzosen“ (keine „Vaterlandsliebe“; im Elsaß hat man eben „Fehler“ begangen . . .). Dies alles wird natürlich nur sehr behutsam angedeutet!
Daß ein solcher Roman bei den Elsässern zu so unterschiedlichen Reaktionen führen kann, ist einerseits Beweis dafür, daß sich zahlreiche Elsässer noch nicht aus dem „scheinbaren Dilemma“ befreien konnten und daß es bestimmt ebenso viele Arten gibt, „sich als Elsässer zu fühlen“, wie es Elsässer gibt! Der Haken ist nur, daß *wirklich Elsässer sein* etwas ganz anderes ist. In „Wie die Würfel fallen“ hat Weckmann dies gewiß auf seine Weise dargestellt — aber wie es beeindruckender wohl nicht sein könnte. „Schockierend“? Mag sein; aber es soll auch Schockwirkungen geben, die beleben . . . sollte man dies vergessen haben?

17 Der Widerstand der zehn Kaiserstädte — die Kapitulation Straßburgs

Noch lange nach dem Westfälischen Frieden zog es der Zehnstädtebund vor, mit dem deutschen Kaiser, nicht mit dem König von Frankreich, zu verhandeln. Noch 1663 sollte er zwei Abgeordnete zum Regensburger Reichstag entsenden. „Im Jahre 1664 leisteten die Bürger von Schlettstatt (heute Séléstat) seiner Majestät Kaiser Leopold I. den Eid“, ihm allein. „Es ist besser, aufrichtig und tapfer für die Freiheit gekämpft zu haben, als sich feige mit einer traurigen Knechtschaft abzufinden,“ erklärte ein Abgeordneter aus Colmar im Reichstag zu Regensburg. (Zitiert nach Jean Claude Streicher/Georges Fischer/Pierre Blèze, Histoire des Alsaciens II, S. 163/64)
In einem Brief vom 29. 9. 1681 (dem Vorabend der Umzingelung Straßburgs durch die französischen Truppen) an den deutschen Kaiser Leopold I. gibt der Magistrat der Stadt seiner Bestürzung folgendermaßen Ausdruck: „Herr von Montclar ließ uns wissen, daß wir — sollten wir uns gütlich und rechtzeitig in unser Schicksal ergeben — mit der Wahrung unserer Rechte und Privilegien rechnen könnten; sollten wir uns jedoch weigern und auch nur die geringste Feindseligkeit zeigen, hätte der König gegenwärtig genügend Truppen, ausreichend Artillerie und alles übrige bereit gestellt, um uns zur Vernunft zu bringen.(Journal historique de l'Alsace, Extraits, Henri Riegert, Journalist und Schriftsteller in Zusammenarbeit mit Jeannette Munsch)
Anläßlich der Dreihundertjahrfeier der Kapitulation Straßburgs wurden mehrere Vorträge gehalten, Artikel und Stellungnahmen verfaßt, die stärker vom Drang nach historischer Wahrheit als von der Absicht getragen waren, den Nationalisten nach dem Mund zu reden.
In einem kurzen Überblick über die „Angliederung Straßburgs an Frankreich“ präzisiert der Geschichtsprofessor an der Universität von Straßburg, Bernard Vogler, daß „Ludwig XIV. am 23. Oktober 1681 seinen Einzug in Straßburg hält und dabei lediglich von einem Ehrenspalier katholischer Bauern aus Kochersberg begrüßt wurde, während die Straßbur-

ger ihre Resignation nicht verhehlten", und daß die Lutheraner „würdevoll den Aufforderungen zum Übertritt (zum Katholizismus) widerstanden" . . . „daß nach 1697 nahezu 300 protestantische Familien eine Emigration nach Deutschland einer Abstempelung als Bürger zweiter Klasse in einer feindseligen Umgebung vorzugen". (L'Écrivain, Nr. 36, Dezember 1981, S. 23/24)
Im „Nouvel Alsacien" vom 11. und 18. 9. sowie 2. 10. 1981 zeigte der Journalist Guy Trendel, daß es nicht etwa darum zu tun war, ein Bild grau in grau zu zeichnen, sondern darum, ein für alle Mal Schluß zu machen mit dieser Legende, die da sagt, „Straßburg habe sich Frankreich hingegeben" — unter den enthusiastischen Zurufen aller.

18 Im Elsaß, und nicht nur hier, könnte man nicht begreifen, daß ein Mitglied der Kommunistischen Partei nicht Lokomotivführer oder Lehrer werden sollte, nur weil er Kommunist und deswegen für die Verfassung, sprich den Staat Gefahr bringen könnte! Ein derartiges Berufsverbot würde als unzulässiger Übergriff in die Freiheiten des Einzelnen angesehen.

19 Der Streit begann am 3. August 1978 in der Zeitung „L'Alsace", als eine Leserin in einem Brief die Äußerungen André Weckmanns kritisierte und unter anderem schrieb: „Sofern es Sie beruhigt, denken Sie doch daran, daß man noch in 100 Jahren in Ihrem Distrikt, das heißt im Unterelsaß (das wesentlich konservativer und traditionalistischer ist als das Oberelsaß) Dialekt sprechen wird und zwar sowohl die Familien, die sich für den Deutschunterricht ab der Sexta als auch in denen, die sich für das Englische entschieden haben! Ihr Argument ist demnach bar jeglichen Realitätsbezugs!
Auf diese und ähnliche Weise ging es bis Mitte Oktober weiter: Verfechter und Gegner der Zweisprachigkeit oder des Dialekts fielen schonungslos übereinander her. Als Fazit konnte man aus dieser Auseinandersetzung einerseits herauslesen, daß das Problem des Dialekts die Leute aus dem Oberelsaß ebenso betroffen machte, wie die Unterelsässer, und andererseits, daß sich nur sehr wenige des wahren Übels, an dem unsere Sprache krankt, bewußt waren. Dieser Disput zeigte klar, daß die Elsässer — weil sie den Dialekt als „ihre" Sprache betrachten — an diesem festhalten wollen.

20 Nachfolgend die in „Dernières Nouvelles d'Alsace" vom 13. 6. 1981 wiedergegebenen Ausführungen eines Diskussionsteilnehmers (der selbst Maler ist): „Das, was bei der Masse ankommt, ist nicht notgedrungen entscheidend. Es ist naiv, das spontane Schaffen mit Kultur gleichsetzen zu wollen. Doch wäre es nur allzu einfach, in den gegenteiligen Fehler zu verfallen: das ist von uns, also ist es gut. Um es ganz offen auszusprechen: Natürlich gibt es regionalen Kitsch. Ist denn Picasso in demselben Sinn katalanisch wie das Sauerkraut elsässisch ist? Ich bin kein elsässischer Maler; ich bin Maler. Und es ist mir vollkommen wurscht, ob ich Elsässer bin oder nicht.
Von seinem Standpunkt aus hat dieser Maler recht. Aber hätte er wohl auch gesagt: „Es ist mir vollkommen wurscht, ob ich Franzose bin oder nicht"??

21 Hierzu die Überlegungen des Philologen und Keltologen Jean Markale: „Die französische Kultur erscheint jedem, der sich von der grellen Überzeichnung in unseren Schulbüchern nicht blenden läßt, bunt zusammengewürfelt. Was — außer der französischen Sprache — haben Emile Zola und Guy de Maupassant gemein? Sensibilität, Mentalität und Stil dieser beiden Persönlichkeiten sind sehr unterschiedlich: der eine ist Provenzale, der

andere Normanne. Könnte man denn Giono ohne die Provence, könnte man Rabelais ohne die Touraine und das Poitou erklären?
Die französische Kultur gibt es gar nicht. Es gibt den aus der Auvergne stammenden Henri Pourrat (Schriftsteller und Regionalist, 1887—1959), den normannischen Schriftsteller Barbey d'Aurevilly (1808—1889), den aus der Champagne kommenden Epiker Chrétien de Troyes (1142—1191), Bernard de Ventadour aus dem Limousin (einer der berühmtesten Troubadoure des 12. Jahrhunderts), den Dichter Joachim du Bellay aus dem Anjou (1522—1560), den Pariser François Villon (1413—1465), den Bretonen Chateaubriand (1768—1848). Daneben gibt es Aufgeschlossenheit gegenüber der Welt, denn echte Kultur kennt keine Grenzen." (Les Nouvelles Littéraires, 12. 2. 76)
Dies ist gewiß ein klar umrissener Standpunkt, der an die zentralen Fragen rührt, ohne eine Erklärung dafür abzugeben, warum man unter den gegebenen Umständen seine eigene Kultur nicht entwickeln, sowie sich gleichzeitig aufgeschlossener einer weiterreichenden Umwelt gegenüber zeigen und sich so die Kultur des anderen zu eigen machen kann. Die wirkliche Kultur ist nicht im Universum zu suchen, sie steckt in uns!

22 Es ist nur zu verständlich, daß sich gewisse Elsässer angesichts des Drucks der dominierenden französischen Kultur aufgerufen fühlen mögen, den Begriff „elsässische Kultur" auf die gebürtigen Elsässer beschränkt zu wissen. Die teilweise heftigen Reaktionen gegen eine etwas offenere und — wie ich es sehe — realistischere Auffassung von der elsässischen Kultur (so wie diese heute im Elsaß gelebt werden kann) zeigt doch, daß die kulturelle Beherrschung durch den Machtstaat einer wesentlich größeren Zahl von Elsässern bewußt ist, als man gemeinhin zugeben will. Doch hier kann man die Zeiger der Uhr nicht wieder zurückdrehen. Das Elsaß von heute so akzeptieren wie es sich uns darstellt, heißt nicht schon im vorhinein, den Kampf um die Erhaltung der elsässischen Identität verloren geben, sondern daran arbeiten, daß wir trotz der Umschichtung der Bevölkerung wieder in einer Welt voller Veränderungen existieren können.

23 Es gibt solche und solche konservativ Eingestellte, genauso wie es solche und solche fortschrittlich Denkende gibt. Einerseits kennen wir das Festhalten am Althergebrachten derer, die — auch wenn sie dies nicht offen zugeben — die bestehenden Strukturen und Konventionen in Politik, Gesellschaft, Wirtschaft, Kultur und Religion um alles in der Welt beibehalten wollen, ganz gleich, ob diese zu der Welt, in der sie leben, passen oder nicht. Sie verabscheuen oder fürchten jegliche Veränderung, die zum Überdenken ihrer Lebensgewohnheiten und Denkweisen führen könnte.
Daneben gibt es jedoch noch eine andere Art des Bewahrertums, mit dem sich der Mensch seinen Lebensrahmen und seine Lebenswerte erhält, die da heißen: Natur, Friede, (geistige und körperliche) Gesundheit sowie die ihm eigenen Persönlichkeitsmerkmale wie Sprache und Kultur. Auf diese Werte kann und darf der Mensch nicht verzichten, will er Mensch bleiben und ein menschenwürdiges Leben führen.
Dieser Kampf um den Erhalt der elsässischen Persönlichkeit mitsamt der Sprache und Kultur dieser Menschen, für eine humanistische Ethik (des Lebens im Elsaß) ist — uneingeschränkt — als eine konservative Grundhaltung zu bezeichnen. Doch ist diese auf die Wahrung menschlicher Werte ausgerichtet, die die Existenz des elsässischen Volks — sollten sie aufgegeben oder gar zerstört werden — beenden würden. Wer sich konservativ zeigt, um sein Recht und seine „Freiheit zu sein" zu verteidigen, handelt nicht nur legitim, sondern tut eine Quelle des Fortschritts auf.
Hieraus zeigt sich, daß der „Bewahrer" nicht unbedingt gleichzusetzen ist mit dem Nostal-

gieanhänger oder Reaktionär unserer Tage. Im Gegenteil, als Bewahrer der wahren menschlichen Werte arbeitet er eher im Sinne des Fortschritts als etwa der Progressive, dessen fortschrittliche Gesinnung sich in einer banalen Flucht nach vorn erschöpft, ohne zuvor die eigene Rückendeckung — wenn man so sagen kann — gesichert zu wissen.

24 Über die in Deutschlad weniger bekannte Simone Weil erschien in der „Zeit“ vom 17. Okt. 1986 eine umfangreiche Abhandlung von Ria Enders mit dem Titel „Unglück einer Extremistin“. Ferner seien erwähnt: „Unterdrückung und Freiheit“ von Simone Weil sowie die Monographie über die Philosophin von Angelica Krogmann. (Anm. d. Ü.)

25 Schon Ludwig XIV. hatte erkannt, daß es für seine Zeitgenossen wie für die Nachwelt gleichermaßen wichtig ist, ihnen ein entsprechendes Bild von seiner Herrschaft zu vermitteln. Die offizielle Geschichte des Landes war seine Angelegenheit. „Es schmeichelte ihm, von Geschichtsschreibern umgeben zu sein. Einer von ihnen war Racine. Es galt, ein einheitliches, starkes Bild des Monarchen zu entwerfen und daraus eine „Moral von der Geschicht“ abzuleiten. (Lucien Sfez, Directeur du Centre de recherches sur la décision politique à l'Université de Paris-Dauphine, Le Monde, 2. 2. 1980).
Tatsache ist, daß der Staat — meist über einen Mittelsmann — unablässig die für die Gesamtheit der Staatsbürger bestimmte Geschichtsinformation „kontrollieren“ will, insbesondere diejenige, die von einer originären Volksgruppe, wie es die Elsässer sind, effektiv oder möglicherweise aufgenommen wird. Der entscheidende Grund hierfür ist, wie Marc Ferro, Studiendirektor an der Hochschule für Sozialwissenschaften in Paris, schreibt, daß „die Gegenwart besser zu beherrschen ist, wenn man die Vergangenheit kontrolliert und alle Formen der Beherrschung oder Einverleibung legitimiert werden.“ (Le Monde de l'Education, Mai 1980)

26 Damit sich ein Volk sein **Kollektivbewußtsein** bewahren kann, ist die Übermittlung der historischen Fakten, die das Netzwerk seiner Geschichte bilden, selbstredend unerläßlich — doch nicht ausreichend. Ein Volk muß sich überdies der großen Bedeutung des vorhandenen Erbguts bewußt werden können. Damit ist die entscheidende Wichtigkeit der „Zeugen“ aus der Vergangenheit angesprochen: Dokumente, Denkmäler und Museen, die alle einer kritischen Überprüfung unterzogen werden müssen. Doch sollte immer gegenwärtig sein, daß es die Regierungsgewalt ist, welche die Dokumente zusammenstellt und sich zunutze macht, die Denkmäler errichtet (oder zerstört), die Konzeption der Museen plant und wieder umwirft; und wenn der Begriff „Museum“ einen abwertenden Klang erhalten hat, so liegt dies womöglich daran, daß man es unterließ, ihn der heutigen Geschichtsauffassung anzupassen.
Die Benennung von Orten, Straßen und Plätzen, das von den elsässischen Regionalisten aufgeworfene Problem der zweisprachigen Straßenbeschilderung, sind Dinge, die das Kollektivbewußtsein eines Volkes wachhalten. Der deutsche Machtstaat hat die französischen Straßennamen abgeschafft, um mit der französischen Vergangenheit des Landes aufzuräumen, der französische Machtstaat tat dasselbe unter umgekehrten Vorzeichen, aber nicht etwa — wie naiverweise vorgegeben wird, denn dazu war man sich nicht zu schade — weil es keinen Grund mehr für eine zweisprachige Beschilderung gab, nachdem alle Welt schließlich französisch zu lesen verstand. Als ob die Schilder ausschließlich für den Briefträger angebracht worden wären! Sollten diese Schilder denn keinen anderen Sinn verfolgen, als nur die Fußgängerzonen noch etwas origineller und pittoresker zu gestalten? Hier geht es doch darum, Elsässer wie Fremde daran zu erinnern, daß dieses

Land eine deutsche Vergangenheit hat, die dem Elsässer von heute seine spezifisch elsässischen Merkmale gibt. Sinn der Straßenbezeichnung ist es, das Gedächtnis der Elsässer wachzurütteln.

27 Dorothea Beck: Julius Leber — Sozialdemokrat zwischen Reform und Widerstand, Siedler Verlag, Berlin 1983
Julius Leber wurde 1891 als Hieronymus Julius Schubetzer (der Name Leber stammt von seinem Adoptivvater) in Biesheim bei Neubreisach geboren. Zu jener Zeit war die französische Form der Vornamen fast überall im Elsaß üblich; daran änderte der Kriegsausgang 1871 auch nichts. So wurde der kleine Leber nicht Julius sondern Jules gerufen. Im Jahre 1918 blieb Leber nicht im Elsaß. An der Freiburger Universität erlangte er den Doktorgrad; er wurde Redakteur beim „Lübecker Volksbote". Innerhalb der SPD sollte er eine entscheidende Rolle spielen. 1924 wurde er zum Reichstagsabgeordneten gewählt, in dem er seinen Sitz bis zu Hitlers Machtübernahme inne hatte. 1933 Verhaftung und bis 1937 Konzentrationslager. Als einer der Hauptdrahtzieher war er 1944 in die Verschwörung gegen Hitler verwickelt — Stauffenberg wollte ihn zum künftigen Kanzler machen —; vom Volksgerichtshof zum Tode verurteilt, wurde er am 5. 1. 1945 in Berlin hingerichtet.
Erst 40 Jahre später erinnerte man sich in Biesheim an Julius Leber, indem man an seinem Geburtshaus eine Gedenktafel anbringen ließ.

28 An dieser Stelle können nicht alle über die Geschichte der Elsässer verbreiteten Unwahrheiten und aller Unsinn zusammengetragen werden. Stellvertretend hier nur ein Beispiel aus jüngster Zeit: Die Librairie Larousse (der Verlag, der die bekannte Enzyklopädie herausbringt) veröffentlichte in der Reihe „Histoire des Provinces de France en bandes dessinées" ein Buch über das Elsaß, das zur genannten, zweifelhaften Gattung gezählt werden muß. Im Vorwort an den Leser stellt der Herausgeber die Behauptung auf, daß „dieses reich bebilderte Werk ein getreuer Spiegel der tatsächlichen Geschichte des Elsaß ist" und daß die Autoren „trotz einer gewissen Interpretationsfreiheit den Verlauf der historischen Ereignisse genauestens verfolgt haben". (S. 2)
Tatsächliche Geschichte? Die Römer — Eroberer des Elsaß, wie andere auch — werden darin als „unsere Soldaten" bezeichnet (S. 7). Nach 30 Kriegsjahren drohen die Elsässer, vor Hunger zu sterben, ihr Land ist verwüstet. Da liest man dann: „Möge Dir der Westfälische Friede dieses Jahres 1648 Deinen Seelenfrieden geben." (S. 22) Wie schön das gesagt ist! Nach einer triumphalen Rundreise quer durch unsere (so der König selbst) „Provinz Elsaß," erklärt Ludwig XIV. vor den Straßburgern: „Wir sind mit Eurer Kapitulation zufrieden." (S. 38) Und was ist mit dem Frankfurter Vertrag von 1871? Den gab es gar nicht! Nach Auffassung der Autoren dieser „wahren" Historie waren die Elsässer 1914 immer noch Franzosen. So steht es auf Seite 46. „Und wenn man bedenkt, daß sie mehr als 200000 Franzosen waren, die unter deutscher Fahne kämpften!" Und so weiter . . .

29 Mancherorts wird behauptet, es habe keinerlei Absichten gegeben, das Deutsche zu eliminieren, da es nie eine wirkliche **Sprachenpolitik der Regierungsgewalt im Elsaß** gegeben habe. Doch gerade dieses Fehlen einer konsequenten, auf den Gegebenheiten des Elsaß aufbauenden Sprachenpolitik, war der Grund, warum das Französische mit einer Monopolstellung in den für das Dasein einer Sprache vitalen Bereichen rechnen konnte; zwar ist diese noch keine hundertprozentige, doch ähnlich wie in der Wirtschaft werden ihre schädigenden Auswirkungen spürbar *bevor* das Monopol ein totales ist.

30 Einerseits hat sich der Minister für das nationale Erziehungswesen stets geweigert, die Sprachenfrage im Elsaß unter dem Aspekt der Zweisprachigkeit anzugehen; andererseits war die Regierung aber ständig darauf bedacht, im Ausland als Beschützer und spiritus rector der „Regionalsprachen“ in Frankreich aufzutreten. Speziell im Hinblick auf das Elsaß war in einer 1980 in den USA vom Kulturdienst der französischen Botschaft verbreiteten Mitteilung zu lesen: „Das Elsässische gilt nicht etwa als Regionalsprache, sondern als ein eigener Dialekt. In den staatlichen Schulen Frankreichs wird dieser nicht als Unterrichtsfach angeboten, weil dieser Landesteil bereits einen allgemein eingeführten zweisprachigen Unterricht (französisch-deutsch) kennt. Zwar wußte man nicht (oder wollte nicht wissen), was „zweisprachiger Unterricht“ ist, doch verstand man es ausgezeichnet, mit den betreffenden Begriffen zu jonglieren.

31 Das gleichzeitige Nebeneinander von Französisch, Hochdeutsch und Dialekt im Elsaß muß als „Triglossie bezeichnet werden. In seinem Buch „Sprachen in Luxemburg“ beschreibt Professor Fernand Hoffmann die Sprachsituation in diesem Land übrigens auch als „Triglossie“.

32 In der Tat verfügen Kinder über ein großes Anpassungsvermögen, selbst wenn sie von Anfang an mit zwei Sprachen in Berührung kommen. Die eigentlichen Schwierigkeiten ergeben sich erst, wenn man es mit Dingen zu tun bekommt, die außerhalb der persönlichen Erfahrung liegen. „Unlogisch“ am gegenwärtigen Schulsystem des Elsaß ist ja nicht die Forderung „Französisch zuerst“, sondern die Nicht-Berücksichtigung der Dialektkenntnisse der betreffenden Kinder. „Unlogisch“ ist das Bestreben, den Dialekt unter dem irrigen Vorwand zurückzudrängen, auf diese Weise könne die Aufnahmebereitschaft für das Französische gesteigert werden. „Unlogisch“ ist es auch, drei, fünf oder zehn Jahre verstreichen zu lassen, ehe man die sprachlichen Fähigkeiten nutzt, die das dialektsprachige Kind wie selbstverständlich bei Schuleintritt besitzt.

33 Da die **Bourgeoisie** und ein Großteil der **Intellektuellen** in der Familie frühzeitig fast ausschließlich französisch sprach, konnte die Bekämpfung des Dialekts ohne viel Aufhebens vorangetrieben werden. Im übrigen lernten die Kinder dieser Bevölkerungsschicht den Dialekt von ihren Kameraden aus einfachem Elternhaus, solange das gemeine Volk untereinander Dialekt sprach. Somit hatte die Jugend aus bürgerlichem oder geistig orientiertem Elternhaus diesen hier wie da etwas voraus: sie ist es nämlich, die — noch etwa bis Anfang der 60er Jahre — wirklich zweisprachig wurde und sowohl gutes Französisch wie gutes Deutsch beherrschte. Mehr als 80 % dieser Jugendlichen wählte Deutsch als erste Fremdsprache.
Nachdem sich die Schule nicht an den Dialektsprachigen orientierte, ergab sich für die jungen Elsässer aus bescheideneren Familienverhältnissen — indirekt — eine doppelte Benachteiligung. Da sie vor Schuleintritt kein Französisch kannten, waren sie im Vergleich mit ihren bereits französisch parlierenden Klassenkameraden im Nachteil. Andererseits konnten sie aufgrund ihres Milieus weder in ihren Familien das im Schul-Dasein gelernte Französisch anwenden, noch den Dialekt so weiterentwickeln, wie es erforderlich gewesen wäre, damit dieser in der Tat eine lebendige Sprache hätte bleiben können. Der Nachwuchs der Bourgeoisie und der geistigen Elite dagegen konnte das in der Familie praktizierte Französisch und den beim Spiel auf der Straße angewendeten Dialekt ständig ausbauen.

34 Die Untersuchungen des Österreichers Dr. Wolfgang Ladin von der Universität Salzburg gehören zu den repräsentativsten Arbeiten über die heutige Sprachsituation im Elsaß. In Zusammenarbeit mit der Universität Straßburg führte Ladin zwei Jahre lang eine wissenschaftliche Studie über den Gebrauch der im Elsaß gesprochenen Sprachen (Französisch und Dialekt) bei ca. 800 Schülern in unterelsässischen Gymnasien durch.
Durch seine Untersuchungen wurden Gegebenheiten herauskristallisiert, die auch außerhalb des schulischen Milieus Gültigkeit haben. Eine Doktorarbeit sowie ein Buch (s. Bibliographie) sind — unter anderem — Ergebnisse dieser Arbeiten. Hier nur einige Zahlen, die für sich sprechen: 83 % der Eltern schulpflichtiger Kinder reden Dialekt; davon verwenden 57 % der Väter, aber nur 49 % der Mütter ihren Kindern gegenüber ausschließlich den Dialekt. Die Geschwister untereinander sprechen nur in 34 % der Fälle Dialekt. Die größte Aussagekraft im Hinblick auf die in ein bis zwei Generationen zu erwartende Situation des Elsässerditsch hat die letztgenannte Zahl . . . es sei denn, die Schule unternimmt nun endlich die erforderlichen Schritte zur Nutzung des Sprachpotentials, das die meisten elsässischen Kinder noch besitzen.
Ladins Studie ist kein Einzelwerk; doch erreichte sie die Öffentlichkeit zu einem Zeitpunkt, da man sich *endlich* ernsthaft mit der Sprachsituation im Elsaß befaßt. (S. hierzu auch Wolfgang Hoffmeisters Dissertation über die Sprachsituation der Schüler im Departement Moselle aus dem Jahre 1973.)
Seit über 20 Jahren beschäftigt sich Frau Tabouret-Keller mit den verschiedenen Aspekten der Zweisprachigkeit im Elsaß. Doch wurde ihren zahlreichen Arbeiten, insbesondere ihrer Doktorarbeit, bis heute nicht die entsprechende Aufmerksamkeit seitens der Schulbehörden und der politischen Instanzen zuteil.

35 Das zweisprachige französisch-deutsche Erziehungswesen muß verhindern, daß sich zwischen dem Dialekt und dem Hochdeutschen ein Graben auftut. Denn darin liegt eine zweifache Gefahr, wie das schweizerische Beispiel zeigt: zum einen wird hier die Verständigung mit den französischsprachigen Schweizern kaum vereinfacht, zum anderen besteht das Risiko, daß in der deutschsprachigen Schweiz die sprachlichen Verständigungsschwierigkeiten mit dem übrigen deutschsprachigen Raum noch vergrößert werden. Nun ist die sprachliche, kulturelle, soziale und politische Situation des Elsaß nicht mit der in der Schweiz vergleichbar, und alles, was noch vor drei oder vier Jahrhunderten möglich war, als das Hochdeutsche selbst seine definitive Ausrichtung noch suchte, ist heute nicht mehr möglich.

36 Der Fall Irlands ist in mehrerer Hinsicht von Interesse: Nach drei Jahrhunderten der Unterdrückung durch die Engländer erhalten die Iren im Jahre 1921 ihre Unabhängigkeit; doch nur teilweise, da die Engländer Ulster (Nordirland) behalten. Im Jahre 1921 sind die Iren aus Eire (Republik Irland) schon so weit angliziert, daß sie ihre eigene Sprache, das Gälische, so gut wie vergessen haben.
Die Verfassung der Republik Irland vom 1. Juli 1937 legt in Artikel 8 fest, daß 1. die irische Sprache als nationale Sprache die erste Amtssprache ist, 2. die englische Sprache als zweite Amtssprache anerkannt wird. (Jean Falch, Contribution à l'étude du statut de langues en Europe, Anhang 29)
Zwar ist dies eine klare Festlegung, doch reichte sie weder aus, um das Gälische im öffentlichen und privaten Leben der Iren zur „ersten Sprache" zu machen, noch um zwischen den beiden betreffenden Sprachen eine „Parität" herzustellen. Die starke Verbreitung des Englischen sowie die nach drei Jahrhunderten der Unterwerfung im irischen Volk herr-

schenden Sprachrealitäten wogen schwerer als der Wille der Iren, ihre irische Identität auch auf dem Umweg über ihre Sprache wieder herzustellen. Dies zeigt, daß das Problem wesentlich komplizierter ist, als allgemein angenommen.

37 Heute gilt allgemein als gesichert, daß *das Alter von elf Jahren* für das Erlernen einer zweiten Sprache äußerst ungünstig ist. Hierzu einige aus zahlreichen Gutachten: In der Zeitschrift „Le Français dans le Monde" (Nr. 46) schrieb Frédéric François schon vor 15 Jahren: „Je jünger das Kind, desto weniger Schwierigkeiten hat es, die Laute der Fremdsprache zu imitieren, selbst diejenigen, die seinem Gehör und seiner gewohnten Sprechweise am fremdartigsten erscheinen."
Die sicherlich treffendste Erklärung hierfür lieferten die Kanadier Wilder Penfield und Lamar Roberts. Als sie sich mit verschiedenen Fällen von Aphasie (Sprachverlust) infolge von Unfall oder Krankheit befaßten, konnten sie feststellen, daß sich das Sprechvermögen im Kindesalter nach ein paar Monaten wieder einstellte, während es im Erwachsenenalter nur schwierig zurückzugewinnen war. Die Ursache hierfür ist darin zu sehen, daß sich beim Kind in derart schwerwiegenden Fällen — vor allem wenn es das vierte Lebensjahr noch nicht erreicht hat — eine Verlagerung der Sprachmechanismen von der linken zur rechten Großhirnhälfte vollzieht. Beim Erwachsenen findet dieser Transfer nicht mehr statt. Aufgrund dieser Feststellung kam Penfield zu dem Schluß, daß die Anpassungsfähigkeit des Erwachsenengehirns in puncto Sprache geringer ist als die eines Kindes, da — wie er sagt — „das Gehirn eines jungen Menschen bildungs- und regenerationsfähig, sozusagen ‚plastisch' ist." Daraus schließt er, daß „ein biologischer Kalender für das Erlernen der Sprachen" existiert, der einen absoluten Wert darstellt und sowohl für das Erlernen einer zweiten Sprache wie für die Muttersprache Gültigkeit hat.
Penfield vertritt die Ansicht, daß es absurd ist, erst mit elf Jahren eine Fremdsprache zu erlernen: „Mag sein, daß es den für die Schulpläne Verantwortlichen paßt, das Erlernen einer zweiten Sprache in das zweite Jahrzehnt des Kindes zu verschieben. Mögen sie dann aber auch die Frage erlauben, ob sie — wenn dieser Zeitplan nicht zum gewünschten Erfolg führt — den natürlichen Entwicklungsrhythmus der Gehirnhälften beachtet haben. Schließlich gibt es für das Gehirn wie für die Drüsen des Kindes eine biologische Uhr." (Langage et mécanismes cérébraux, S. 257—277)
Doch setzt sich ein frühzeitiges Erlernen lebender Sprachen immer mehr durch. In „Le Point" (Nr. 369/1979) wurden die Ergebnisse einer vom Französischen Institut für Meinungsforschung (IFOP) im Auftrag des damaligen Staatssekretärs beim Erziehungsministerium durchgeführte Umfrage veröffentlicht, die äußerst interessant sind. 65 % der Befragten vertreten die Ansicht, daß „der Sprachunterricht zu spät einsetzt", 57 % fordern eine Hinführung zu weiteren Sprachen vor dem achten Lebensjahr.

38 Verständlich, warum sich der Staat und seine Repräsentanten heute auf regionaler Ebene davor verwahren, jemals irgendwelchen Druck gegen den Gebrauch des Dialekts ausgeübt zu haben. Daher ist es notwendig, hier einige Tatsachen anzuführen: Auf eine „gemeinsame Erklärung des Präfekten der Region und des Rektors der Akademie", welche dahingehend lautete, daß nie die Rede davon gewesen sei, „den Dialekt zu bekämpfen", erwiderte ein gutunterrichteter Sekretär der Lehrergewerkschaft: „Die Beteuerungen des Rektors wie des Präfekten scheinen uns eine geradezu schaurige Komödie." (Dernières Nouvelles de Strasbourg, 16. 10. 1971 und En Route, Nr. 128/1971)
Im selben Jahr wurde in Artikel 5 der Satzung des Collège d'enseignement secondaire (etwa: Realschule) von Truchtersheim festgelegt: *„Das Französische allein* muß Umgangs-

Syndicat National
des Instituteurs et Institutrices
de l'Union Française

Section du Bas-Rhin

Supplément au Bulletin Mensuel du Décembre N° 41

Institutrices et Instituteurs du Bas-Rhin,

Le décret du 18 décembre 1952 institue dans les deux dernières années de la scolarité un enseignement de l'allemand

facultatif pour les élèves
et **facultatif** pour les maîtres.

Les cours auraient lieu pendant les 30 heures normales d'enseignement.

Cette décision est prise **contre l'avis des organismes consultatifs officiels** (Comité Technique Paritaire Ministériel et Conseil Supérieur de l'Education Nationale) seuls compétents sur le plan technique.

On fait donc fi des avis pédagogiques les plus autorisés pour ne tenir compte que de l'aspect politique de la question.

En tant qu'éducateurs, responsables de l'avenir des enfants qui nous sont confiés, **avons-nous le droit de nous incliner et de laisser ainsi compromettre les résultats encourageants obtenus depuis la Libération?**

Les éducateurs que nous sommes, sans distinction d'opinon, doivent refuser de s'associer à un tel travail de destruction.

Le gouvernement qui a promulgé ce décret veut faire endosser la responsabilité de son application aux instituteurs.

A cet effet, il vous a fait adresser des questionnaires dont l'un vous oblige à prendre nettement position.

En y répondant, **il est de votre devoir à tous de ne prendre en considération que l'intérêt des enfants de nos écoles primaires dont la scolarité est limitée à 14 ans.**

Notre refus doit donc être absolu et unanime.

Quant à l'éventualité d'une rémunération spéciale des cours d'allemand, en faisant remarquer que les dispositions du décret ne permettraient d'ailleurs d'en faire bénéficier qu'une faible minorité, nous déclarons nettement

qu'on n'achète pas la conscience d'un éducateur!

Que nous nous jugions **aptes** ou **non** à donner cet enseignement,

nous n'en «acceptons pas la charge».

En ce qui concerne le questionnaire destiné aux parents, il est de votre devoir d'éclairer les familles sur **les conséquences néfastes de toute amputation de l'horaire normal,** soit par une réunion des parents d'élèves, soit par contacts directs.

Ainsi renseignés en toute objectivité, les parents pourront répondre en toute connaissance de cause.

LE COMITÉ
de la section du Bas-Rhin

P.S. Rappelons pour votre documentation les dispositions du projet de la Réforme de l'Enseignement qui prévoit l'étude d'une deuxième langue dans le cadre des horaires normaux. Nous insistons cependant sur le fait que cette réforme comporte la prolongation de la scolarité obligatoire. L'enseignement de la deuxième langue ne serait donc pas donné aux détriments des autres disciplines comme l'implique, au contraire, le décret du 18. 12. 1952.

sprache aller Schüler sein, bei Spiel und Unterhaltung auf dem Schulhof wie in den Schulbussen.“ Noch im Jahre 1975 hieß es in der Satzung des Collège für Jungen und Mädchen von Schirmeck in Artikel VII ausdrücklich: *„In der Schule ist der Gebrauch des Dialekts untersagt.“* Hierzu ist zu sagen, daß diese Schulsatzungen von den Elternvertretern, unter denen auch viele Dialektsprachige sind, gebilligt worden sind. Aber welcher Elsässer wagt schon, seine Sprache öffentlich und dem Verwaltungsapparat gegenüber zu verteidigen? Doch gilt es, allem gerecht zu werden. *Das Verbot des Dialekts in der Schule* rührt weder aus dem Jahre 1945 noch aus den Jahren 1970 oder 1975. (Siehe: Les luttes linguistiques . . . S. 319, 358) Diese „Praxis“ galt bereits vor 1870; trotzdem blieb der Dialekt lange noch sehr lebendig.

39 Die Illusionen der Eltern

Durch den Erlaß vom 18. 12. 1952 wurden die Eltern der Schüler, die in der Grundschule Deutschunterricht erhalten sollten, verpflichtet, hierfür einen schriftlichen Antrag zu stellen. Im Januar 1953 wurde ein Referendum durchgeführt, das zu folgenden Resultaten führte:

	Unterelsaß	Oberelsaß	Moselle
für den Deutschunterricht	85 %	83 %	75 %
gegen den Deutschunterricht	14 %	16 %	25 %

Daraus geht hervor, daß die Eltern trotz entgegengesetzter Bestrebungen der mächtigen Nationalen Lehrergewerkschaft (SNI), mit einem klaren und eindeutigen „Ja“ antworteten. In einem an die Schüler verteilten Flugblatt sollten die Eltern „über die unseligen Auswirkungen“ der Aufnahme des Deutschen in den Normalstundenplan aufgeklärt werden . . . und zwar „in aller Sachlichkeit“! Nicht alle Eltern widerstanden dem manchmal massiv ausgeübten Druck. In einem Fall entschied sich ein Vater im Falle seiner Tochter, deren Lehrerin (eine Ordensschwester) erklärt hatte, daß sie Deutschunterricht erteilen werde, dafür und im Falle seines Sohnes dagegen, weil dessen Lehrer unentwegt seine Ablehnung gegen einen solchen Unterricht zeigte.
Ein weiteres interessantes Detail sei hier noch erwähnt: die Fragebögen sollten nur in Orten verteilt werden, deren Bevölkerung dialektsprachig war. Versehentlich gelangten sie auch nach Lützelhouse, einer Ortschaft mit 80 % französischsprachiger Bevölkerung. Das Resultat: 87 % entschieden sich für den Deutschunterricht. Im Jahre 1971 schließlich antworteten auf die Frage „Sind Sie der Meinung, daß im Elsaß Deutsch in der Grundschule unterrichtet werden sollte?“: 85 % mit Ja, 13 % mit Nein und 2 % enthielten sich der Stimme.
(Meinungsumfrage des IFOP im Auftrag der „Dernières Nouvelles d'Alsace — Die Ergebnisse wurden am 16. 10. 1971 veröffentlicht)

40 „Um klarer erkennbar zu werden, trachtet jede erwachende Nation nach einer weit zurückreichenden Vergangenheit, gibt vor, schon immer gewesen zu sein und — selbstverständlich — auf alle Zeiten das Recht zu verkörpern. Noch ehe sie sich ihre Zukunft ausmalt, schneidert sie sich eine Vergangenheit nach Maß zurecht.“ (Emmanuel Todd, Le Monde 24. 4. 1981)

41 Einer der glühendsten Verfechter der Staatsnation schreibt dazu: „Wie kann man nur wagen, die eigentliche Tragweite dieser Appelle an eine „Ethnie“ zu verschleiern, die aus dem Munde gewisser Agitatoren stammen, deren kurzsichtige Philosophie auf der gröbsten Intoleranz fußt und alles Antinationale, Rassistische hervorkehrt? Und warum? Weil der Staat gleichzusetzen ist mit Macht und Stärke, und die Nation mit Freiheit. Aus französischer Sicht ist die Staatsnation der Rechtsstaat, der die Macht in den Dienst der Freiheit stellt. Die Staatsnation repräsentiert gleichzeitig ein Maximum an effektiver Macht sowie ein Maximum an persönlichen Freiheiten. Genau das ist Frankreich. Für uns Franzosen und für all die, die einmal Franzosen werden wollen, ist Frankreich einzig und allein das Vaterland.“ (Michel Debré, Pour l'Etat-nation, Le Monde 20. 2. 1980)
Auffallend ist die ständige Vermischung von Staat und Nation. Nur die „persönlichen Freiheiten“ werden anerkannt; kein Wort über die Beziehung zwischen Staatsnation und Individuum . . . Sind all die, die mit ihrer eigenen Sprache und Kultur sie selbst bleiben wollen, denn Rassisten, sie also die Opfer und nicht jene alles assimilierenden Nationalisten? (Siehe Schicksal Elsaß, S. 111)

42 Die Politiker der Bundesrepublik Deutschland mühen sich in hohem Grad um die Erhaltung der menschlichen Kontakte zwischen Deutschen aus Ost und West über die Grenze hinweg. Zentrales Ziel der bundesdeutschen Ostpolitik ist die Herstellung direkter Beziehungen zwischen Ost- und Westdeutschen — menschliche Erleichterungen — damit sich neben dem politischen Graben nicht noch einer zwischen den Menschen auftut.
Zwar wird beiderseits der Berliner Mauer deutsch gesprochen, doch reicht der Gebrauch ein und derselben Sprache nicht aus, um das Gefühl zu vermitteln, ein und derselben „Nation“ im heutigen Sinn dieses Wortes anzugehören. Da sich das politische System und vor allem die kulturelle Ausrichtung erheblich voneinander unterscheiden, führt dies dazu, daß dieselben Worte bei diesen und jenen nicht mehr denselben Sinn haben. Nur durch die Aufrechterhaltung zwischenmenschlicher Beziehungen kann eine Vertiefung des Grabens verhindert werden. (Siehe hierzu erstens: den Artikel „Der Kampf um die deutsche Sprache“ von Rudolf Walter Leonhardt in der „Zeit“ vom 26. 9. 1986, in welchem der Verfasser auf die sorgfältig eingehaltene Betonung des gewissen Unterschieds in kulturellen wie sprachlichen Belangen der beiden deutschen Staaten am Beispiel des Goethe-Instituts sowie des DDR-Kulturzentrums in Paris eingeht. Zweitens: Die Rezension in der Frankfurter Allgemeine Zeitung vom 14. 11. 1986 unter dem Titel „Deutsch, die besiegte Sprache“ über das Buch „Die Amerikareise“ von Martin Walser und André Ficus. — Anm. d. Ü.)

43 „Der Nationalismus verstößt nicht nur gegen die Humanität, wenn er ein Produkt der Geschichte, das seinerseits von der Geschichte eingeholt werden wird, als Absolutum von ‚ewiger‘ Dauer qualifiziert. Er vergeht sich sogar an der Nation, wenn er die Augen davor verschließt, daß diese im 20. Jahrhundert nur auf der Grundlage einer internationalen Solidarität eine Überlebenschance hat.“ (Alfred Fabre-Luce, Histoire de la révolution européenne, Ed. Domat, Paris)

44 Zweifelsohne sind viele Verhaltensweisen und Reaktionen, die François de Closets in seinem Buch „La France et ses mensonges“ kritisiert, nicht ausschließlich bei Franzosen anzutreffen. Doch ist es sicherlich richtig, wenn er darauf hinweist, daß — sobald eine Frage als Problem nationalen Interesses dargestellt oder das „prestige“ der Nation angeta-

stet zu sein scheint — „jeglicher Vorbehalt als Verunglimpfung, jegliche Kritik als Verrat empfunden wird." (S. 49)
Daher neigen viele Franzosen dazu, nationale Unwahrheiten gelten zu lassen oder gar lauthals zu verkünden, wodurch selbst bei jenen, die sich der Lüge bewußt sind, Beifallstürme ausgelöst werden. Staat und Nation sind etwas Geheiligtes — dies ist buchstäblich religiös gemeint. Die Gott-Nation ist immer zu Vergebung bereit, sofern sie mit dem ihr angemessenen Kult verherrlicht wird. Daraus schloß Pierre Maugué, daß der den Staat als etwas Heiliges verehrende Gläubige sich nicht die Frage stellt, ob er etwa der Abgötterei anheimgefallen ist; und der Atheist ist sich plötzlich all der Feindschaft nicht mehr bewußt, die sonst gegenüber jeglichem Aberglauben in ihm aufkeimt." (Contre l'Etat-nation, S. 162)

45 Alle diejenigen, die sich als die **politischen Erben der Jakobiner** betrachten (diese sind nicht alle „links" einzuordnen, doch findet man sie im allgemeinen eher im linken Spektrum wieder), wollen im Sprachenbereich die Politik der Jakobiner wieder praktizieren. Solange sie diese in den französischen Rahmen des 18. und 19. Jahrhunderts zurückversetzen, tun sie damit ja nichts Falsches.

46 Menschenrechte

● Erklärung der Menschen- und Bürgerrechte vom 26. August 1789
Artikel 1
Die *Menschen* werden frei und gleich an Rechten geboren und bleiben es.
Artikel 2
Der Endzweck aller politischen Vereinigung ist die Erhaltung der natürlichen und unabdingbaren *Menschen*rechte. Diese Rechte sind die Freiheit, das Eigentum, die Sicherheit und der Widerstand gegen die Unterdrückung.
● Präambel der Verfassung der französischen Republik vom 27. Okt. 1946
Das Gesetz gewährleistet den *Frauen* auf allen Gebieten die gleichen Rechte wie den *Männern.*
(Aus: P. C. Mayer-Tasch, die Verfassungen Europas, 2. Aufl., München 1975, S. 210 und 212)
● Allgemeine Erklärung der Menschenrechte verkündet von der Generalversammlung der Vereinten Nationen am 10. Dez. 1948
Artikel 1
Alle Menschen sind frei und gleich an Würde und Rechten geboren.
Artikel 8
Jeder Mensch hat Anspruch auf wirksamen Rechtsschutz vor den zuständigen innerstaatlichen Gerichten gegen alle Handlungen, die seine ihn nach der Verfassung oder nach dem Gesetz zustehenden Grundrechte verletzen.
Artikel 26
3 — In erster Linie haben die Eltern das Recht, die Art der ihren Kindern zuteil werdenden Bildung zu bestimmen.
(Offizielle von der UN bestätigte deutsche Fassung)
In der Konvention zum Schutze der Menschenrechte und Grundfreiheiten vom 4. Nov. 1950, welche ausdrücklich auf die Allgemeine Erklärung der Menschenrechte der Vereinten Nationen Bezug nimmt, werden diese Rechte ausführlicher und präziser aufgenommen; ferner wird in Artikel 19 die Schaffung einer europäischen Kommission sowie eines europäischen Gerichtshofs für die Menschenrechte festgeschrieben. Allerdings mußte

man François Mitterrands Präsidentschaft abwarten, bis Frankreich seinen Bürgern offiziell dieses Recht zuerkannte, Fälle vor den Europäischen Gerichtshof zu bringen.

47 François Mitterrand, der jetzige Präsident der Republik, war in seinem Wahlkampf die Verpflichtung eingegangen, „dem Parlament den von seinen politischen Freunden in der Nationalversammlung Frankreichs eingebrachten Gesetzesentwurf vorzulegen, der die Stellung der Sprachen und Kulturen der Völker Frankreichs innerhalb des Schulwesens, der Weiterbildung, den kulturellen Tätigkeiten, bei der Jugend, in der Freizeit, den Radio- und Fernsehsendungen sowie im öffentlichen Leben zum Gegenstand hat." (Schutz und Förderung der Sprachen in Frankreich (= D.P.L.F.), Anhang zur Veröffentlichung des D.P.L.F.-Antrags auf der Konferenz von Madrid, Nr. 31. Aman, Emgleo Breiz, Mai 1981)

48 Die Erklärung des Macht-Staats lautet lapidar: Jeder ist Herr in seinem eigenen Haus . . . und in diesem Fall ist der Herr der souveräne Staat. Anerkennt man dessen absolute Herrschaft nicht, verstößt man — nach Auffassung von Michel Debré — gegen die Staatsnation. Und weiter schreibt er: „Ergebnis dieser verherrlichenden Ablehnung des Staats, der Ablehnung der Nation und der mit dieser Ablehnung jeweils einhergehenden Verzichtshaltung, die durchaus snobistisch anmutet, ist die Sublimierung des Rechts der Minoritäten, ihr Gesetz der Mehrheit aufzuerlegen." (Le Monde 20. 12. 1980)
Aber nicht nur die französische Staatsnation räsonniert auf diese „staatliche" Weise. *Der Fall Nordirlands* zeigt — wie es besser nicht geht — daß, selbst eine so altehrwürdige Demokratie wie England sich, wenn es um die egoistischen Interessen des Staats geht, hinter der sogenannten „Mehrheitsregel" verschanzt und weiterhin hunderttausende von Iren unterdrückt. Dabei kommt dem britischen Machtstaat das stillschweigende Stillhaltekomplott aller unserer westlichen Staatsmänner zugute. Denn, wo würden wir denn hinkommen, wenn sich jeder in die Angelegenheiten des anderen einmischen wollte, wenn es mal nicht um Schafe, Bier, Rotwein, Sardinen oder Milch geht? Ist es unter solchen Umständen erstaunlich, daß der damalige Staatssekretär für Nordirland, Atkins, ohne eine Miene zu verziehen, die Behauptung machen konnte: „. . . die große Mehrzahl der Nordiren will nicht mehr zur Republik Irland zurück. Die demokratische Grundhaltung verlangt von uns, daß wir deren Meinung respektieren." (Le Monde, 23. 8. 1981) Obwohl Irland im Jahre 1920 in einer Weise geteilt wurde, daß 500000 in Ulster lebende Iren (die Katholiken sind) auf ewige Zeiten gegenüber den soundsoviel Millionen Briten (Engländer und vor allem Schotten, in diesem Falle Protestanten) in der Minderheit sind, wagt da ein offizieller Vertreter der britischen Regierung noch von den Rechten „der Majorität" zu sprechen!!

49 Montesquieu in seinem „Vom Geist der Gesetze":
„Es ist eine immerwährende Erfahrung, daß derjenige, der Macht besitzt, geneigt ist, sie zu mißbrauchen: er geht soweit bis er auf Grenzen stößt . . . Um die Macht nicht zu mißbrauchen, muß die Macht durch die Art und Weise wie die Dinge angeordnet sind, der Macht an sich Einhalt gebieten."

50 Ein Staatsaufbau in der Form eines Bundesstaats erlaubt die Wahrung des „sprachlichen Territorialprinzips", das Pierre Maugué zurecht als entscheidend wichtig für Leben und Überleben einer Sprache betrachtet. (Contre l'Etat-nation, S. 119) Autonomie ist aber nicht mit Föderalismus gleichzusetzen. „Wenn die Korsen heute die Autonomie verlangen, wie es die Elsässer in den 20er Jahren taten“, bemerkt Maugué, „wollen sie damit eine Lösung für ihre konkreten Probleme herbeiführen und nicht das übrige Frankreich aus dem zentralistischen System herauslösen, das diesem Lande sozusagen zur zweiten Haut geworden ist.“

51 Regionen und Nation
Jacques Fauvet (Le Monde, 29. 8. 1975):
„Zunächst wird der repräsentative Charakter (der Minderheit) bestritten; als ob eine Minderheit jemals die Absegnung des allgemeinen Wahlrechts hätte abwarten können, um dann erst an die Öffentlichkeit zu treten. Auf einer zweiten Stufe werden ihre stärker politisch ausgerichteten Bestrebungen offen oder verhehlt in Frage gestellt und mit einem ganzen Katalog erschwerender wirtschaftlicher Maßnahmen beantwortet . . . Nicht der Schutz der regionalen Diversität kann der nationalen Einheit zum Schaden gereichen, sondern die Negation dieser Besonderheiten auf der Ebene der Gesetze und Fakten.“

52 „Drei Länder — ein Thema“ ist die älteste internationale Rundfunkkooperationssendung in Europa. Seit über 15 Jahren wird hier eine deutsch-französisch-schweizerische Zusammenarbeit wahrgenommen, deren Ergebnis einmal pro Monat von Frankfurt bis Zürich, St. Dié bis Göppingen gehört wird und somit weit über den alemannischen Raum hinausreicht. Die Sendung wird abwechselnd von Straßburg, Freiburg, Karlsruhe und Basel ausgestrahlt, wobei jeweils ein anderer Regionalsender als verantwortliche Sendeanstalt tätig wird. (Anm. d. Ü.)

53 Jean Egen hat mehrere Romane veröffentlicht, darunter auch „Die Linden von Lautenbach“ (ein Buch, das nicht nur im Elsaß einen großen Erfolg kannte. Der nach dem Buch entstandene Film wurde mehrfach ausgezeichnet und auch im 1. Programm des deutschen Fernsehens im April 1985 gesendet. — Anm. d. Ü.) sowie „Le partage du sang“ mit den Teilen: „Louis Freyburger“ und „Les enfants de Louis“. Hier wird in ergreifender Weise elsässisches Schicksal verarbeitet. Doch mußte Jean Egen feststellen, daß „ein Buch wie ‚die Linden‘ im Grunde nicht über die Vogesen hinausgedrungen ist. Im übrigen Frankreich“, so Egen, „hat es kaum Erfolg gehabt mit Ausnahme in der Provence, wo ich den Beinamen ‚Pagnol aus dem Elsaß‘ (bezugnehmend auf Marcel Pagnol) erhielt.“ Und er schließt: „Wissen Sie, in Paris mag man die Elsässer schon . . . aber eben nur wegen der Folklore, dem Sauerkraut, dem guten Essen und den Störchen.“ (Dernières Nouvelles d’Alsace, 31. 10. 1980)
Erstaunlicherweise traf sein Buch über das Hin und Her einer elsässischen Familie zwischen Franzosen und Deutschen, über den Elsässer mit seinen zwei Seelen, seinen zwei Kulturen in Deutschland auf nicht geringes Interesse, nicht nur bei seinen Landsleuten, die jetzt im deutschen Nachbarstaat leben, sondern auch in Rundfunk und Presse. Am 10. Januar 1985 wurde Jean Egen eine Sendung im Südwestfunk gewidmet; inzwischen sind „Die Linden . . .“ so erfolgreich, daß die Taschenbuchausgabe im Juni 1986 auf dem deutschen Buchmarkt erscheinen konnte. (Anm. d. Ü.)

54 In Frankreich war das entscheidende Ereignis für *Tomi Ungerer* die Ausstellung seines Werks im Musée des Arts Décoratifs von Paris im Jahre 1981. In mehreren Artikeln berichtete „Le Monde“ darüber. Besonders hingewiesen werden soll auf folgendes: 6. 5. 1981 Le diable et le bon Dieu = Der Teufel und der liebe Gott, 24. 5. 1981 La revanche de Tomi Ungerer = Tomi Ungerers Revanche).

In der Presse wie auf dem Buchsektor Deutschlands gehört Ungerer zu den bekannten Größen. Erstmals trat er diesseits des Rheins Anfang der 60er Jahre mit seinen Arbeiten in Erscheinung.
Dazu die Feststellung des Elsässers und Liedermachers Roger Siffer: „Zwanzig Jahre nach den USA und zehn Jahre später als Deutschland entdeckt Frankreich jetzt endlich auch Tomi Ungerer. Und das Elsaß darf erfahren, daß es einen Maler hat." Was denkt Tomi Ungerer selbst dazu? Gefragt, warum er „gewartet" hat, bis er fünfzig war (er wurde 1931 in Straßburg geboren), ehe er in Paris ausstellte, gab Tomi Ungerer zur Antwort: „Weil meine ersten Erfahrungen als Zeichner in Frankreich eine reine Katastophe waren. Als ich 25 war, brachte ich meinen ersten Vorrat an Arbeiten nach Paris. Mit 140 Zeichnungen in meinen Kartons war ich per Autostopp aus Straßburg gekommen. Sechs Wochen später wurden mir fünf Zeichnungen voller Zigarettenbrandmale und Bierglasabdrücke zurückgesandt. Dasselbe passierte mir mit einer der beiden größten Werbeagenturen Frankreichs. Also ging ich nach New York und blieb dort 13 Jahre. Diese Ausstellung ist jetzt wie eine Art Revanche. Die Revanche des Künstlers und die Revanche des vom „Parisianismus" gedemütigten Elsässers. Ich will beweisen, daß ich zeichnen kann und ich will, daß alle Franzosen es erfahren." (Le Monde du Dimanche, 24. 5. 1981)

55 In seinem Beitrag zur „Geschichte des Elsaß" (der unter der Leitung von Prof. Philippe Dollinger veröffentlicht wurde) schreibt Prof. Francis Rapp, daß Sebastian Brant und Jakob Wimpheling die beiden großen elsässischen Humanisten des 15. und 16. Jahrhunderts in der Tat unter Einfluß Frankreichs und der Niederlande standen, obwohl sie dem elsässischen Humanismus seinen speziellen Stempel aufdrückten. (Siehe hierzu das Kapitel „Humanisme, renaissance et réforme, S. 188) Als „Männer der Grenze" verstanden sie es, die besonders günstige Situation des Elsaß dahingehend zu nutzen, daß sie mit dem gesamten deutschen Kulturkreis sowie mit der französischen Kulturwelt fruchtbringende Kontakte knüpften.

56 Der Bürgermeister von Münchhouse (Oberelsaß) reagierte als echter Grenzlandbewohner als er, nachdem sein Gemeinderat einen Antrag über die Einführung des Deutschen in der Vor- und der Grundschule und gleichzeitig eine Anpassung der Pädagogik des Französischen auf die spezielle Sprachsituation der Dialektsprachigen gebilligt hatte, sein Vorgehen folgendermaßen begründete: „Wir sind französische Grenzlandbewohner, die rundum zweisprachig sein wollen. Dies ist eine wirtschaftliche Notwendigkeit." (L'Alsace, 1. 12. 1976) Diese „Notwendigkeiten" haben natürlich noch andere Gründe.

57 Um die Idee der „New Frontier", die das politische Handeln *John F. Kennedys* leiten sollte, zu definieren, übertrug er diese Vorstellung der „neuen Grenze" auf die gesamte Ideenwelt, die Humanwissenschaften, die Physik, die Technologie seines Landes, die bislang und für die frühen Eroberer Amerikas (The Western Drive) lediglich auf den Boden, das Land beschränkt war — und ausgedrückt durch die gedachte Linie zwischen den bereits eroberten Landesteilen und den noch zu erobernden Gebieten, welche bis hin zur Küste des Pazifik noch vor ihnen lagen.

Sach- und Personenregister

Alemannen, alemannisch 26, 79, 81, 175, 182, 199
Alsacien(s)/Elsässer 5, 8, 31, 54, 58, 73, 78, 82, 92, 99, 102, 126, 129, 135, 150, 159, 164, 180
Amerika (USA) 131, 133, 134, 168, 191, 200
Assimilation 19, 28, 31, 40, 46, 52, 62, 89, 97, 103, 154, 165, 177, 182
Autonomie 29, 31, 33, 55, 58, 97, 114, 157, 158, 162, 164, 184, 198
Autonomist, Autonomistenprozeß 31, 144, 149, 184

Arndt, Ernst Moritz 25
Aufschlager, Jean Frédéric 63

Baskenland, Basken 39, 45, 95, 119, 130, 131, 135, 144, 148
Beherrschung, Beherrscher 5—8, 12, 27, 31, 33, 34, 36, 39—41, 45, 47, 48, 52, 72, 78, 87, 89, 165, 170, 171, 183, 188, 189
Beherrschte 27, 34, 39, 47, 73, 185
Bewußtwerdung 60, 91, 94
„Blut und Boden" 25, 182, 183
Bourgeoisie, bourgeois 41—45, 58, 66, 70, 90, 92, 191
— elsässische/-er 7, 43, 44,, 55, 162
Bretagne, Bretonen 41, 45, 95, 119, 130, 131, 135, 144, 148, 149, 157, 159, 161, 183
Bürgertum, bürgerlich 42, 43, 63, 91, 92

Barbey d'Aurevilly, Jules 188
Bellay, Joachim du 188
Bismarck, Otto von 14, 16, 20, 29
Boll, Léon 162
Brant, Sebastian 81, 200
Braun, Théo 161

Chamisso, Adelbert von 94
Charléty, Sébastien 108
Chateaubriand, François René 188
Chirac, Jacques 135
Chrétien de Troyes 188
Churchill, Winston 22, 129

Demokratie, demokratisch 33, 129, 130, 139, 140, 146, 147, 151, 152, 157
Deutschen (die), deutsch 4, 7, 33, 36, 52, 53, 57, 59, 62, 65—70, 72, 81, 96, 103, 165, 185, 186
Deutschland, Bundesrepublik 133, 196
Deutsche Demokratische Republik 129, 133
Deutschtum 55, 61, 161
Dezentralisierung 153
Dialekt 40, 41, 83, 85, 86, 90, 103, 106, 107, 109, 111, 115, 142, 193
— elsässischer 4, 40, 46, 82, 90, 102, 109, 111, 115, 116, 119, 120, 123, 124, 146, 168, 179, 186, 187, 192, 195
Dialektik 25
— deutsche 22, 27
— französische 22, 27
Dominanz, Dominante 114, 117

Dadelsen, Jean-Paul de 168
Debré, Michel 196
Delcasso, Laurent 122
Deyon, Pierre 119

Einflußnahme, Vereinnahmung 7, 52, 55, 64, 72, 143, 183
— kulturelle 7, 34, 45, 83
— politische 7, 28, 32
Einwurzelung 94
Elite 66, 91, 92
— elsässische 58, 92
Elsaß-Lothringen 14—17, 19, 20, 32, 33, 55, 69, 136, 161, 181, 184
Elsaß, Elsässer (Unter-) 29, 31, 41, 83, 102, 146, 187, 195
Elsaß, Elsässer (Ober-) 29, 31, 83, 102, 118, 121, 187, 195, 200

Elsässer-Sein 3, 103, 185
Elsässertum 55, 87, 103, 177
Eltern, elsässische 105, 117, 123, 195
England 17, 20, 70, 138, 139
Entfremdung 87, 95
Eroberung, Eroberer 5, 6, 7, 11, 12, 22, 24, 38, 53, 54, 96, 176, 183, 190
Eroberte 5, 28, 53
Erziehungsministerium, französisches 103, 112, 118, 119, 144, 191, 193
Ethnie, ethnisch 102, 129, 148, 149, 182, 196
Europa, europäisch 54, 59, 66, 70, 77, 87, 94, 115, 120, 137, 139, 140, 147, 150, 166, 168, 177, 181, 182
Existenz, Existenzrecht 3, 5, 72, 73, 79, 83, 97, 98, 104, 113, 114, 116, 129, 135, 140, 141, 148, 151, 176, 177, 179, 180, 188

Egen, Jean 168
Ehni, René 168
Engels, Friedrich 14
Erzberger, Matthias 19, 181, 182

Flandern, Flamen 45, 119, 134, 157
Franken, fränkisch 26, 79, 175, 183
Frankophonie 135
Franzose(n), französisch 4, 7, 11, 16, 26, 29, 33, 36, 53, 64—68, 70, 72, 81, 90, 95, 168, 175, 185, 186, 196
Franzose(n) („Inner"-) 45, 61, 65, 70, 89, 90, 96
Französisierung 12, 45, 97
Freiheit(en) 5, 8, 26, 27, 33, 38, 42, 43, 47, 49, 70, 77, 78, 92, 98, 121—123, 129, 132, 139, 141, 147, 148, 150, 155, 158, 170, 186, 187, 189, 196
Friede, Friedensverträge 12, 14, 20
— westphälischer 15, 16, 22, 61, 81, 190
— Rastatt 14
— Frankfurt am Main 14, 16, 19, 190
— Versailles 17, 19, 20, 181
Frontier (The New) 200

Fashauer, Abbé Joseph 184
Faure, Edgar 118, 176, 177
Fauvet, Jacques 199

Fichte, Johann Gottlieb 14
Finck, Adrien 85
Flake, Otto 59—61
Franz I. 142
Freinet, Célestin 111

Gallien, Gallier, Kelten 24—26, 69, 183
Gastarbeiter 123, 124, 150
Gemeinschaft 3, 35, 36, 39, 40, 46, 47, 57, 65, 66, 73, 81, 88, 90, 92, 95, 99, 101, 112, 130, 132, 134, 136, 137, 143, 147, 148, 151, 153—156, 161, 170, 183
Germanen, germanisch 26, 69, 81, 175, 183
Germanisierung, Re- 12, 45, 97
Geschichte 5, 6, 8, 47, 49, 52, 79, 94—96, 159, 172, 176, 179
— deutsche 96
— elsässische 3, 5, 11, 12, 27, 34, 64, 96, 97, 190
— französische 96, 97, 129
Geschichtsschreibung, offizielle 54, 95, 96, 97, 190
Gleichschaltung 28, 48, 52, 61
Grenze(n) 69, 79, 87, 133, 157, 165, 172, 175—177, 179—181, 200
— natürliche 24, 25
Grenzgänger 173—180
Gewalt 11, 148

Gambetta, Léon 16, 63
Gaulle, Charles de 20
Giono, Jean 188
Grammont, Maurice 105

Hans-im-Schnokeloch 54, 179
Hegemonie 13, 26
Heilige Römische Reich Deutscher Nation (das) 13, 14, 22, 55, 64, 81
Heimat, Heimet 3, 11, 39, 90, 155, 182
Heimatbund 31
Herausforderung 8, 98, 172, 177, 179, 180
Herrschaft, Herrscher 6, 16, 28, 29, 32—34, 43, 55, 63, 73, 75, 97, 189, 198
Holderith-Reform 112, 118, 119

Hansi (J. J. Waltz) 69
Hauss, Charles 184
Hauss, René 184
Heidegger, Martin 38, 40
Hinsberger, Etienne 118, 176, 177
Hitler, Adolf 12, 17, 19, 20, 25, 29, 60, 61, 139, 181, 190
Humboldt, Wilhelm Freiherr von 39

Identität 5, 43, 48, 83, 109, 132, 134, 148, 182
— elsässische 7, 12, 58, 59, 73, 90, 102, 123, 150, 161, 188
Identitätskrise 3, 4
Individualismus 42, 46, 91
Information 38, 46—52, 93, 94, 156, 158, 166
Integration, Re- 5, 7, 12, 28, 36, 38, 53, 54, 57, 58, 61, 62, 64, 68, 72, 73, 81, 96, 162
Italien, italienisch 107, 129, 134, 139
Irland, Iren 114, 192, 193

Isemann, Bernd 59

Jakobiner, -tum 39, 142—144, 146, 152, 153, 157, 162, 197

Jaurès, Jean 17
Joffre, Joseph, Marschall 17

Kanada 129, 130, 134
Katalonien, Katalanen 86, 119, 135, 157
Kindergarten 107—109, 112, 119, 143, 176
Kirche(n) 123, 137, 138, 143, 144
Kollaborateure 62
Kollektivbewußtsein 6, 66, 70, 96, 136, 189
Konservatismus 93, 147
Korsika, Korsen 39, 95, 119, 131, 135, 148, 149, 157, 159, 198
Krieg(e) 11, 12, 33, 89, 140, 141, 181
— Dreißigjähriger 13, 24, 64
— napoleonische 66
— 1870/71 14, 16, 19, 65
— 1. Weltkrieg 17, 19, 33, 45, 59, 107, 144, 181
— 2. Weltkrieg 5, 20, 22, 132, 165
Kultur 8, 25, 28, 34, 73, 77, 79, 86, 90, 92, 119, 134, 148, 175, 184
— bürgerliche 43, 46
— deutsche 32, 36, 38, 78, 87, 97, 102, 165
— elsässische 8, 61, 73, 77—79, 85—90, 93, 94, 98—100, 115, 124, 155, 165, 166, 171, 177, 188
— französische 38, 44—46, 72, 78, 84, 87, 89, 102, 162, 164, 165, 187, 188
— nationale 38, 45, 46, 84, 85, 87
— regionale 199
Kulturinhalt(e) 77, 93, 94, 98, 99
Kulturkreis, Kulturwelt 7, 38, 40, 88, 100 179
— deutscher/-e 32, 36, 38, 78, 87, 89, 97, 102, 165
— elsässischer/-e 98
— französischer/-e 27, 52, 64, 73, 77, 82, 83, 98, 101, 113, 176, 200
Kulturquellen 47, 79, 84, 86, 87, 92, 99
— deutsche 84, 93
— elsässische 84—87, 93
— französische 84
Kulturrevolution 120, 164

Katz, Nathan 85
Keller, Pierre 16
Kern, Alfred 168
Kennedy, John Fitzgerald 200

Laiengesetzgebung, Laizismus 144
Lehrer, Lehrkörper 107, 108, 111, 115, 117—119, 121, 122
Lehrergewerkschaft 104, 112, 144, 195
Liechtenstein, Fürstentum 81
Logik 27, 28, 38, 114
— der Eroberung 12
— der Beherrschung 27, 31, 55, 73
— elsässische 27, 53, 74
Lothringen, Lothringer 14—17, 136, 159, 161
Luxemburg(er) 85, 103, 107, 113—115, 191

La Bruyère, Jean de 35
Leber, Julius 98, 190

Leclerc, Marschall 20
Leopold I. 186
Lienhard, Friedrich 59
Ludwig XIV. 13, 22, 24, 29, 55, 63, 66, 101, 139, 182, 186, 189, 190
Ludwig XV. 55
Louvois, Marquis de 28

Macht 6, 12, 29, 35, 36, 42—45, 47, 53, 54, 73, 152, 158
— deutsche 29, 70
— elsässische 158—161, 164, 168, 171
— französische 29
— kulturelle 35, 36, 38, 48, 155, 156, 161, 164—166, 168
— nationale 155
— politische 48, 114, 155, 156, 158, 161, 168
— regionale 155—157, 161, 170
Machthaber, Machthabende 6, 24, 49, 54, 57, 116, 158
Mächtigen(die) 7, 11, 27, 31, 48, 49, 57, 63, 88, 93, 95, 138, 142
Machtstaat 6, 8, 26—28, 31, 34, 38, 40, 43, 46, 47, 52, 53, 54, 64, 78, 86, 87, 91, 93, 95, 98, 99, 108, 112, 121, 123, 176, 185, 189, 198
„Malaise alsacien", elsässisches Unbehagen 97
Marxismus, Marxisten 170
Medien, Massen- 48, 49, 138, 144, 156, 166, 199
Mensch(en) 3, 5, 6, 8, 11, 12, 27, 34, 35, 39, 47, 60, 70, 88, 94, 149, 156, 166, 170, 172, 176, 185
Menschenrechte 39, 40, 70, 73, 92, 123, 124, 140, 148—150, 158, 197
Minderheit(en), Minorität(en) 6, 7, 31, 38, 49, 73, 99, 102, 129, 131, 134, 137, 142, 144, 148—151, 157, 158, 171, 185, 198, 199

Manteuffel, Edwin von 32
Maupassant, Guy de 187
Mauroy, Pierre 158
Mertz, Henri 85
Mey, Reinhard 70
Mitterand, François 119, 153, 198
Muller, Germain 62, 110, 146
Montclar, General de 186
Moscherosch, Johann Michael 65

Nation 25, 36, 39, 41, 45, 60, 73, 84, 87, 88, 95, 98, 130—139, 141, 142, 147—149, 153, 157, 172, 196, 197, 199
— deutsche 19, 33, 60, 85, 133—135, 139
— französische 57, 85, 134, 139, 171
— (Gott)Nation 137—139, 141, 197
Nationaldemokratie 129—169
Nationalgefühl 14, 26, 60, 63, 66, 136, 137, 150
Nationalismus, Nationalist(en) 14, 32, 33, 46, 60, 72, 83, 87, 95, 99, 102, 103, 112, 116, 131, 137, 138, 140, 141, 143, 157, 161, 165, 181, 182, 184, 196
— deutscher/-e 4, 19, 20, 24, 58, 69, 78, 139, 141, 166, 181
— französischer/-e 4, 16, 17, 32, 33, 68, 69, 78, 112, 141, 143, 149, 152, 181, 184
Nationalität 7, 22, 53, 131, 133, 184
Nationalsozialismus, Nationalsozialist(en) 4, 17, 19, 60, 62, 86, 139, 140
Nordirland 198

Napoleon I. 14, 29, 39, 69, 139
Napoleon III. 29

Ohnmacht 27, 38, 53, 159
Okzitanien, Okzitanen 39, 119, 135, 157, 161
„Ordonnance du Roi de 1816", königlicher Erlaß 122
Österreich(er) 14, 81, 85, 103, 139

Obrecht, Frédéric Ulric 64
Otto I. 81

Paris 31, 45, 57, 96, 152, 156, 157, 168, 170, 184, 200
Partikularismus 28, 31, 32, 92, 144, 168, 184
Persönlichkeit 27, 39, 49, 57, 60, 79, 93, 97, 107, 124, 134, 144, 154, 157, 170
— elsässische 3, 4, 36, 38, 52, 61, 64, 81, 84, 86, 93, 103, 129, 155, 159, 171, 175, 176, 188

Pfister-Poincaré-Erlaß 117
Polen 20, 25
Preußen 14, 16, 32, 39, 55, 57, 65, 69
„Province d'Alsace", Provinz Elsaß 13, 16, 101, 190

Pagnol, Marcel 199
Picasso, Pablo 86, 187
Pinochet, Ugarte 149
Poincaré, Raymond 17, 184
Pourrat, Henri 188

Quebec 113, 134, 149

Rassismus, rassistisch 111, 124, 139, 196
Reformation 54, 81
Region(en) 152—157, 159, 168, 170, 172, 179, 182, 199
Regionalisierung 153
Regionalismus, Regionalist(en) 152—154, 157, 158, 162, 170, 171, 189
Regionalrat 119, 168
Reich, Erstes Kaiser- 65
— Zweites Kaiser- 29, 31—33, 57, 61
(Drittes) Reich 22, 26, 29
Reichsdeutscher/-e 33
Religionskriege 14
Republik, Erste 70, 142
Republik, Dritte 29, 162, 181
„Republik des Geistes" 59, 60
Revanche, Revanchismus 11, 13—17, 19, 20, 22, 55, 200
Revolution/-äre 29, 41, 44, 55, 66, 69, 70, 96, 139—142, 181

Rabelais, François 188
Racine, Jean 189
Reff, Sylvie 85
Ricklin, Eugène 184
Rossé, Joseph 184

Schicksal/-sgemeinschaft 5, 11, 36, 54, 55, 60, 72, 73, 85, 136, 144, 155, 159, 176, 179, 180
Schule, Grund- 106—109, 111—119, 123, 144, 156
— zweisprachige 106, 107
Schweiz(er) 81, 85, 103, 113, 114, 129, 130, 134, 139, 168, 192
Sein (das) 5, 7, 35, 36, 39, 42, 60, 73, 79, 84, 86, 88, 90, 92, 94, 98, 180, 184
Selbstverständnis 7, 48
Sowjetunion, Rußland 130, 133, 139
Spanien 129
Sprache 24, 25, 34, 38—40, 44, 45, 82, 100, 102, 106, 119, 131—135, 142, 143, 148, 175, 185, 196
— deutsche 25, 32, 63, 64, 82, 97, 103, 107, 114, 119, 120, 123, 165, 168, 179, 192, 195
— englische 41, 83, 123, 134, 149, 187, 192
— französische 40, 44, 45, 64, 68, 103, 107, 114, 120, 122, 162, 164, 187
— Fremd- 82, 112, 117, 123, 191, 193
— Leit- 113, 115
— Mutter- 40, 82, 104, 107, 108, 115, 193
— National- 41, 112, 143, 148
— offizielle, Amts- 90, 102, 142, 192
— Regional- 119, 144, 146, 191
— Umgangs- 82, 90, 108
— Unterrichts- 115, 193
— Zweit- 104, 106, 107, 112, 115, 117, 118, 193
Sprache und Biologie 118, 193
Sprache und Territorialität 39, 124, 198
Sprachstatut 114
Staat 5—7, 11, 12, 25, 26, 43, 95, 96, 130, 132, 134, 137, 143, 148, 151, 155, 179, 181, 197
— deutscher 4, 5, 7, 16, 22, 32, 33, 61, 133, 134, 177
— elsässischer 32, 114
— französischer 4, 5, 7, 16, 22, 28, 31—33, 129, 134, 135, 161, 177, 182
Staatsmacht 12, 26, 87, 121
Staatsnation 55, 130, 131, 134, 135, 140, 142, 148, 149, 152, 153, 170, 177, 196, 198
Staatsräson 26, 49, 95, 101, 132, 148, 149
Straßburg, Strasbourg 13, 61, 63, 65, 81, 88, 109, 119, 122, 161, 166, 186, 187, 190, 192, 199
Südtirol(er) 107, 113, 114

Schall, Paul 184
Schickele, René 59, 60, 183, 185
Schweitzer, Albert 168
Siegfried, André 48
Siffer, Roger 200
Stadler, Ernst 59—61
Stalin, Joseph 22
Stauffenberg, Claus Graf Schenk von 190

Toleranz, Intoleranz 148
Triglossie 191
Tschechoslowakei 20, 25

Truman, Harry 22
Tucholsky, Kurt 60

Unitarismus 150, 152, 153
Universalismus 171, 172
Universität 58, 65, 143, 190
Unterdrückung 22, 33, 69, 70, 88, 149, 157, 158, 189
Unterwerfung 8, 27, 48, 53, 57, 61, 64, 73, 78, 88, 93, 97
Utopie 59, 170, 171

Ungerer, Tomi 83, 168, 199, 200

Verachtung 86, 90
Verfassung für Elsaß-Lothringen (1911) 28, 29, 31, 33, 58, 61
Volk 5, 8, 17, 24, 25, 34, 36, 39, 42, 44—48, 53, 64, 66, 83, 86, 89, 91, 92, 96, 98, 122, 129, 133, 136, 146, 148, 156, 162, 171, 177, 180, 182, 188, 189, 198
Volksdeutscher 33
Volkstum 25, 181
Volkstümelei 25
Vorarlberg 83

Ventadour, Bernard de 188
Vigée, Claude 168, 172, 180
Villon, François de 188

Wallonen 134
Wesensart 3, 11, 24, 47, 141, 146
— elsässische 3, 72, 85, 94
Widerstand 13, 17, 20, 31, 39, 53—55, 61—64, 72, 97, 98, 186

Wagner, Robert (Gauleiter) 184
Weckmann, André 82, 85, 168, 185, 187
Wendel, Hermann 59
Wilhelm I. 32
Wilhelm II. 16, 17, 29
Wimpfeling, Jakob 81, 200
Winter, Conrad 85

Zentralismus 29, 152
Zweisprachigkeit 41, 100—107, 109, 113, 114, 116, 118, 123, 124, 187, 191, 192, 200
— elsässische 100, 103, 111, 113, 114, 116, 146, 191

Zola, Emile 187

Bibliographie

ABRY F.S., *Also sprach Methusala.* Imprimerie Alsatia. Colmar, 1976.

ALLEMANN Fritz René, *Die Elsässer, eine Minderheit, die keine sein will.* Der Monat. Berlin, Nov. Dez. 1972.

ALSATIA (Editions), *Der Komplott-Prozess von Kolmar. 1.—24. Mai 1928.* Gesammelte Verhandlungsberichte. Verlag Alsatia, Colmar, 1928.

ARNOLD François, WECKMANN André, *Elsassischi Liturgie.* Société d'Edition de la Basse-Alsace. Strasbourg, 1980.

ARNOLD Paul, *Histoire secrète de l'Alsace.* Ed. Albin Michel. Paris, 1979.

BAAS Emile, *Situation de l'Alsace.* (1945) Ed. Alsatia. Colmar, 1973. *Réflexions sur le régionalisme.* Ed. Scouts de France. La Hutte. Lyon, 1945.

BAAS Geneviève, *Le malaise alsacien 1919/1924.* Journal Développement et Communauté. Strasbourg, Déc. 1972.

BECK Dorothea. *Julius Leber. Sozialdemokrat zwischen Reform und Widerstand.* Siedler Verlag. Berlin, 1983.

BENTMANN Friedrich, *René Schickele. Leben und Werk in Dokumenten.* Verlag Hans Carl. Nürnberg, 1974.

BEZIERS Monique, VAN OVERBEKE Maurits, *Le bilinguisme.* Essai de définition et guide bibliographique. Librairie universitaire. Louvain, 1968.

BICKLER Hermann, *Ein besonderes Land.* Askania Verlag, Lindhorst, 1978.

La BOURGEOISIE ALSACIENNE, Ouvrage publié par la Société Savante d'Alsace et des Régions de l'Est. Ed. Istra, Strasbourg, 1967.

BRONNER Fritz, *1870/71 Elsass-Lothringen.* Erwin von Steinbach Stiftung, Frankfurt am Main, 1970.

BUCHNER Rudolf, *Die elsässische Frage und das deutsch-französische Verhältnis im 19. Jahrhundert.* Wiss. Buchges. Darmstadt, 1969.

CALVET Louis-Jean, *Linguistique et colonialisme.* Ed. Payot, Paris, 1974.

CHARDRONNET Joseph, *Histoire de Bretagne.* Novelles Editions Latines, Paris, 1965.

CHOMBART DE LAUWE Paul-Henry, *La culture et le pouvoir.* Ed. Stock, Paris, 1975.

CHRISTLEIN Rainer, *Die Alamannen.* Konrad Theiss Verlag, Stuttgart und Aalen, 1979.

COHEN Bernard, PAULAT Gilbert, *Strasbourg entre le musée et l'oubli.* Ed. Alain Moreau, Paris, 1980.

DAMI Aldo, *Refaire l'histoire.* Ed. La Pensée Universelle. Paris, 1973.

DE CLOSETS François, *La France et ses mensonges.* Ed. Denoël, Paris, 1977.

DE GREVE Marcel, VAN PASSEL Frans, *Linguistique et enseignement des langues étrangères.* Ed. Labor, Bruxelles & Fernand Nathan, Paris, 1968.

DENTINGER Jean, *2000 Jahre Kultur am Oberrhein. Dichter und Denker des Elsass.* Mundolsheim (Bas-Rhin), 1977.

DITTMAR Norbert, *Soziolinguistik.* 4. Aufl. Athenäum Verlag. Königstein/Ts., 1980.

DIWALD Hellmut, *Geschichte der Deutschen,* Verlag Ullstein, Propyläen Verlag, Frankfurt am Main — Berlin — Wien. 1978.

DOLLINGER Philippe, *Histoire de l'Alsace.* Ed. Privat, Toulouse, 1970. *Documents de l'Histoire de l'Alsace.* Ed. Privat, Toulouse, 1972.

DREYFUS François-Georges, *La vie politique en Alsace 1919—1936.* Ed. Armand Colin, Paris, 1969.
— *Histoire de l'Alsace.* Ed. Hachette, Paris, 1979.
— *L'Alsace de 1900 à nos jours.* Ed. Privat, Toulouse, 1979.

DURRIEU Yves, *Régionaliser la France.* Ed. Mercure de France, Paris, 1969.

EGEN Jean, *Die Linden von Lautenbach.* Mémoires d'Alsace. Ed. Stock, Paris, 1979.
— *Le partage du sang. Louis Freyburger.* Ed. Stock, Paris, 1980.
— *Le partage du sang. Les enfants de Louis.* Ed. Stock, Paris, 1981.

EHNI René, *Le mariage de Gudrun,* Ed. Libres. Hallier, Paris, 1979.

EHNI René, SCHITTLY Louis, *La raison lunatique.* Les Presses d'aujourd'hui, Paris, 1978.

Das ELSASS von 1870—1932. Verlag Alsatia, Colmar 1936.

FABRE-LUCE Alfred, *Histoire de la Révolution européenne.* Ed. Domat, Paris, 1954.

FALCH Jean, *Contribution à l'étude du statut des langues en Europe.* Centre international de Recherches sur le Bilinguisme. Les Presses de l'Université de Laval, Québec, 1973.

FICHTER Charles, *René Schickele et l'Alsace jusqu'en 1914.* Ed. SALDE, Strasbourg, 1980.

FINCK Adrien, *Mülmüsik.* Verlag A. Morstadt, Kehl, 1980.
— *Verwurzelung und Weltbürgertum.* Das Werk des elsässischen Dichters Louis Edouard Schaeffer. Mostadt Verlag, Kehl, 1980.
— *Nachrichten aus dem Elsass,* Olms Presse, Hildesheim, 1977.

FINCK Adrien, MATZEN Raymond, *Nachrichten aus dem Alemannischen.* Olms Presse, Hildesheim, 1979.

FINCK Adrien, WECKMANN André, WINTER Conrad, *In dieser Sprache,* Olms Presse, Hildesheim, 1981.

FISCUS Gérard, *L'Alsace trahie?* Ed. L'Expression de l'Est, Sausheim (Haut-Rhin), 1975.

La FRANCE au pluriel, Ouvrage collectif du Parti Socialiste. *Préface de François Mitterrand.* Ed. Entente, Paris 1981.

FRANCK-NEUMANN Anne, GERST René, *Liewe alte Kinderraimle,* Ed. SALDE, Strasbourg, 1979.
— *Lieder von Liebe und Tod.* Verlag A. Morstadt, Kehl, 1979.

FUSTEL DE COULANGES Numa-Denis, *L'Alsace est-elle allemande ou française?* Réponse à M. Mommsen. Paris, 1870.

GEORGES-ROUX, *La guerre de 1870.* Ed. Arthème Fayard. 1916.

GISCARD D'ESTAING Valéry, *Démocratie française.* Ed. Fayard, Paris, 1976.

GLATIGNY Michel, *Histoire de l'enseignement en France.* Presses Universitaires de France, Paris, 1949.

GOBARD Henri, *L'aliénation linguistique*. Ed. Flammarion, Paris, 1976.
— *La guerre culturelle*. Ed. Copernic, Paris, 1979.

GRAS Christian, LIVET Georges, *Régions et régionalisme en France du XVIIIe siècle à nos jours*. Presses Universitaires de France, Paris, 1977.

HAFFNER Sebastian, *Anmerkungen zu Hitler*. Kindler Verlag, München, 1978.

HARTWEG Frédéric Guillaume, *Die Sprachsituation im Elsass*. Alma mater philippina. Marburger Universitätsbund E.V. Marburg/Lahn, 1980/81 (Kurzfassung eines am 3. 12. 79 gehaltenen Vortrags).

HEITZ Robert, *Souvenirs de jadis et de naguère*, Imprimerie Woerth (Bas-Rhin), 1963.

HELL Victor, *L'Idée de culture*, Collection Que sais-je? Presses Universitaires de France, Paris, 1981.

HERAUD Guy, *Les principes du fédéralisme et la fédération européenne*. Ed. Presses d'Europe, Paris, 1968.

HERM Gerhard, *Die Kelten*. Econ Verlag, Düsseldorf—Wien, 1975.

HEUMANN Gautier, *La Guerre des Paysans d'Alsace et de Moselle*. Ed. sociales, Paris, 1976.

HITLER Adolf, *Mein Kampf*. Zentralverlag der NSDAP. Frz. Eher, Nachf., München, 1940.

HOFFET Frédéric, *Psychoanalyse de l'Alsace*. Ed. Alsatia, Colmar, 1973. (l'ère Ed. Flammarion, Paris, 1951)

HOFFMANN Fernand, *Sprachen in Luxemburg*. Institut Grand-Ducal, Luxembourg, 1979.
— *Zwischenland*. Georg Olms Verlag, Hildesheim, 1981.

HOFFMEISTER Walter, *Sprachwahl in bestimmten Sprachsituationen*. Eine sprachsoziologische Untersuchung zur Zweisprachigkeit mit besonderer Berücksichtigung des Deutschen bei Schülern im französischen Departement Moselle. Universität Salzburg, 1973.

HOLDERITH Georges, *Poètes et prosateurs d'Alsace*. Editions des Dernières Nouvelles — Librairie Istra, Strasbourg, 1978.

HUBERT Henri, *Les Celtes depuis l'époque de la Tène et la civilisation celtique*, Ed. Albin Michel, Paris, 1974.

Les grandes figures de l'HUMANISME ALSACIEN. Société Savante d'Alsace et des Régions de l'Est. Ed. Istra, Strasbourg, 1978.

HUSSON Raoul, *Mécanismes cérébraux du langage*. Ed. L'Expansion scientifique, Paris, 1968.

IGERSHEIM François, *L'Alsace des notables 1870—1914*. Ed. bf., 17, rue des Couples, Strasbourg, 1981.

INFORMATION ET COMMUNICATION. *Les media et les relations franco-allemandes*. Documents, Revue des questions allemandes. No spécial. Déc. 1979. *(Ed. allemande:* Die Information und die deutsch-französischen Beziehungen. Dokumente, Zeitschrift für übernationale Zusammenarbeit. Sonderheft. Nov. 1979. Europa Union Verlag, Bonn).

ISRAEL Joachim, *Der Begriff Entfremdung*. Rowohlt Taschenbuch Verlag. Reinbek bei Hamburg, 1972. (Übersetz. aus dem Englischen).

JEAN, *Elsass: Kolonie in Europa.* Verlag Klaus Wagenbach, Berlin, 1976.
— *Vom Freiheitskampf der Korsen.* Trikont Verlag, München, 1978.

KETTENACKER Lothar, *Nationalsozialistische Volkstumpolitik im Elsass.* Deutsche Verlags-Anstalt, Stuttgart, 1973. Trad.: La politique de nazification en Alsace. Saisons d'Alsace, n° 65 et 68. Ed. Istra, Strasbourg, 1978 & 1979.

KIEFFER Léon, *Vivre l'Alsace. I. Réalités et chimères.* Imprimerie Jung, Geispolsheim (Bas-Rhin), 1978.

KIEFFER, Léon, ADAM Micheline, *Vivre l'Alsace. II. Vilains et sages.* Ed. Austerlitz, Strasbourg, 1979.

KINTZ Jean-Pierre, *Recherches sur l'instruction populaire en Alsace à l'aube du XIXe siècle. Sur la population française au XVIIIe et au XIXe siècles.* Ed. Société de Démographie historique, Paris, 1973.

KLEE Jean Paul, SORG Jean-Paul etc. *Le Rhin est mort.* Collectif d'édition et de diffusion d'Alsace, Strasbourg, 1976.

KLEIN Pierre, *L'Alsace.* Ouvrage collectif. Collection peuples et pays de France. Les Editions d'Organisation, Paris, 1981.

KRAUS, Wolfgang, *Kultur und Macht.* Deutscher Taschenbuch Verlag, München, 1978.

KROGMANN Angelika, *Simone Weil,* Rowohlts Monographien, Reinbek, 1981.

LADIN Wolfgang, *Sprachwahl und Sprachbewußtsein der unterelsässischen dialektophonen Schuljugend.* Auswertung eines Fragebogens. (Dissertation Salzburg 1981).
— *Der elsässische Dialekt — museumsreif?* Ed. SALDE, Strasbourg, 1981.
— *Deutsch in Ostfrankreich. Die derzeitige Verbreitung des elsässischen Dialekts.* Germanische Mitteilungen, Zeitschrift des belgischen Germanisten = und Deutschlehrerverbandes. Brüssel, 12/1980. Franz Steiner Verlag, Wiesbaden.

LAFONT Robert, *Lettre ouverte aux Français d'un Occitan.* Ed. Albin Michel, Paris, 1973.
— *La révolution régionaliste.* Ed. Gallimard, Paris, 1967.
— *Décoloniser en France.* Ed. Gallimard, Paris, 1971.

LANG David André, *Quand l'Alsace s'éveillait entre chien et loup.* Ed. Arthème Fayard, Paris, 1981.

LAUTS Jan, *Karoline Luise von Baden,* Verlag C.F. Müller, Karlsruhe, 1980.

LEBESQUE Morvan, *Comment peut-on être breton?* Ed. du Seuil, Paris, 1970.

LEVI-STRAUSS Claude, (Ouvrage publié sur un séminaire dirigé par . . .) *L'identité.* Ed. Grasset et Fasquelle, Paris, 1977.

LEVY Bernard-Henri, *L'idéologie française.* Ed. Grasset & Fasquelle, Paris, 1981.

LEVY Paul, *Histoire linguistique d'Alsace et de Lorraine.* Les Belles Letres, Paris, 1929.

LIENHARD Marc, WILLER Jakob, *Strassburg und die Reformation.* Morstadt Verlag, Kehl, 1981.

MAFFESOLI Michel, *Logique de la domination.* Presses Universitaires de France, Paris, 1976.

MATTHEIER J. Klaus, *Pragmatik und Soziologie der Dialekte.* Verlag Quelle & Meyer. Heidelberg, 1980.

MATZEN Raymond, *Dichte isch bichte.* Verlag Morstadt, Kehl, 1980.

MAUGUE Pierre, *Le particularisme alsacien 1918—1967*. Ed. Presses d'Europe, Paris 1970.
— *Contre l'Etat-nation*. Ed. Denoël, Paris, 1979.

MAYEUR Jean-Marie, *Autonomie et politique en Alsace. La Constitution de 1911*. Ed. Armand Colin, Paris, 1970.

MERG Pierre, *Les enfants dialectophones de la région de Sarre-Union*. Réalité linguistique. Enquête menée auprès d'adolescents de S.E.S. et d'enfants d'école maternelle. Réflexions pédagogiques. (Mémoire, 1978).

MERTZ Henri, *Kuddelmudel üs'em Elsass*. Ed. Alsatia, Colmar, 1975.
— *'s Weschpelnescht,* Ed. Alsatia, Colmar, 1976.
— *De Roraff,* Ed. Oberlin, Strasbourg, 1980.

MIQUEL Pierre, *Histoire de la France,* Ed. Arthème Fayard, Paris, 1976.
— *Les guerres de religion*. Ed. Arthème Fayard, Paris, 1980.
— *Lettre ouverte aux bradeurs de l'Histoire*. Ed. Albin Michel, Paris, 1981.

MONDNER Katarina, BARLET Olivier, *Südfrankreich/Occitanien*. Trikont Verlag, München, 1978.

MONTASSIER Gérard, *Le fait culturel*. Ed. Arthème Fayard, Paris, 1980.

MORVANNOU Fânch, *Bretagne: un peuple en marche*. Publications de l'Abadia de Montserrat, 1980.

PARAYRE-KUNTZEL Marguerite, *L'Eglise et la vie quotidienne du paysan d'Alsace au Moyen-Age*. Ed. Istra, Strasbourg, 1975.

PENFIELD Wilder, ROBERTS Lamar, *Langage et mécanismes cérébraux*. Trad. fse. Presses Universitaires de France, Paris, 1963.

PETRELLA Riccardo, *La renaissance des cultures régionales en Europe*. Ed. Entente, Paris, 1978.

PEYREFITTE Alain, *Le mal français*. Ed. Plon, Paris, 1976.

PFLIMLIN Pierre, UHRICH René, *L'Alsace, destin et volonté*. Ed. Calmann-Lévy, Paris, 1963.

PHILIPP Marthe, *Le système phonologique du parler de Blaesheim*. Etude synchronique et diachronique. Annales de l'Est, Nancy, 1965.
— *Dialecte et langue de culture en Alsace et en Moselle*. Valeurs du bilinguisme. Collection «Notre avenir est bilingue», n° 3. Publication du Cercle René Schickele, Strasbourg, 1969.

PHILIPPS Eugène, *Les luttes linguistiques en Alsace jusqu'en 1945*. Ed. Culture alsacienne, Strasbourg, 1975 (67370 Griesheim s/Souffel).
— *L'Alsace face à son destin. La crise d'identité*. Société d'édition de la Basse-Alsace, Strasbourg, 1978.
— *Schicksal Elsass. Krise einer Kultur und einer Sprache*. (Übers.) Verlag C.F. Müller, Karlsruhe, 1980.
— *Etre Alsacien*. L'Alsace. Les Ed. d'Organisation, Paris, 1981, p. 433—453.
— *Le défi alsacien*. SALDE, Strasbourg, 1982.

PIEMONT Paul A., *L'origine des frontières linguistiques en Occident*. Chez l'auteur. Strasbourg, 1981.

PINES Maya, *Revolution in learning, 1966.* Trad.: *De la naissance à six ans. Une révolution dans les apprentissages.* R. Hickel. Ed. Delagrave, Paris, 1969.

PLASSERAUD Yves, *Une et (in)-divisible?* Ed. Nature et Bretagne, Quimper, 1980.

PONTEIL Félix. *Histoire de l'enseignement en France.* Les grandes étapes 1789—1964. Ed. Sirey, Paris, 1966.

RAPHAEL Freddy, WEYL Robert, *Juifs en Alsace,* Ed. Privat, Toulouse, 1977.

RAPP Francis, *Humanisme, Renaissance et Réforme.* Histoire de l'Alsace. Philippe Dollinger, Ed. Privat, Toulouse, 1970, p. 171—217.
— *Réformes et Réformation à Strasbourg. Eglise et société dans le diocèse de Strasbourg (1450—1525).* Ed. Ophrys, Paris, 1974.

RENAN Ernest, *Oeuvres complétes,* tome I. Ed. Calmann Lévy, Paris, ed. 1965.

RICHARDOT Jean-Pierre, *La France en miettes.* Ed. Pierre Belfond, Paris, 1976.
— *Le peuple protestant français aujourd'hui.* Ed. Robert Laffont, Paris 1980.

RICHEZ Jean-Claude, *La révolution de novembre 1918 en Alsace dans les petites villes et les campagnes.* Revue d'Alsace, no 107/1981, p. 153—168.

RIGAUD Jacques, *La culture pour vivre.* Ed. Gallimard, Paris, 1975.

RINGS Werner, *Kollaboration und Widerstand. Europa im Krieg 1939—1945.* Ex Libris Verlag, Zürich, 1979.

RONJAT Jules, *Le développement du langage observé chez un enfant bilingue.* Ed. Champion, Paris 1913.

ROTHENBERGER Karl-Heinz, *Die elsass-lothringische Heimat = und Autonomiebewegung zwischen den beiden Weltkriegen.* Verlag Herbert Lang, Bern. Peter Lang, Frankfurt am Main, 1975.

SANDOZ Gérard, *Ces Allemands qui ont défié Hitler.* Ed. Pygmalion, Gérard Watelet, Paris, 1980.

SANGUINETTI Antoine, *Procès des Jacobins,* Ed. Grasset & Fasquelle, Paris, 1979.

SCHAEFFER Louis Edouard, *Weltbürger.* Ed. Schaeffer, Strasbourg, 1950.

SCHAEFFER Patrick, *L'Alsace et l'Allemagne de 1945 à 1949.* Centre de Recherches Relations Internationales de l'Université de Metz, 1976.

SCHILLY Louis, *Dr. Näsdla, ou un automne sans colchiques.* Ed. Hortus Sundgauviae, Eschentzwiller, 1977.

SCHWAMM Henri, *Alsace.* Ed. Rencontre, Lausanne, 1968.

SIFFER Roger, *Alsace/Elsass.* Ed. J. C. Lattès, 1979.

SITTLER Lucien, *L' Alsace, terre d'histoire.* Ed. Alsatia, Colmar, 1972.

SPRANGER Matthias, *Dialekt-Wiederentdeckung des Selbstverständlichen?* Dreisam Verlag, Freiburg/Breisgrau, 1978.

STAUFFER Charles, *Unsri Sproch,* Ed. Oberlin, Strasbourg, 1973.
— *L'Alsacien et son dialecte,* Ed. Oberlin, Strasboug, 1979.

STRAUSS David Friedrich, *Krieg und Friede.* Zwei Briefe an Ernest Renan, nebst dessen Antwort auf den ersten. Leipzig, 1870.

STREICHER Jean-Claude, FISCHER Georges, BLEZE Pierre, *Histoire des Alsaciens.* Ed. Fernand Nathan, Paris, 1979.

STURMEL Marcel, *Das Elsass und die deutsche Widerstandsbewegung* in der Sicht eines ehemaligen Abgeordneten der Elsässischen Volkspartei. G. Braun, Karlsruhe, 1980.

TABOURET-KELLER Andrée, *Le bilinguisme de l'enfant avant six ans. Etude en milieu alsacien.* Institut de Psychologie. Université de Strasbourg, 1969.

Vrais et faux problèmes du bilinguisme. Etudes sur le langage de l'enfant Ed. du Scarabée, Paris, 1962.

TITONE Renzo, *Le bilinguisme précoce.* Trad, Ed. Charles Dessart, Bruxelles, 1974.

VAN OVERBEKE Maurice, *Introduction au problème du bilinguisme.* Ed. Labor Bruxelles — Nathan Paris, 1972.

VERDOODT Albert, *Zweisprachige Nachbarn.* Wilhelm Braumüller. Universitätsverlagsbuchhandlung, Wien — Stuttgart. 1968.

VERLEE Léon, *Enseignement des langues et information culturelle.* Ed. Labor, Bruxelles — Nathan Paris, 1969.

VIGEE Claude, Petite Anthologie de la Poésie Alsacienne. Tome VI. *Préface.* Association Jean-Baptiste Weckerlin, Strasbourg, 1972.

WACKENHEIM *Auguste, Zunderschtzewerscht, Gelackmeiert. Kappeletz I/II/III.* Strasbourg, 1971/72 — 1973/74 — 1975/76.

— *Rires et sourires en Alsace et ailleurs.* Ed. Culture alsacienne, Strasbourg, 1976.

WACKENHEIM Charles, *Les évêques de Strasbourg, têmoins de leur temps.* Ed. Culture alsacienne, Strasbourg, 1976

— *Le pari catholique,* Ed. Le Centurion, Paris, 1980..

WAHL Alfred, *L'option et l'èmigration des Alsaciens-Lorrains (1871—1872). Ed. Ophrys, Paris, 1974.*

— *L'Alsace contemporaine 1871—1939.* Ed. Mars et Mercure, Wettolsheim, 1977.

WAISER Martin und FICUS, André, Die Amerikareise, Weingarten 1986.

WANDRUSZKA Mario, *Die Mehrsprachigkeit des Menschen.* R. Piper & Co. Verlag. München, 1979.

WEIL Simone, *L'enracinement.* Ed. Gallimard, Paris, 1949.

WEINREICH Uril, *Unterdrückung und Freiheit,* München 1975.

— *Sprachen in Kontakt,* Hg. v. H. de Vincenz, München 1977.

WECKMANN André, *Schang de sunn schint schun lang.* Petite Anthologie de la Poésie Alsacienne. VII. Association Jean-Baptiste Weckerlin, Strasbouig, 1975.

— Fonse ou l'Education alsacienne. Ed. Pierre Jean Oswald, Paris, 1975.

— *Die Fahrt nach Wyhl.* Collectif d'édition et de diffusion d'Alsace, Strasbourg, 1977.

— *Wie die Würfel fallen,* Morstadt Verlag, Kehl, 1981.

— Odile oder das magische Dreieck, Morstadt Verlag, Kehl, 1986.

WIECZERKOWSKI Wilhelm, *Frühe Zweisprachigkeit.* Max Hueber Verlag, München, 1965.

WINTER Conrad, *Kridestaub,* Petite Anthologie de la Poésie Alsacienne, IX. Association Jean-Baptiste Weckerlin, Strasbourg, 1981.

ZIND Pierre, *Brève histoire de l'Alsace.* Ed. Albatros, Paris, 1977.

ZIND Pierre, *Elsass-Lothringen. Alsace-Lorraine — une nation interdite 1870—1940.* Ed. Copernic, Paris, 1979.